Aventura Dinámica

Una guía para iniciar y conformar iglesias misionales

Aventura Dinámica

Una guía para iniciar y conformar iglesias misionales

DANIEL STEIGERWALD
DEBORAH LOYD
APRIL TE GROOTENHUIS CRULL
& MICHAEL KUDER

COMMUNITAS
— International —

www.gocommunitas.org

Christian Associates International, Inc.
dba
Communitas International
2221 E. Arapahoe Rd #3338
Centennial, CO 80161
www.gocommunitas.org
E-mail: latamoffice@gocommunitas.org

Traducido por Cinthia Solis y Diego Melgar
Editado por Cinthia Solis

Portada y Gráficos: Robin Renard | www.robinrenard.com
Diseño y Presentación: Jeremie Malengreaux | www.jerem.ie

www.thedynamicadventure.com

TABLA DE CONTENIDOS

BIENVENIDOS

¡Una *Aventura Dinámica* siempre es más enriquecedora cuando se vive junto a los demás! Nuestra esperanza es que puedas estudiar este material junto a un grupo de soñadores en tu comunidad, misioneros o sembradores de iglesias, que quieran marcar la diferencia en tu ciudad con las buenas nuevas de Jesús. Te invitamos a ser parte de la comunidad global de formación, en la página web www.thedynamicadventure.com, donde podrás encontrar una colección cada vez mayor de material, entrenamiento, videos y coaching. ¡En thedynamicadventure.com encontrarás un gran lugar para conectarte con otros aventureros para compartir aquellas historias y mejores prácticas de tu propia *Aventura Dinámica*!

PREFACIO

Damos por hecho que estás leyendo este libro porque tienes una pasión por difundir las buenas nuevas del Reino de Dios. Este anhelo también nos complace. En Communitas anhelamos ver más iglesias con sensibilidad cultural, que siembren el evangelio para que la mayor cantidad de personas puedan experimentar el amor de Jesús. Esto nos compromete a escuchar con atención a nuestros misioneros pues ellos son los que están inmersos en los contextos locales y procuran crear nuevas expresiones de la iglesia. ¿Qué están descubriendo? ¿Qué mueve sus corazones? Por años hemos prestado atención a lo que tienen para decir que ciertamente es lo que llegamos a escuchar una y otra vez en todo el mundo:

Queremos ver nuevas expresiones de la iglesia que guíen a las muchas personas que conocemos y amamos a una vida de intimidad con Jesús. Ellos no conocen a Cristo o si lo hacen, no están involucradas con la iglesia. No las vemos siendo parte de ninguna iglesia que conocemos. Al mismo tiempo, somos conscientes de que no podemos dejar a la iglesia a un lado solo porque no vemos cómo encajan allí nuestras relaciones con los demás.

No queremos ver más iglesias que conviertan a las personas a una cultura religiosa que las separa de la sociedad. En cambio, soñamos con iglesias que se involucren con la cultura y que apoyen lo bueno que hay allí, pero que también muestren maneras más saludables de vivir, sobre todo en aquellos lugares donde hay personas involucradas en prácticas dañinas o injustas.

Anhelamos un viaje verdadero con Jesús y con aquellos que le aman. No queremos ser "impostores". Queremos invitar a otros a un estilo de vida que nosotros mismos encontramos transformador - una vida que satisface y que es real, que nos ayuda a descansar en el amor de Jesús, mientras amamos a otros como Cristo lo hizo.

Sentimos muy profundamente que debe haber nuevas formas, menos convencionales, de ser el cuerpo de Cristo. Sin embargo, es nuestro deseo, es necesario, poner de nuestra parte para desarrollar distintas expresiones de la iglesia que la conduzcan a ser todo lo que Dios quiere que sea. Queremos ver una mayor variedad de iglesias, sensibles a su contexto, que reflejen a Jesús mientras apuntan al Reino de Cristo, y que sean una muestra, aquí y ahora, del Reino de Dios que se aproxima.

Aunque estos son los temas que con más frecuencia escuchamos, también escuchamos decir que:

Sabemos que como comunidad de fe sola y aislada no podemos avanzar. Sabemos que necesitamos unir nuestras manos y corazones con el cuerpo más extenso de Cristo.

No buscamos crear una utopía cristiana, pero sabemos que mucho más de lo que ahora se ve es posible. Queremos vivir la oración que Jesús nos da, implorándole a Dios: "Venga tu Reino, hágase tu voluntad en la tierra como en el cielo." Y tanto hombres como mujeres por igual, creemos que nuestros esfuerzos son parte de la respuesta de Dios a esa oración.

Algo de esto hace eco en ti? ¿Se mueve tu corazón en la misma dirección? En Communitas sentimos un llamado a establecer iglesias que siguen a Jesús en la transformación de su mundo. Si te identificas con los anhelos expresados aquí, te invitamos a que reúnas a otros soñadores, que comiences a indagar en las ideas y actividades de este libro. Lo hemos escrito con la esperanza de que pueda ayudarte a ti y a otros a que experimenten juntos el desarrollo de expresión revitalizadas de iglesia. ¿Quizá el dolor que también sientes no sea ni más ni menos que el empujoncito del Espíritu de Dios? Si esto es así, adelante... y ¡prepárate para una *Aventura Dinámica*!

INTRODUCCIÓN

Lo que tienes en tus manos no es un manual lleno de lecciones sobre cómo iniciar y estructurar una iglesia de manera efectiva. Es una guía de aventura que, debido a su esencia, no se conforma a ninguna técnica o camino definido hacia el éxito. La semilla misionera de sembrar iglesias es una experiencia en permanente cambio impredecible; algo muy parecido a la aventura de explorar por primera vez una ciudad llena de vigor. Toda ciudad tiene vida propia, producto de las complejas e incontables interacciones que se dan entre millones de personas a diario. En esta dinámica, los cambios pueden llegar con rapidez. Tan solo en un pestañeo, una calle desolada puede transformarse en un floreciente mercado; de una hora para la otra, los clientes en un café cambiarán sin aviso, y las exhibiciones en una galería de arte también cambiarán con frecuencia. Sembrar iglesias misioneras puede ser así también, ya que las personas y circunstancias a menudo también cambian con velocidad.

Esta guía es una herramienta diseñada para equiparte como explorador. Por ejemplo, para poder sacar el mayor provecho a una ciudad histórica como Ámsterdam, puedes conseguir una guía de turista para leer antes del viaje, y así conocer el trasfondo de la ciudad y saber qué esperar durante tu estancia. Una vez allí, puedes llevarla contigo para darle sentido a los sitios históricos de interés y a los desafíos culturales con los que allí te encontrarás.

Una buena guía de turista te ayudará a comprender y a apreciar mejor la experiencia. Pero no se limitará a mostrarte los sitios de interés; te brindará las habilidades necesarias para disfrutar de la ciudad con plenitud. No te dirá simplemente dónde comer; te explicará la gastronomía de la ciudad y cómo encontrar un buen restaurante por tu cuenta. Una buena guía de turista no se limitará a mostrarte cómo ir a una estación de metro específica, sino que te enseñará a conducirte dentro de los matices del sistema de transporte público.

Éste es el propósito de esta guía. Como sembradores de iglesias misionales, muchos de nosotros nos adentramos en un viaje a un territorio extraño y desconocido. Queremos darte las herramientas que necesitarás para disfrutar de la aventura con plenitud. Con esta finalidad en mente, ¡esperamos que lleves esta guía contigo en tu viaje de exploración e imaginación, para descubrir qué forma cobrará la iglesia en tu contexto local! Y si tu equipo está en este viaje hace años y ya ha establecido su presencia en tu ciudad como iglesia local, también esperamos que veas esta guía como una ayuda invaluable, que te ayude a involucrarte en tu entorno con mayor profundidad, a madurar como comunidad de fe, y a acentuar tu impacto del Reino.

Para obtener el mayor provecho de esta aventura, te recomendamos utilizar este libro de un modo específico. El material introductorio a continuación te dará instrucciones de cómo hacerlo, por lo que te recomendamos que no le eches un vistazo simplemente, sino que te tomes el tiempo para asimilar las ideas que ahí presentamos. Al explorar una nueva ciudad, nuestra experiencia a menudo se ve enriquecida cuando hemos leído libros, sitios web y ferias de turismo. Del mismo modo, creemos que en esta travesía de sembrar iglesias, tu equipo se verá grandemente enriquecido si se toman el tiempo de interactuar a fondo con el material que hemos incluido aquí debajo.

Cómo utilizar este libro

1. **Recorran esta guía con su equipo.** Cualquiera sea el tipo de equipo que tengan – ya sea un grupo de soñadores reunidos con la esperanza de impactar a su ciudad, ya sea una pequeña banda de pioneros queriendo sembrar una iglesia, o el equipo de liderazgo de una iglesia establecida - les recomendamos recorrer esta guía juntos. La hemos diseñado específicamente para promover procesos de grupo, interacción y construcción de equipo.

2. **Aprovechen los ejercicios.** Hemos diseñado ejercicios de aprendizaje a lo largo de este libro para ayudarles a adquirir conocimientos con profundidad, que lleven a poder aplicar y evaluar lo aprendido de maneras prácticas. Estos ejercicios incorporan sus propios pensamientos, sentimientos y acciones que les permitirán arraigar lo aprendido y vivir experiencias transformadoras. En esta guía aprenderán nueva información, la relacionarán a sus propias experiencias, y actuarán en base a ese aprendizaje.

   Los ejercicios de aprendizaje se realizarán en varias modalidades o etapas: trabajo individual, con un mentor, con un compañero, en pequeños grupos, y finalmente, con su equipo. El ritmo promedio de estos ejercicios comenzará por exploraciones individuales o en pequeños grupos y progresará hacia exploraciones con el equipo más amplio.

Símbolos de los ejercicios de aprendizaje:

 Ejercicios de aprendizaje personal

 Ejercicios de aprendizaje con mentor

 Ejercicios de aprendizaje con compañero

 Ejercicios de aprendizaje en pequeños grupos

 Ejercicios de aprendizaje en equipo

Reconocemos que los tamaños de los equipos pueden variar. Si su equipo tiene más de cuatro personas y los ejercicios deban hacerse en pequeños grupos, divídanse en grupos de cuatro o menos. Si su equipo tiene menos de cuatro personas, hagan en equipo todas las actividades marcadas como "pequeños grupos". Los grupos deberán ser menores a cuatro personas para que todos puedan aportar. Las investigaciones muestran que para el aprendizaje en grupos pequeños, el tamaño del grupo y el espacio físico son de gran importancia. Recomendamos sentarse en círculo para el trabajo en grupos pequeños.

Encontrarán una lista de materiales que necesitarán tener a mano al inicio de cada ejercicio de aprendizaje. Hemos también incluido un estimado del tiempo requerido para completar cada ejercicio. Es, sin embargo, un simple estimado. El tiempo dependerá de varios factores, como el número de personas en su equipo y cuánto profundicen en el ejercicio.

Para cada ejercicio de aprendizaje necesitarán un facilitador. Esta persona será responsable de crear una atmósfera que conduzca a los objetivos de aprendizaje:

- Asegurándose de que todos sean respetados.
- Permitiendo que todos participen y "sean escuchados" por el grupo.
- Afirmando lo que se dice; no hay respuestas correctas en ejercicios de aprendizaje.

La tarea principal del facilitador no es enseñar sino promover el diálogo entre los participantes. El facilitador reúne los materiales, explica el ejercicio, controla el tiempo, hace avanzar el trabajo, y al final recapitula lo aprendido. El facilitador no debe necesariamente ser el líder de equipo. De hecho, el facilitador puede ser cualquiera en el equipo que pueda cumplir la función. Esto mismo es una buena práctica también para los líderes, por lo que sería adecuado que tomen turnos en ser facilitadores.

3. **Comiencen por su experiencia particular.** Luego de leer la breve introducción en el próximo capítulo, determinen dónde se necesita distribuir el trabajo como grupo, equipo o iglesia. Planeen pasar tiempo significativo explorando y trabajando con el contenido de ese capítulo.

Sin embargo, ya que todas las dinámicas que estarán explorando se encuentran en cada etapa de sembrar de la iglesia, planeen también trabajar en los demás capítulos. Escojan aquellos ejercicios que sean relevantes para el grupo en su realidad actual.

4. **Completen el Plan de Acción Misional.** Cada capítulo concluye con un ejercicio especial a modo de conclusión - ¡PLANEALO! - para que el equipo lleve lo aprendido a un plan de acción. Sigan las instrucciones para desarrollar el Plan de Acción Misionera del equipo al final del libro. Esta herramienta está diseñada para ser flexible y para ayudarte a ti y a tu equipo. Somos conscientes de que cada equipo se encuentra en una etapa diferente de desarrollo, por lo que la dinámica que mejor describa dónde éste se encuentra, será probablemente la que tenga mayor cantidad de puntos de acción. Pero cada dinámica puede también tener puntos de acción apropiados para su realidad actual. Procuren plasmar estos puntos de acción lo más concretos posibles, incluyendo fechas límites y áreas de rendición de cuentas.

5. **Cada uno escriba en un diario su experiencia.** Al final de cada capítulo hemos incluido algunas páginas en blanco para que cada uno pueda reflexionar sobre lo que ha aprendido en ese capítulo. Escribe lo que sea importante para ti: apuntes de conceptos claves, áreas para investigar más, acciones que necesitas tomar, etc.

6. **Encuentren un coach/mentor.** Un coach experimentado puede ser invaluable para ti y tu equipo, a medida que avanzan en el material. Communitas provee coaching a todos sus equipos de proyectos, como lo hacen otras organizaciones que siembran iglesias. Consulten en su red o denominación para ver qué ayuda está disponible. De lo contrario acérquense a Communitas - nos encantaría acompañarles. Coaching o ayuda de un mentor está disponible con frecuencia en persona o en línea.

Punto de partida común

Antes de comenzar nuestra aventura, queremos estar seguros de tener un punto de vista en común. Todos ponemos nuestro entendimiento y propia percepción del lenguaje y la cultura sobre la mesa. Por lo tanto creemos que en este momento es importante aclarar nuestro lenguaje y compartir nuestras premisas para que puedan sacar el mejor provecho a esta guía.

Algunas definiciones importantes

En esta guía utilizamos ciertas palabras que tienen distintos significados en diferentes contextos. Queremos ser claros desde este momento sobre qué queremos decir con estas palabras:

Misional: Asumir una postura, pensamiento, comportamiento y práctica de un misionero, para engranar con los demás a el Evangelio.

Misionero: Utilizamos la palabra misionero. Esta palabra no es muy aceptada en muchas culturas, y por buenas razones. Hubo momentos en que la Iglesia se unió con el Estado para enviar misioneros que han propagado una extraña combinación de religión, Jesús y cultura Occidental. En el peor escenario, esto ha llevado a la explotación de pueblos extranjeros, más que a encontrar dónde Dios estaba obrando en medio de ellos. Nosotros nos retrocedemos al significado original de la palabra: "un enviado". No como enviados a una tierra lejana o a un pueblo aislado, sino simplemente como enviados por Dios, en el nombre de Jesús, para anunciar las buenas nuevas de Dios, en palabra y en obras. Al hacer uso de esta guía, den lugar para que la palabra misionero connote un sentido positivo; piensen en el Apóstol Pablo, quien hizo eco de la antigua expresión, "¡Qué hermoso es recibir al mensajero que trae buenas nuevas!"[1]

Equipo: A lo largo de esta guía haremos referencia al *equipo*. Como mencionamos arriba, esto puede ser un pequeño grupo, una junta de ancianos, un equipo sembrador de iglesias, o un grupo de personas con una esperanza similar. Puedes definir *equipo* como desees, pero asumimos que estás trabajando este libro con otros con los que compartes esperanzas y sueños similares.

Liderazgo: El autor Ken Blanchard define liderazgo como la capacidad de influenciar personas.[2] Abordamos este tema con mayor profundidad en el capítulo seis; sin embargo, queremos dejar claro que creemos que todos podemos ejercer influencia de una manera o de otra. Liderar no es una función élite. De hecho, un buen liderazgo permite que cada persona aporte una voz saludable que influya en el equipo. En este libro, cuando mencionamos liderazgo, estamos hablando de personas que se encuentran ejerciendo influencia y tomando decisiones.[3]

---

1   Romanos 10:15.

2   Ken Blanchard, *Leading at a Higher Level* (Upper Saddle River: FT Press, 2010), xvi.

3   Cuando Communitas llega a una ciudad para sembrar una iglesia, no insistimos en que un "líder de equipo" llegue para darle inicio a las cosas; más bien, alentamos a que los equipos de misioneros se involucren en sus contextos y comenzar a aprender lo más que puedan sobre el entorno local. La mayoría de las veces, se requerirá de un líder de equipo debidamente capacitado cuando la iniciativa misional comience a tomar impulso. Sin embargo, Communitas cree que la expresión del Reino de Cristo en la tierra no depende de superestrellas. Aplaudimos cualquier paso de fe que tome un equipo para colocar las bases desde las cuales surjan iglesias locales - ¡nunca se sabe lo que Jesús hará a través de hombres y mujeres de fe que se involucren en su contexto!

Iniciativa Misional: es el esfuerzo de equipo en una ciudad, que intencionalmente siembra para ver crecer comunidades que puedan desarrollarse en nuevas iglesias o expresiones de la iglesia. En Communitas creemos que las iniciativas misioneras y proyectos similares tienen un rol vital en el labrado de la tierra para sembrar iglesias.

Iglesia: No se puede hablar de sembrar iglesias, sin explicar qué queremos decir, por eso tomaremos un poco más de espacio para explicar lo que queremos decir con esto, pues la misión de Communitas es seguir a Jesús para establecer el cuerpo local que llamamos iglesia.

Entonces, ¿qué es iglesia en su nivel más básico? A.W. Tozer comenzó su libro *El Conocimiento del Dios Santo* con las siguientes palabras: "Lo que nos viene a la mente cuando pensamos en Dios es lo más importante de nosotros". Con esas palabras el autor quiso decir que nuestras experiencias, circunstancias e información únicas se combinan para formar nuestra percepción del Todopoderoso. Es lo mismo con nuestras definiciones de iglesia. Aquello que hemos personalmente experimentado, lo que hemos aprendido de un estudio bíblico, nuestra cultura que nos ha moldeado el pensamiento, y muchos otros factores - únicos para cada uno de nosotros - Todo converge para formar en nosotros una percepción de lo que debería ser la iglesia.

En muchos casos, la palabra iglesia trae a la mente un lugar donde se llevan a cabo reuniones de adoración, clases y eventos espirituales con regularidad. Nuestras mentes también relacionan palabras como, sencillo, múltiples sedes, casa iglesia, mega iglesia, contemporánea, litúrgica, sensible hacia el que no conoce a Dios - y sí, hasta misional - entre muchas otras. Creemos que Dios utiliza muchas expresiones diferentes de iglesia, así como muchos enfoques diferentes de iglesia, para lograr Sus propósitos en el mundo. Pero ni *expresión* ni *enfoque* es en lo que nos queremos concentrar en nuestra definición de iglesia.

En lugar de eso, nos gustaría enfocarnos en las *funciones* elementales que pensamos están incluidas en el término iglesia. Creemos que esencialmente, una expresión de iglesia existe cuando tres funciones básicas están presentes: comunión, comunidad y misión. Reúne a un grupo de personas que experimentan a Dios que forman parte de una comunidad redentora, y que se alían con Jesús en la obra de Su Reino, y verás una expresión de iglesia. La belleza de esto es que abarca a todo tipo de iglesias, desde un grupo orgánico y hogareño en Madrid, España que se encuentra impactando a la comunidad artística, hasta la iglesia internacional de 2,000 miembros con tres grandes reuniones en Ámsterdam, Holanda. Incluye tanto a la comunidad en St. Paul, EE.UU. que, al servir a los más necesitados de su ciudad, están trayendo a las personas a una comunión y comunidad en Cristo, como a un grupo en Sao Paulo, Brasil, que se reúne en torno a videos de enseñanza bíblica, compartiendo vida y sirviendo juntos.

Encontramos que permanecer enfocados en las *funciones* de comunión, comunidad y misión, y permitir que las diferentes expresiones se desarrollen de forma orgánica desde el contexto, trae un sentido de profunda libertad a los sembradores de iglesias alrededor del mundo. De este modo, los equipos se pueden enfocar en practicar los elementos de comunión, comunidad y misión, y estas actividades sientan las bases para que nazcan nuevas expresiones de iglesia. Por supuesto, como todo ser viviente, las iglesias tienen etapas de vida. Desde su concepción hasta el nacimiento, de la infancia a la adolescencia y más allá, las iglesias también crecen y cambian.

Sin embargo, nuestra creencia es que comunidad, comunión y misión deben estar en el centro de cualquier iglesia saludable, sin importar la etapa de vida en la que se encuentre. Lo que probablemente cambie más será la manera en que estas funciones se expresan en las distintas etapas, y no si éstas estarán o no presentes. En los capítulos cuatro y cinco, miraremos más de cerca cómo equipos e iglesias pueden expresar estas tres funciones vitales en maneras que sean propias. Por ahora, tomemos un momento y consideremos qué significa "iglesia" no solo para Communitas, sino también para ti.

¿Qué es iglesia?

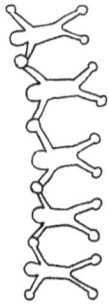

Tiempo: 60 a 90 minutos
Materiales: Papel en blanco, lápices o bolígrafos, pizarra blanca y marcadores, notas adhesivas

Nuestra definición de iglesia impacta profundamente nuestros métodos y objetivos para sembrar iglesias. Este ejercicio está diseñado para ayudarte a reflexionar sobre los elementos de comunión, comunidad y misión como las funciones básicas de la iglesia.

1. Cada persona dobla una hoja en blanco en tres columnas. Etiqueta las columnas "comunión", "comunidad", y "misión". Toma cinco minutos a solas para escribir en las respectivas columnas, palabras, oraciones o acciones que asocien con cada función.

2. Luego de cinco minutos, reúnanse en pequeños grupos de cuatro o menos para compartir los conceptos que has escrito para comunión, comunidad y misión. ¿Cómo puede esto ayudarte a comprender lo que podría ser la iglesia, enmarcándola en estas tres funciones? Si no es de ayuda, ¿qué funciones añadirías?

3. Repasando las contribuciones de cada uno sobre comunión, comunidad y misión, los pequeños grupos deben escribir en las notas adhesivas las tres palabras, oraciones o acciones que mejor describan el modo en que definen iglesia. Escribe un concepto por cada nota adhesiva.

4. Vuelvan a reunirse como equipo. Los grupos toman turnos para colocar sus notas en la pizarra y compartir sus conceptos.

5. El facilitador ayuda al equipo a agrupar y evaluar los conceptos más importantes para crear una definición de iglesia. El equipo evalúa y modifica la definición hasta que esté satisfecho. El facilitador escribe la definición final en la pizarra.

Nuestras premisas

Debajo enumeramos las premisas que incluimos en esta guía. Recomendamos que los equipos inter-actúen con ellas, o ciertas partes de los capítulos siguientes podrán tornarse confusos. El grado en que tengamos estas premisas en común podrá mejorar nuestra habilidad para funcionar como equipo, por lo que no es un asunto menor.

- Dios es un Dios de misión. Vemos esto en la Biblia, la cual consideramos divinamente inspirada, absoluta y autoritariamente confiable como la Historia desde la cual obtenemos nuestro rumbo. Hacemos lo mejor que podemos por mantenernos fieles y obedientes a esta Historia, por el poder del Espíritu de Dios, a todo lo que Dios mismo en Cristo pide de nosotros en su Palabra Viva.

- Con la venida de Cristo como ser humano, Dios nos da una lección en carne y hueso de quién es Él. En Jesús, vemos el perdón y el amor incondicional de Dios hacia todas las personas. También vemos la voluntad de Dios de restaurar todas las cosas, de traer el cielo a la tierra y de establecer un nuevo orden, donde el conocimiento de Dios llene la tierra. Dios el Padre y Jesús el Hijo encomiendan al pueblo de Dios, la Iglesia, a ir al mundo con el poder del Espíritu para demostrar y proclamar el reinado de Dios sobre toda la creación. Con Jesús a la cabeza, el cuerpo de Cristo, en todas sus expresiones locales, ha de ser una expresión viva y tangible de la presencia de Dios y de su amor incondicional por toda la humanidad. Las iglesias locales existen para que las personas de todas partes puedan elegir poner su esperanza en Jesucristo y ser sus discípulos.

- Ser "misionero" significa que estamos dando lo mejor de nosotros para seguir a Cristo en la misión de Dios por el mundo. Ser una "Comunidad Misionera" en nuestro contexto local significa que nos entregamos a un grupo para intencionalmente hacer más y mejores discípulos equipados como misioneros para vivir y proclamar el Reino de Dios. Al hacer esto, trabajamos con el Espíritu para "encarnar" la presencia y el amor de Jesús en el mundo.

- La misión de Communitas es "establecer iglesias que sigan a Jesús en la transformación de su mundo." Nuestros valores centrales son descritos por estas tres oraciones: buscadores del Reino, orientados a la gracia, y enfocados en las personas. Como resultado de nuestra misión y nuestros valores, estamos muy motivados en formar a personas para misiones sostenibles y sembrar iglesias.

- Creemos que el éxito en la misión para sembrar iglesias se mide ante todo, por la fidelidad. Un equipo que avanza siguiendo a Jesús lo mejor que puede, jamás será tachado de fracasado, así el proyecto no asiente raíces. Creemos que hay que sembrar muchas semillas, y regarlas con gran cooperación, para ver iglesias encarnadas nacer y multiplicarse. Como nos recuerda el apóstol Pablo: "Según lo que el Señor le asignó a cada uno... Así que no cuenta ni el que siembra ni el que riega, sino sólo Dios, quien es el que hace crecer. El que siembra y el que riega están al mismo nivel, aunque cada uno será recompensado según su propio trabajo. En efecto, nosotros somos colaboradores al servicio de Dios..."[4]

- Por último, pero no menos importante, sabemos que los que se sirven de esta guía vienen de trasfondos y culturas, grupos lingüísticos y perspectivas teológicas muy diferentes. Por lo tanto, esperamos que el contenido se aplique de maneras diferentes de un contexto a otro. Esta guía misma está concebida para ser flexible y adaptable, no para ser aplicada con rigidez.

La mayoría de los equipos misionales y sembradores de iglesias comienzan su viaje con gran emoción. Pero con frecuencia, luego de poco tiempo descubren que algunos miembros del equipo tenían sus propias expectativas guardadas, es decir, sus propias

---

4   1 Corintios 3:5, 7-9.

premisas que jamás expresaron acerca de lo que el equipo debería creer y realizar. Las presuposiciones no son malas; de hecho, todos las tenemos. Sin embargo, si ciertas presuposiciones se guardan en secreto, pueden transformarse en una fuerza divisoria dentro de un equipo. Las presuposiciones escondidas pueden hasta llevar a personas a abandonar sus equipos innecesariamente. Por eso, recomendamos que desde el inicio, los equipos pongan sus premisas sobre la mesa, como hemos procurado hacer más arriba.

El siguiente ejercicio de aprendizaje está diseñado para ayudarte a comparar y contrastar tus presuposiciones respecto del concepto de misión con aquellas que Communitas tiene. Sin embargo, con algunos ajustes, como equipo podrán también hacer uso de este formato con sus miembros para suscitar conversaciones sobre sus diferencias en las presuposiciones claves. Esto les ayudará a tender puentes de comprensión, creando así un equipo más sólido a través del tiempo.

Interactuar con las premisas de Communitas

Tiempo: 30 a 45 minutos
Materiales: Hoja en blanco, bolígrafo o lápiz

1. Dobla la hoja en blanco a la mitad. Luego piensa cuáles puedan ser tus presuposiciones sobre Dios, misión e iglesia, y luego del lado izquierdo escribe cinco o seis de ellas.

2. Ahora vuelve a leer las presuposiciones de Communitas descritas arriba, y resalta las oraciones claves en cada oración.

3. Del lado derecho de la hoja, escribe las oraciones que has resaltado. Une los de la derecha que correspondan con los de la izquierda con una línea. Haz un círculo en las declaraciones de cualquiera de ambos lados que no tengan una premisa correspondiente.

4. Con un compañero, compara y contrasta tus presuposiciones con las de Communitas. Luego toma un momento para procesar la lista de tu compañero. Piensa en qué necesita ocurrir para que cada lista llegue a un balance razonable con las premisas de Communitas. ¿En qué disientes? ¿Son estas diferencias criticas o pueden reconciliarse? Toma nota de tus pensamientos y cambios.

Dinámicas para una "Aventura Dinámica"

Hemos echado un breve vistazo a cómo darle un buen uso a esta guía, y hemos brindado algunas definiciones y premisas claves para ayudarnos a tener un punto de partida en común para lo que sigue. Ahora nos gustaría brevemente introducir el enfoque de sembrar iglesias misioneras de Communitas. Nosotros mismos estamos en un viaje de descubrimiento, pero a través de nuestra interacción con misioneros de diversas naciones, a través de muchos años, hemos comenzado a observar un patrón consistente de comportamientos centrales en equipos que buscan iniciar, moldear y multiplicar iglesias misionales. Continuamente buscamos comprender y *describir* mejor ese patrón de comportamientos, especialmente al ser tan evidentes en nuestras iniciativas misionales, sembrar iglesias e iglesias establecidas. ¡Siempre hay más por aprender! Pero que quede claro desde ya: no buscamos *prescribir* una técnica o modelo particular para sembrar iglesias que los equipos deben imitar. ¡Hay una diferencia importante entre las palabras *describir* y *prescribir*!

Cuando describimos un patrón, no estamos diciendo, "Sigan estos pasos y tendrán éxito al sembrar una iglesia sensitiva a su contexto." No creemos en una formula o plan paso a paso hacia el éxito para el tipo de iglesias de las que hablamos aquí; de otro modo la prescribiríamos. Lo que estamos diciendo es que "he aquí un grupo de seis comportamientos que comúnmente encontramos que están activos en expresiones de iglesias sostenibles y reproducibles, con el fin de atraer a personas a Jesús y de equiparlos para pensar, actuar, y vivir como Él." Hemos decidido nombrar a estos comportamientos, *dinámicas*, porque esta palabra conlleva la idea de un movimiento o acción continuo.[5]

Más abajo verás que de hecho utilizamos seis *verbos* para describir cada dinámica - justamente porque las vemos como un movimiento continuo. La aventura de sembrar iglesias misionales jamás es estática, siempre es activa. ¡Por eso nos pareció adecuado titular este libro, "Aventura Dinámica"! Anhelamos ver a equipos sembradores de iglesias (y hasta líderes de iglesias establecidas) que mantienen estos comportamientos activos a lo largo de sus vidas. Esta guía le ayudará a tu equipo a activar cada una de estas dinámicas en su propio tiempo y con su propio modo de operar. Cuando equipos se han propuesto cultivar cada una

de estas dinámicas a largo plazo, hemos observado en ellos un crecimiento en salud e impacto. Nuestra esperanza es que esa también llegue a ser tu experiencia.

Nótese que no mencionamos nada respecto a crecimiento en números, ni tampoco mencionamos nada respecto a un modelo ideal que tenemos en mente. Como una buena guía de turista, estas dinámicas no tratan de definir EL CAMINO a seguir, como si plasmaran la ruta perfecta de cómo involucrarse en tu ciudad y llegar a un destino deseado. En cambio, sí te equiparán para involucrarte en tu contexto a medida que tu aventura se desenvuelva ante tus ojos.

Las dinámicas que mencionamos debajo son los movimientos a los que todo viajero se enfrentará una y otra vez. Las dinámicas proveen un marco para todas nuestras interacciones de aquí en adelante, por lo que le recomendamos a tu equipo pasar tiempo juntos, ahondando en su significado y relevancia. Cerraremos este capítulo con un ejercicio que te ayudará a comenzar a lidiar con esto. En los próximos capítulos exploraremos cada dinámica con mayor detalle y mostraremos su valor práctico, para ayudarte a aplicarlas en tu propio contexto.

El enfoque "dinámico" hacia sembrar iglesias misioneras de Communitas implica una atención constante a estos comportamientos:

Integrar = *arraigarse en el contexto y redes relacionales como una presencia enriquecedora*
Iniciar = *crear una respuesta coordinada que siembre el evangelio en un área y/o grupo*
Practicar = *expresar la identidad de la vida de Jesús a la que se desea invitar a otros*
Madurar = *desarrollar una expresión local y única del cuerpo de Cristo*
Interconectar = *cultivar ámbitos locales que multipliquen iniciativas misioneras e iglesias*
Expandir = *impulsar movimientos trans-locales para sembrar iglesias más allá de la ciudad*

---

5   El diccionario Webster en línea define "dinámico" como: "marcado por una actividad o cambio normalmente continuo o productivo." Ver http://www.merriam-webster.com/dictionary/dynamic.

El siguiente ejercicio pretende captar tu imaginación en torno a estas seis dinámicas. Es simplemente un tiempo para una lluvia de ideas creativa. No se requiere que actúes sobre ninguna idea en este punto, simplemente que dejes volar tu imaginación. Más adelante introduciremos un ejercicio de aprendizaje que te invitará a presentar puntos concretos de acción. Por el momento suelta tu imaginación como si no tuvieras restricciones.

Incitar tu imaginación en el enfoque de sembrar iglesias de Communitas

Tiempo: 60 minutos
Materiales: Hoja en blanco y bolígrafo o lápiz

1. En pequeños grupos de cuatro o menos, repasen las acciones y las breves descripciones para cada una de las seis dinámicas arriba. Tomen turnos para leer cada uno en voz alta. El apuntador, escribirá cada dinámica en la hoja, espaciadas uniformemente para que haya lugar debajo de cada una.

2. Al estudiar estas acciones y descripciones, ¿qué viene a la mente? Los miembros del grupo sugieren cualquier cosa que les venga en mente y el apuntador lo registra. Puede ser una acción, una emoción, una palabra descriptiva, una experiencia sensorial o un símbolo. ¿Qué te incitan a hacer estas palabras, acciones, emociones o experiencias sensoriales? ¿Qué acciones podrías tomar para poner en ejecución las seis dinámicas para sembrar iglesias?

3. Tomen turnos para compartir con su grupo con qué sueña cada uno respecto a sembrar iglesias. Recuerden que esto no tiene que ser práctico. Es un ejercicio para soñar. ¡Tomen cada uno de sus sueños con reverencia!

4. Reúnanse como equipo. Cuando se les pida, cada pequeño grupo comparte sus sueños con todo el equipo. Amplia tu sueño lo más posible. Se invita al equipo a hacer preguntas o comentarios.

¿Cuál es el próximo paso?

En el Prefacio y en esta introducción hemos explorado contigo el porqué hemos desarrollado esta guía, y cómo tu equipo puede hacer uso de ella. Te hemos también invitado a procesar algunas definiciones y premisas claves, incluyendo cómo Communitas, a su nivel más básico, describe las seis dinámicas que normalmente encontramos activadas entre los equipos que tienen éxito en sembrar iglesias encarnacionales. En el próximo capítulo, exploraremos algunas historias y descripciones más profundas de las seis dinámicas. Exploraremos también el campo interno de cómo nos vemos a nosotros mismos, y de cómo nuestra identidad se relaciona al cómo y al porqué hacemos misión.

ⓜ ¡PLANÉALO!

He aquí tu primera oportunidad de probar el Plan de Acción Misional. Dirígete al Apéndice A al final del libro para comenzar con tu PAM. Toma unos minutos para leer la introducción e instrucciones. Luego, en la sección debajo *Visión* escribe las primeras ideas de tu equipo sobre las esperanzas, sueños y valores de tu proyecto o iglesia. Luego, salta a la sección *Conceptos básicos de Iglesia*. Escribe cualquier idea que tu equipo pueda tener sobre comunión, comunidad y misión. No te preocupes, no hay una prueba, y volveremos a esta sección más adelante. Simplemente es bueno tener tus ideas iniciales por escrito.

Mis Reflexiones:

¿Qué preguntas tienes sobre Communitas?

¿Qué esperas de tu experiencia con esta guía?

¿Qué te ha funcionado?

¿De qué necesitas más?

¿Cuál fue el aporte para ti?

PARTE UNO – CONCEPTOS BÁSICOS: EMPACAR PARA EL VIAJE

¡Wow! ¡Ya te estamos haciendo trabajar y eso fue sólo la introducción! En esta primera parte de la guía, estamos devotamente enfocando nuestra atención en construir bases sólidas. Queremos que tú y tu equipo comprendan el significado y relevancia de las seis dinámicas de sembrar iglesias para estar bien equipados. También queremos ahondar y llegar a la fuente de nuestra motivación y pasión, que se relaciona con cómo nos vemos a nosotros mismos - nuestra identidad. En Communitas, creemos que el ministerio fluye desde el ser, desde un sentir interior de llamado. Te animamos a tomar el tiempo que necesites en estos dos primeros capítulos, ya que así podrás sacarle mucho más jugo al resto de este libro.

Capítulo 1 – Exploremos un enfoque dinámico

Hasta ahora, te hemos dado una introducción muy breve a las seis dinámicas para sembrar iglesias. En este capítulo te ayudaremos a descubrir su significado pleno, así como el modo en que cada una de las dinámicas se relaciona al trabajo con tu equipo. Finalmente, te ayudaremos a explorar cómo las seis dinámicas juntas brindan herramientas para sembrar iglesias misionales. A medida que avances por esta guía, encontrarás más historias, explicaciones y ejercicios que te ayudarán a comprender y aplicar cada dinámica específica. Por lo tanto, no te preocupes si no lo comprendes del todo todavía.

Seis dinámicas por descubrir

Más allá de un simple verbo y breves descripciones de cada dinámica, el siguiente párrafo resume las seis dinámicas como un todo. Cuando son operativas, cada una hace su aporte único en la formación de expresiones de iglesia que impactan positivamente personas y a los lugares con los que se vinculan. Toma el tiempo necesario para leer cada una, y subraya aquellas palabras claves u oraciones que te ayuden a comprender.

Integrar = *arraigarse en el contexto y redes relacionales como una presencia enriquecedora*

Integrar es cuando todos los miembros de un equipo se involucran en un estilo de vida misionero. Van más allá de su subgrupo cultural y se adentran en la compleja diversidad que es común en cualquier ciudad. Trabajan para adentrarse dentro de la cultura y absorber todo el conocimiento posible de su contexto, mientras entablan relaciones con sus residentes, y sirven a su lado donde les sea posible. A medida que una iglesia madura, es vital que continúe *integrándose* bien. La iglesia debe continuar enraizándose en el contexto y cultivando relaciones como una presencia enriquecedora. Sin un enfoque intencionalmente hacia afuera, las iglesias ineludiblemente vuelcan su atención y energía hacia adentro de si mismas.

Iniciar = *establecer una respuesta coordinada que siembre el evangelio en un área y/o grupo*

Iniciar es discernir o decidir qué hacer con la información de la cultura local desde sus costumbres internas, con las nuevas relaciones y las muchas oportunidades de servicio que hayan surgido de la actividad misional del equipo. El discernir le permite al equipo enfocarse en sus actividades de sembrar el evangelio, de tal modo que se comprometa con su contexto, brindando vida y siendo sustentable. De este modo, el equipo está más enfocado y más intencionado en sus esfuerzos de evangelismo individual y comunitario. Iniciar no significa que el equipo deja de *integrarse*, pero sí que decide ser más estratégico en cómo direccionar sus actividades misionales, de tal modo que pueda surgir una comunidad misional incluyente y sostenible. Con el tiempo, a medida que la comunidad tome impulso y añada personas, tendrá la capacidad de expandir sus esferas para sembrar el evangelio.

Practicar = *expresar la identidad de la vida de Jesús a la que invitas a otros*

Practicar ocurre cuando los equipos misionales comienzan a vivir una identidad de grupo común (visión, valores, nombre, teología, etc.). Por ello también se involucra para experimentar ritmos de discipulado conjuntos, para ver qué prácticas ayudan al equipo a crecer espiritual y comunitariamente, a medida que se involucran en su contexto. Al expresar una identidad y ritmo de discipulado, los equipos pueden invitar con credibilidad a otras personas a ser parte de una identidad comunitaria y un estilo de vida, que para ellos mismos han encontrado transformador. Reunirse en torno a una identidad y estilo de vida, también protege a la comunidad en formación de los caprichos de los que recién llegan, quienes a menudo llegan con un deseo de crear su propia versión de iglesia. La identidad y prácticas espirituales no son estáticas o inamovibles, sino que con el tiempo cambiarán, a medida que la comunidad crece y responde tanto a sus miembros como a su cultura anfitriona.

Madurar = *desarrollar una expresión local y única del cuerpo de Cristo*

Madurar sucede cuando una comunidad de fe intencionalmente se desarrolla hacia una forma más sostenible; prestándole debida atención a los sistemas y procesos incentivan su crecimiento y salud. La comunidad muestra una evidente cara pública (a menos que se considere imprudente debido a factores de contexto), y se torna más visible y accesible al contexto anfitrión como una entidad o "iglesia" local identificable.[6] Como cuerpo, se vale por sí misma, no dependiendo más del equipo para sembrar iglesias original. Mientras se mantienen atentos a su visión, la iglesia se siente a gusto en su capacidad de gobernarse a sí misma, de ser discípulo con las personas a la manera de Jesús, a liberar los dones y talentos del cuerpo, y de sostenerse a sí misma financieramente. Esta *madurez* le permite al cuerpo exponer vívidamente el evangelio y la bondad de Dios, de tal forma que apunte hacia Su Reino, y le dé a las personas un gusto por este mismo Reino de Dios.

Interconectar = *cultivar entornos locales que multipliquen iniciativas misionales e iglesias*

Interconectar implica crear o participar en diferentes entornos a nivel local, que promuevan la multiplicación de nuevas iniciativas misionales y sembrar

---

6   Queremos dar lugar a expresiones de iglesia no convencionales, sabiendo que al final podrían acabar siendo iglesias locales no identificables. Porque la mayor parte de sembrar iglesias tendrá que ver con el surgimiento de un cuerpo de Cristo local, a largo plazo, con las características de las iglesias locales descritas por los autores del Nuevo Testamento. Por lo tanto, a partir de este momento, generalmente utilizaremos la palabra "iglesia" para describir iglesias locales específicas. Al escoger este uso, si el equipo está comenzando una expresión de iglesia que, de manera efectiva discípula a personas, pero que no encaja en la categoría de "una iglesia local", te alentamos a aplicar las seis dinámicas al servicio de tu expresión única. ¡Que la elección de palabras no te detenga - las dinámicas y la mayoría de los ejercicios deberían de todas maneras aplicar para ti!

iglesias. Esto es más significativo cuando la iglesia toma suficiente impulso como para invertir en asociaciones claves para sembrar iglesias en la ciudad. Sin embargo, los equipos pioneros pueden también activar esta dinámica en los inicios, si logran intencionalmente encauzar la energía, dones y recursos necesarios para madurar en su propio proyecto, y si logran también incubar nuevas iniciativas de siembra de iglesias misionales. Ya sea en los primeros años o más adelante, el equipo plantador o la iglesia se *vincula* sirviéndose de sus propios recursos y de los de otras redes misionales afines, con el propósito claro de entrenar y enviar equipos para comenzar nuevas iniciativas misionales e iglesias.

Expandir = *ayudar a estimular movimientos translocales para sembrar iglesias más allá de la ciudad*

Expandir está muy relacionado a *interconectar*, pero implica intencionalmente expandir las redes y conexiones que alcancen más allá de la ciudad anfitriona de la iglesia. Los equipos de liderazgo colaboran y comparten recursos a través de ciudades, naciones, y continentes, para sembrar nuevas iniciativas misionales y expresiones de iglesia. Al igual que *interconectarse* a nivel local, el tiempo y alcance de participación de los equipos e iglesias en multiplicar nuevas iniciativas misionales e iglesias más allá de su ciudad, dependerá de las capacidades internas, recursos, y de una visión más amplia para multiplicar iglesias.

Las seis dinámicas en acción

Para ayudarte a comprender el significado de las principales acciones en juego en la siembra de iglesias misionales, las hemos organizado en seis dinámicas distintivas. Sin embargo, la realidad de sembrar iglesias implica una interacción de todas estas dinámicas - una interacción por momentos confusa, que puede variar de proyecto a proyecto. En el mejor caso, todo equipo cultivará todas estas dinámicas a largo plazo. Pero puede que un equipo pase más tiempo en algunas de ellas, dependiendo de su visión particular, discernimiento, etapa de desarrollo y espectro de dones y talentos. A modo de ejemplo, veamos cómo un grupo de iglesias interrelacionadas en España ha experimentado estas seis dinámicas hasta ahora. Troy Cady, pastor fundador de Oasis Madrid, nos da un vistazo a esta historia en desarrollo:

Antes de mudarme a Madrid, España, a principios del 2002, dos familias de Communitas (los Cadys y los Wallace) hicieron algo de investigación. Queríamos saber dónde sería un buen lugar para vivir, pues deseábamos sembrar una iglesia que sirviera a la comunidad internacional. Descubrimos un área en la ruta noroeste, en la que se encontraban algunos colegios internacionales. Debido a que nuestro objetivo era vivir cerca de personas internacionales de habla inglesa y tener muchas oportunidades de establecer amistades, allí es donde decidimos vivir.

Durante nuestros primeros seis meses, nos dedicamos simplemente a conocer personas, a comer juntos y a organizar fiestas. Si encontrábamos cristianos, compartíamos con ellos el deseo de comenzar una iglesia en la que las personas que no asisten a una se sientan como en casa. Ese otoño, nos reunimos con un grupo de personas que habíamos conocido para comenzar el Curso Alfa. Lo organizamos en tres pequeños grupos diferentes que se reunían días diferentes en diversos lugares.

Allí mismo, supimos que esos grupos querrían comenzar a reunirse todos juntos con regularidad, así que comenzamos a reunirnos semanalmente con el fin de que conocieran mejor nuestros valores centrales, propósitos y visión. A la par, con adoración y para comenzar a cultivar algunas prácticas de discipulado elementales. Luego, llegando al final de este período, teníamos una decisión que tomar respecto de "hacernos públicos", con un proyecto que llamamos Mountainview.

¿Comenzaríamos a tener servicio semanalmente?

Decidimos hacer el intento de oficiar un servicio de adoración mensual todos juntos como comunidad, haciendo siempre énfasis en la multiplicación de los pequeños grupos que se reunían semanalmente. Nuestros pequeños grupos procuraban cumplir con nuestros cuatro propósitos - que incluían adoración, compañerismo, discipulado y expansión. Esta estrategia estaba a la par con algunos espacios diseñados para desarrollar líderes (como un encuentro mensual de líderes y un manual de formación), y de esta manera que la iglesia pudiese continuar multiplicando ministerio.

En el transcurso de las tres "temporadas" de ministerio (otoño a primavera), los pequeños grupos de la iglesia se multiplicaron de 3 (en otoño 2002) a 13 (en primavera 2005). En el transcurso de esta multiplicación, Mountainview se desarrollaba en torno a dos áreas geográficas: una en los suburbios del noroeste y la otra en la ciudad. Luego de haber procurado por un tiempo que ambas áreas se unieran en una misma iglesia, por al menos un año, finalmente decidimos que el núcleo urbano fuera distinto del núcleo suburbano. Así nació Oasis.

Ambos núcleos aprovecharon la oportunidad para dar una nueva mirada a sus prácticas centrales y ritmos de discipulado, adoración y expansión. Mountainview vio la necesidad de pasar a servicios semanales y Oasis, reinventó su modo para ser iglesia.

Oasis comenzó teniendo grandes eventos cada semana, cuyos propósitos variaban. A veces tenían cultos de adoración colectivos y en otros momentos la reunión colectiva tenía por intención impulsar alcance y compañerismo. Entre tanto, Oasis estableció un proceso intencional de discipulado que yuxtapuso una etapa de pequeños grupos de mentores y celebraciones únicas con todo el cuerpo de la iglesia.

Simultáneamente, ambas iglesias continuaron a inspirando y proporcionando las herramientas en los equipos de personas para tener expresiones nuevas de alcance. Tanto

Mountainview como Oasis encontraron maneras de atender a las necesidades de aquellos en necesidad financiera, y eventualmente colaboraron entre sí para ser anfitriones del primer proyecto de Madrid, Servir a Tu Ciudad en el 2007.

Oasis tenía un programa de pasantías para discipular a líderes jóvenes en misiones. Muchos de los que participaron en el programa a través de los años, pasaron a ser personal de Communitas.

A medida que Oasis crecía, emergió un grupo de personas que tenía en sus corazones el establecer una obra para españoles e hispano hablantes. Específicamente, un vecindario en el corazón de la ciudad (llamado Malasaña) sirvió de punto de aterrizaje. Oasis comisionó un equipo para comenzar la obra allí en el otoño del 2009.

El grupo Malasaña (liderado por la familia Crull) comenzó echando una mirada profunda al vecindario y sus necesidades. En el grupo oraban y adoraban juntos, se sumergían en las Escrituras juntos y se apoyaban el uno al otro espiritualmente... soñaban juntos... Lograron discernir un proyecto tangible para bendecir al vecindario, y reunieron a líderes en desarrollo para encender su imaginación misional, enviándolos al campo. Decoupage es ahora una iglesia liderada por españoles que alcanza a otros españoles en este vecindario.

Pero el proyecto Malasaña no es el fin de la historia. En el 2013, un equipo de personas se reunió para comenzar a soñar sobre otra siembra de iglesia en Valencia, España (en la costa este, como a 4 horas de Madrid). Amy Swacina y Jonathan Steele lideraron juntos el proyecto, siendo ellos parte de la familia extendida de Oasis. Adicionalmente, nuevos sembradores de iglesias españolas están siendo formados en las tres iglesias de Madrid.

Esto es tan solo el comienzo. Será emocionante ver cómo continúa la historia. ¡El Espíritu de Dios jamás deja de sorprender! Oremos por que estos cuatro proyectos y otras iniciativas en camino, sepan como trabajar juntos en un espíritu de cooperación los unos con los otros y con otras iglesias para reflejar y proclamar claramente la gloria y bondad de Dios a lo largo y a lo ancho de España.

Con el tiempo, los grupos de personas apasionadas por estas mismas cosas, suelen desarrollar su propio lenguaje. Sin embargo, este lenguaje puede ser confuso para los de afuera o para los nuevos al grupo. Queremos ayudar a que todos logren comprender las dinámicas de la siembra de iglesias, y que sean capaces de trasmitir ese significado a otros. Este ejercicio te ayudará a estar en sintonía con las dinámicas en las que invertiremos tanta energía.

Ilustrando las dinámicas de siembra misional

Tiempo: 90 a 120 minutos (60 para los pasos 1-4 y 30 a 60 para el paso 5)
Materiales: Cartulina, pegamento, revistas, bolígrafos o lápices, resaltador y marcadores

1. Al leer el relato de Troy sobre el desarrollo de Mountainview, Oasis, Decoupage y Valencia, vuelve a cada uno e identifica dónde piensas que las dinámicas se ven representadas. Utilizando un marcador de color diferente o un símbolo para cada dinámica, resalta las partes de esa historia que parecen relacionarse a las seis dinámicas y constata cuál de éstas aplica.

2. Ahora repasa las breves descripciones de cada dinámica. Subraya cualquier palabra o concepto que te sea confuso o que pienses pueda ser confuso para otros en tu contexto.

3. Con la guía de tu mentor, escribe una breve definición para cada palabra o concepto confuso y sugiere una o dos palabras alternativas que podrían ser utilizadas.

4. Cuando te sientas cómodo con los significados de palabras y conceptos, encuentra imágenes en revistas (o crea unas propias) que representen *Integrar, Iniciar, Practicar, Madurar, Interconectar,* y *Expandir,* y pégalas a una cartulina. ¡Sé creativo!

5. Explica cada imagen y su concepto correspondiente a tu mentor.

En las primeras etapas para establecer iglesias locales sostenibles, estas dinámicas por lo general se desarrollan como una *progresión* de actividades. Esta palabra capta la idea de una secuencia natural, sin sugerir un proceso paso a paso estrictamente lineal. Imagina una piedra lanzada a un estanque de aguas calmas, donde el impacto inicial crea una onda que se expande en todas direcciones, y captarás la idea que tenemos en mente. Cuando un equipo se sumerge en el contexto, el impacto de su obra del Reino se esparcirá gradualmente y con el tiempo será mas notoria. En otras palabras, un equipo misionero que desee establecer una iglesia, deberá comenzar por *integrarse* al contexto. Con el tiempo esto llevará a *iniciar* una respuesta estratégica a ese contexto, y como equipo comenzarán a unificarse y a tomar impulso. En este punto, *practicar* un ritmo de identidad y

discipulado será vital. A medida que el crecimiento y la complejidad aumentan, la comunidad en formación dedicará más energía en actividades que lleven a *madurar*, para llegar a ser un cuerpo local visible ("una" iglesia). Con su desarrollo interno fortalecido, la iglesia de modo natural buscará *interconectarse* para incubar nuevas iglesias sembradas, y con el tiempo buscará incluso *expandir* el Reino más allá de su ciudad.

Cualquier secuencia inicial en estas seis dinámicas, rápidamente dará paso a un patrón superpuesto de actividades. La onda inicial se expandirá hacia afuera, pero cada dinámica previa permanecerá activa y se combinará con la próxima, hasta obtener un grupo pulsante, donde a todas las dinámicas se las cuida como parte de una administración de movimientos para sembrar iglesias. En el ciclo de vida de un proyecto, Communitas esperaría ver estas seis dinámicas entrelazadas y operando en distintos grados al mismo tiempo, dependiendo de la situación particular y del ciclo de desarrollo de ese proyecto o iglesia.

A una iglesia en proceso de madurez puede tomarle años acumular la energía y los recursos necesarios para desarrollar actividades que le permitan *interconectarse* y *expandirse*. Muchos proyectos pueden enfocar el grueso de sus energías a atender a las cuatro primeras dinámicas, sin prestar mucha atención a crear actividades que les permitan *interconectarse* y *expandirse*. Communitas anima a que cada proyecto participe, en algún nivel, en redes locales y trans-locales que se enfoquen en multiplicar iniciativas misionales e iglesias. Sin embargo, esa participación debe ser adecuada a cada proyecto particular; no se espera que los equipos implementen actividades para *interconectarse* y *expandirse* más allá de sus capacidades.

Un último tema respecto de este patrón de sembrar iglesias misionales es cómo se interrelacionan las dinámicas. En Communitas vemos que estas seis dinámicas forman tres combinaciones naturales que trabajan en conjunto para lograr propósitos específicos. *Integrar* e *iniciar* trabajan en conjunto para *infundir un ADN misional*. *Practicar* y *madurar* integran actividades interrelacionadas que *dan forma a expresiones saludables de iglesia*. *Interconectar* y *expandir* operan como pareja para *provocar multiplicación* de iniciativas misionales e iglesias. ¡Inmersión misional, formación saludable y multiplicación son características que a Communitas le encantaría ver cultivadas en todos nuestros proyectos e iglesias!

Resumen: *Vimos una historia real de cómo estas dinámicas funcionan en la siembra de iglesias con los años. Hemos explorado también más a fondo, qué significan estas dinámicas y cómo se interrelacionan las unas con las otras. Por último, vimos que las seis dinámicas pueden ser combinadas en el lineamiento de tres propósitos específicos - propósitos que guían la estructura de las tres próximas secciones de este libro. Antes de meternos de lleno en los pares dinámicos, debemos desempacar otro asunto crítico, que ayudará a tu equipo a estar mejor preparado para este viaje.*

Mis Reflexiones:

¿Qué has aprendido que haya sido nuevo para ti?

¿Qué te ha sido útil en este capítulo?

¿Qué debe ser modificado para ser más efectivo para ti?

Menciona dos o tres pensamientos que te hayan llamado la atención. ¿Qué harás con ellos?

¿Cómo estás utilizando actualmente lo que has experimentado en este capítulo?

Capítulo 2 – Enfoquémonos en lo que Dios dice que somos

Puede que te sientas listo para arrancar - "¡comencemos de una vez con estas dinámicas a ver qué pasa!" Sin embargo, te animamos a conservar esa energía un tiempo más, ya que antes necesitamos ver un concepto central: **nuestra identidad.** *Nuestra identidad tiene mucho que ver con el modo en que determinamos nuestras acciones. La vida interior de un individuo, equipo o iglesia, eventualmente se filtra al mundo exterior - para bien o para mal. Allí donde elijamos arraigar nuestra identidad, es donde nutrirán se nuestras almas o consumirá nuestra vida y gozo. Veamos primero nuestra identidad individual, y luego nuestra identidad colectiva como equipo o iglesia.*

MI identidad importa

Mientras caminaba molesto por el bosque, Kelly comenzó a gritarle a Dios lo más fuerte que podía. Con dos días de retiro solitario, en un silencioso monasterio en las montañas, diez años de sembrar iglesias, y tres iglesias bajo el brazo, Kelly estaba enojado. Había hecho todo lo que se le había podido ocurrir para Dios, había seguido todas las reglas, dedicado su vida al ministerio, y por lo que podía ver, Dios no había hecho nada. Ningún éxito, ningún cristiano nuevo, y Kelly se sentía más solo que nunca. Confundido y exhausto, había llegado a su límite.

Entonces, rodeado solamente de vacas para escucharle, Kelly le expresó a Dios a gritos, su profunda decepción, su rabia, y su miedo. Gritó hasta que se quedó sin palabras. En el silencio que le siguió, Kelly audiblemente escuchó a Dios preguntarle, "¿Quién soy?". En los días y meses que siguieron, cayó en cuenta de que una intimidad plena solo puede existir en Dios, y que Dios ya había validado su existencia al crearlo. A Kelly no le quedó más opción que aceptar esa verdad.

Henri Nouwen escribió, "Jesús vino a anunciarnos que una identidad basada en el éxito, popularidad y poder es una identidad falsa - ¡es una ilusión! Con voz fuerte y clara Jesús dijo: "No son lo que el mundo hizo de ustedes; sino que son hijos de Dios."[7] Hasta *buenos* comportamientos motivados por una necesidad de agradar a otros, a nosotros mismos, o a Dios, eventualmente llevan al vacío o al enojo. En contraste, recibir y descansar en nuestra identidad de hijos amados de Dios, nos permite estar llenos de una fuente interior que jamás se secará.

Antes de iniciar con el ministerio, debemos examinar la fuente de nuestra identidad. Igualmente, a lo largo de nuestras vidas, deberemos revisar esto periódicamente para asegurarnos de ser conscientes de dónde tienen raíz nuestras motivaciones. ¿Se basa nuestra identidad en una necesidad de ganar la aprobación de nuestros padres o de ciertas figuras de autoridad que respetamos? ¿Nos gusta agradar a las personas, procurando siempre satisfacer las expectativas de nuestros amigos o ganar la aprobación del mundo? ¿Proviene nuestra estima de lo que vestimos, de las reglas que seguimos, del partido político al que nos adherimos, o de cómo nos desempeñamos en nuestros trabajos? ¿Nos esforzamos por demostrarle algo a alguien, tal vez a nosotros mismos?

¿Estamos atrapados procurando ganarnos la aprobación de Dios? Esta pregunta es particularmente importante, pues solemos verla como algo virtuoso. Muchos sembradores de iglesias están secretamente plagados con el impulso interior de agradar a Dios, así como Kelly en su historia. Esto puede llevar a un sentido de derecho legítimo - Dios nos debe a mi y a

mi familia una restitución - y esto puede llevar a una montaña rusa con Dios. Cuando nuestro ministerio está dando fruto, estamos felices porque Dios debe estar contento con nuestros resultados; y cuando parece seco y estéril, a pesar de nuestro arduo trabajo, somos infelices porque concluimos que Dios nos está negando su bendición, que simplemente no damos la talla, o que somos de algún modo culpables de hacer algo que no le agrada.

Nuestra identidad y valor a los ojos de Dios jamás cambia. Dios declara ese valor al crearnos a Su imagen, al darnos vida, y al escoger cargar con nuestros pecados y quebranto, para que cada uno de nosotros pueda saber que somos hijos preciados de Dios. A los ojos de Dios, no podemos tener un valor menor, ser menos amados o menos importantes. A los ojos de Dios no podremos jamás obtener mayor favor, mayor alabanza, o mayor perfección que la que ya tenemos a través de Cristo. La pregunta principal a la que debemos regresar una y otra vez es: *¿está nuestro sentido de estima realmente basado en la certeza de que Dios siempre nos ha amado y siempre lo hará?* Superficialmente, puede que respondamos que "si" a esta pregunta, y sin embargo continuamos albergando creencias muy arraigadas que enraízan nuestro sentido de valor en otra parte. Podemos también haber abrazado esta verdad alguna vez, pero habernos desviado de la seguridad que una vez conocimos en Dios. Debido a que vemos que todo el ministerio fluye desde la fuente de nuestro valor declarado por Dios, decidimos incluir el siguiente ejercicio que te ayudará a reconectar con la Fuente que nos ama incondicionalmente.

---

7   Henri Nouwen, *Here and Now: Living in the Spirit* (New York: Crossroad, 2002), 163.

Firme en quién Dios me creó para ser

Tiempo: 60 minutos
Materiales: Biblia, diario, bolígrafo o lápiz

1. Encuentra un lugar donde no tengas interrupciones y toma un tiempo a solas con tu diario y tu Biblia abierta ante ti. Comienza con una oración que invite al Espíritu Santo a ayudarte a verte a ti mismo tal cual eres y que guíe tus pensamientos.

2. En oración, responde a estas preguntas en tu diario:
   - *¿Cuándo te has sentido débil, has experimentado fracaso, sufrimiento o pérdida?*
   - *¿Qué mensajes te dices a ti mismo cuando esto ocurre?*
   - *¿Qué te dice esto de cómo te aferras y adaptas a la perspectiva del mundo de éxito, poder y mérito personal?*
   - *¿A quién acudes por ayuda?*

3. Quédate en silencio por unos minutos y permítele al Espíritu Santo hablarte. ¿Qué escuchas o sientes? ¿Qué imágenes vienen a la mente? Anótalo todo en tu diario. Cuando estés listo, responde a las siguientes preguntas, anotando tus respuestas en tu diario.
   - *¿Cuáles son los versículos, historias, metáforas claves que te recuerdan quién Dios te ha creado para ser?*
   - *¿Cómo se relacionan contigo estas historias, versículos, metáforas? ¿Dónde sientes que te falta?*
   - *¿Qué prácticas espirituales personales te gustaría desarrollar para mantenerte firme en quien Dios te creó para ser?*
   - *¿A quién puedes acudir para mantener tus prácticas espirituales activadas en esta ocupada etapa ministerial que se avecina?*
   - *Planea pedir a esa persona que te ayude.*

4. Termina con una oración de agradecimiento, dándole honor al Espíritu Santo por guiarte en esta práctica. La próxima vez que tu equipo se reúna, comparte los detalles de tu plan de práctica espiritual y cualquier reflexión significativa que hayas aprendido de este ejercicio.

NUESTRA identidad importa

En la siembra de iglesias, nuestra identidad como pueblo de Dios es tan importante como nuestra identidad individual. El modo en que comprendemos nuestra identidad colectiva como familia de Dios, determina nuestras acciones colectivas y ministerio.

La fuente de nuestra identidad colectiva determina la calidad de nuestro testimonio de quién es Dios.

Como una iniciativa misional, ¿está nuestra identidad colectiva basada en una visión de súper héroe para salvar al mundo? ¿Está basada en una noción política de crear el Reino perfecto? ¿Está nuestra identidad moldeada por un miedo a *ellos* y una necesidad de protegernos a *nosotros*? ¿Nos vemos a nosotros mismos principalmente como un grupo de auto ayuda que existe para hacer de cada participante un individuo mejor y más feliz?,¿O proviene nuestra identidad colectiva del único y verdadero Dios, que es digno de toda adoración y honor? ¿Está fundamentada nuestra identidad en una Trinidad que tan desesperadamente ama al mundo que recorrería cualquier camino para que lo conozcan a Él? ¿Está amarrada en un Misterio quien es quien mantiene la justicia y la misericordia, la gracia y la verdad en perfecta armonía? ¿Está definida por el gran Nombrador quien llamó a Su pueblo a unírsele para liberar a Su creación de la esclavitud y decadencia, por el bien de la libertad y la gloria?

"Henri Nouwen resaltó que encontramos nuestra identidad en parte por lo que otros dicen de nosotros. Lo que otros dicen de nosotros puede moldear nuestra identidad propia en maneras profundas. Las identidades no se encuentran; se brindan. Para muchos de nosotros, las identidades nos son dadas por personas que no tienen la identidad correcta para nosotros. Las verdaderas identidades pueden ser dadas solo por Dios."[8]

En la Biblia, leemos lo que Dios dice sobre Su gente. Dios le da identidad a Su gente de historia en historia. En la historia de la creación, "Dios consideró que era muy bueno." Él hace hombres y mujeres como parte de esta creación y dice que "todo lo que ha hecho era bueno."

En el tiempo de Abraham, Dios renovó Su relación con Su pueblo. Llamó a una familia específica para ser Su pueblo, a través de quien "[...] serán bendecidas todas las familias de la tierra!"[9] Dios llamó a Abram y lo nombró Abraham, estableciendo el pacto de que por la obediencia de Abraham, no solo él y su familia, sino la tierra entera sería bendecida.

Dios sacó a Su pueblo, los Israelitas - la familia de Abraham - de la esclavitud en Egipto. Los empoderó para vivir su identidad como pueblo de Dios, para que todas las naciones vean quién es Dios y experimenten Su gran amor (Deuteronomio 4). La historia del pueblo de Dios sacado de la esclavitud para vivir en una tierra de la que "fluía leche y miel", donde la justicia y la misericordia, la gracia y la verdad, y la verdadera bondad florecían, es contada una y otra vez. De Éxodo hasta Malaquías, vemos que Dios vuelve a llamar a Su pueblo una y otra vez a través de Sus profetas, para que viva en obediencia, en la realidad de una buena creación, incluyendo una demostración a las naciones de que "yo soy Dios, y no hay ningún otro [un Dios justo y un Salvador]... Ante mí se doblará toda rodilla, y por mí jurará toda lengua." (Isaías 45:22-23)."[10]

Cuando los Israelitas son llevados de su tierra al exilio en Babilonia, Dios enlista a Jeremías para enviar un mensaje a Su pueblo, donde le recuerda quién le está llamando a ser (Jeremías 29). Los Israelitas no se definían por lo que otros dijeran de ellos (una nación de exiliados conquistados), sino por lo que Dios dice de ellos. Dios dice que son libres y un pueblo escogido, llamados a mediar la gracia y el carácter de Dios en el mundo. Y a pesar de su presente juicio y exilio, Dios permanece

---

8   David Lomas, *The Truest Thing about You: Identity, Desire, and Why It All Matters* (Colorado Springs: David C. Cook, 2014), 94.

9   Génesis 12:3.

10 Andrew Perriman, "Missio Dei in Historical Perspectives, Part 2," http://www.postost.net/2011/01/missio-dei-historical-perspectives-part-2 (accedido el 25 mayo 2015).

fiel a Sus promesas de bendecirlos y darles un futuro brillante.

Por medio de una carta del profeta Jeremías, Dios entrega un mensaje a Su pueblo exiliado que culmina en un llamado a vivir en Babilonia de un modo inesperado:

"Así dice el Señor Todopoderoso, el Dios de Israel, a todos los que he expulsado de Jerusalén a Babilonia: Construyan casas y habítenlas; planten huertos y coman de su fruto. Cásense, y tengan hijos e hijas; y casen a sus hijos e hijas, para que a su vez ellos les den nietos. Multiplíquense allá, y no disminuyan. Además, busquen el bienestar de la ciudad adonde los he deportado y pidan al Señor por ella, porque el bienestar de ustedes depende del bienestar de la ciudad." - Jeremías 29:4-7

En sus traducciones del texto hebreo original, la mayoría de las Biblias en inglés ocultan la presencia de una palabra significativa, que de hecho se encuentra tres veces en el versículo siete. Esa palabra es "shalom." Para resaltar el uso repetido por Jeremías de *shalom*, Walter Brueggemann, erudito en el Antiguo Testamento, ofrece esta traducción del hebreo original:

*"Busquen el **shalom** de la ciudad donde los he enviado en exilio, pidan al Señor por ella, pues en su **shalom** ustedes también encontrarán su **shalom**."[11]*

Para comprender cuán profundamente debe haber sonado esta palabra a los oídos de los hebreos exiliados, debemos ir más allá de la simple definición no hebrea que solemos proyectar en esta palabra. En el lenguaje hebreo original del Antiguo Testamento, *shalom* significaba muchísimo más de cómo normalmente la definimos hoy en día. Palabras como paz, prosperidad y bienestar captan algunos aspectos de un significado mucho más rico aún, pero su alcance es demasiado angosto. En la Biblia *shalom* significa "prosperidad universal, plenitud y regocijo - una suntuosa realidad que inspira un estado de asombro gozoso al ver a su Creador y Salvador abrir las puertas y dar la bienvenida a las criaturas en las que se deleita."[12] Walter Brueggemann saca a relucir las dimensiones comunitarias y sociales del *shalom* al definirlo como: "un sentido de integridad personal en una comunidad de justicia y cuidado, que aborda las necesidades de toda la humanidad y de toda la creación."[13] Brueggemann y otros expertos bíblicos también aluden a *shalom* como un término visionario - la idea del pueblo de Dios viviendo ahora en la misma dirección en la que Dios está moviendo todas las cosas. *Shalom* trata del futuro prometido, pero se trata también de lo que Dios quiere darnos en cierta medida en el presente (considera que Jesús mismo nos dio esta oración: "Venga tu Reino. Hágase tu voluntad, en la tierra como en el cielo"). Estos profundos significados están más cerca de lo que los profetas del Antiguo Testamento se referían por *shalom*.

Entonces, si eras un hebreo en exilio que escuchaba la lectura de esta carta de Jeremías, muy probablemente estarías altamente sorprendido de escuchar *shalom* repetido dentro de un mensaje, diciéndole a tu gente que establezcan raíces. En lugar de prometer una liberación inmediata, Dios de hecho le estaba pidiendo a ti y a tu gente que desecharan sus identidades negativas de víctimas, esclavos o inadaptados en tierra extranjera. En su lugar, todos fueron llamados a ser misioneros, enviados para declarar el Reino

---

11 Walter Brueggemann, *Living Toward a Vision: Biblical Reflections on Shalom* (Philadelphia: United Church Press, 1982), 23.

12 Cornelius Plantinga Jr., *Not the Way It's Supposed to Be: A Breviary of Sin* (Grand Rapids: Wm. B. Eerdmans, 1995), 10.

13 Este es un resumen de la definición de Brueggemann (ver *Living Toward a Vision*, pp. 181-183).

de Dios y además mostrar Su bondad. El llamado no era a desistir, ni era para que pidieras a Dios que llueva juicio sobre tus captores. No se les pedía ser agentes dañinos en la sociedad, ni actuar subversivamente para hacerle daño a Babilonia. Por el contrario, el mensaje de Dios era una invitación para que tú y tu pueblo abrazaran una identidad radicalmente diferente en medio de sus circunstancias: "*¡No son cautivos de su realidad actual; son Mis misioneros de shalom!*"

¡Es suficientemente sorprendente que Dios le haya pedido a Su pueblo procurar el *shalom* en esta hostil Babilonia! Pero no contentándose con eso, les hace saber que en su bendición activa de Babilonia, ellos también encontrarían *shalom*. ¿Puedes imaginarte cuán profundo debe de haberle sonado este mensaje al pueblo de Dios? Buscar el shalom de Babilonia significaría vivir entre las personas que no conocían a Dios, así como vivir en medio del gran propósito que el pueblo de Dios siempre tuvo (y solían olvidar): hacer brillar la gloria y buena voluntad de Dios en el mundo. Este sería un modo sanador de vivir, transformador tanto para los exiliados como para los captores, pero sería también costoso. Por un lado, deberían buscar el *shalom* de extranjeros que ciertamente odiaban. Cuán duro debe haber sido hacer la amargura y el resentimiento a un lado para ofrecer perdón. Buscar el shalom de Babilonia también requeriría que los exiliados se aventuraran en esta gran ciudad. Por otro lado, esto sería también perjudicial para los sistemas del mal y la injusticia en la sociedad babilónica, que se resistiría y hasta daría inicio a una persecución.

Con esta identidad positiva, sellada a fuego en sus corazones - "Somos el pueblo amado de Dios enviado al mundo para representar al único y verdadero Dios y reflejar Su *shalom*" - los judíos tendrían una oportunidad de largos años en Babilonia para testificar que Dios reina sobre toda la tierra. El reinado de *shalom*

de Dios está activo en los rincones más remotos, y hasta en los lugares menos esperados.

¡Qué historia tan significativa en la narrativa del pueblo de Dios! Babilonia ha desaparecido en las arenas del tiempo, y sin embargo esta historia sigue siendo verdadera para nosotros. ¡Algo maravilloso ha ocurrido entretanto, que lo ha cambiado todo! Nosotros, al contrario del pueblo de Dios en Babilonia, nos encontramos al otro lado de la profecía cumplida - ¡el Mesías Jesús ha llegado, aquel cuyo nombre es "Príncipe de *Shalom*!"[14] En y a través de Jesús, Dios llama a Su pueblo, ahora llamado la *iglesia*, a vivir en esta nueva realidad. Como pueblo de Dios hoy, nosotros enfrentamos nuestras propias "Babilonias" a lo largo y ancho de esta tierra. Y portamos un llamado similar de buscar el *shalom* de todos esos lugares, independiente de cuan desalentador y poco atractivo pueda parecer.

Siguiendo el ejemplo de Jesús, proclamamos el reinado de Dios sobre los lugares inesperados y los perdidos, donde el pecado y el quebranto afirman su reinado. Utilizando el lenguaje de la era del Nuevo Testamento, Cristo llama al pueblo de Dios a vivir en el "Reino de Dios", que es la esencia del precepto de *shalom*, hacia el cual Dios ha estado encausando la historia desde el principio.

A través de sermones y parábolas, Jesús muestra una y otra vez que este Reino no es como los reinos del mundo. Contrario a la manera del mundo, Jesús llama a una comunidad donde los mansos son bendecidos, los enemigos amados, donde los primeros serán los últimos, y una semilla de mostaza se torna más grande que un árbol.

Pablo, Pedro y los apóstoles llevan el lenguaje de este

---

14 Isaías 9:6.

llamado a la iglesia y construyen sobre ésta. A través de sus muchas historias y cartas, Dios le recuerda a Su iglesia quien es. Dios los define como una comunidad que con osadía adora al único y verdadero Dios y que vive una reconciliación radical donde no hay separación entre gentil o judío, esclavo o dueño, hombre o mujer.[15] El pueblo de Dios ha de ser un "linaje escogido, real sacerdocio" que declara la maravillosa luz de Dios.[16]

¡Que identidad tan maravillosa y positiva es la que llevamos al mundo como pueblo de Dios! Esto merece

---

15 Gálatas 3:28.

16 1 Pedro 2:9.

que reflexionemos seriamente en ello. Pero requiere que soltemos esas cosas que se interponen en el camino, y no nos permiten abrazar esta identidad. Debemos procesar las pérdidas que podamos sentir, incluyendo otras emociones que puedan afectarnos en nuestro llamado, como enojo, miedo o cinismo. Esto nos permite vestirnos de esa identidad positiva que Dios quiere que mostremos en cualquier escenario cultural en el que nos encontremos. Los siguientes ejercicios están diseñados para ayudarte a ti y a tu equipo a tomarse el tiempo para soltar lo que deba ser descartado, y abrazar su llamado positivo en la cultura que Dios les ha dado.

Lamentando, una experiencia compartida

Tiempo: 60 minutos
Materiales: Diario, bolígrafo o lápiz, Biblia

Cualquier equipo que se involucre en el contexto en el nombre de Cristo, querrá darle a sus miembros el espacio para lamentarse. Es importante reconocer y expresar lamento y pérdida por cuanto han fallado la iglesia y la cultura en representar el precepto de *shalom* de Dios. El equipo necesita tiempo para expresar lamento y pérdida por las cosas buenas que la cultura le ha arrebatado al pueblo de Dios, de la humanidad y de la creación como resultado de la adoración a falsos dioses. La expresión de lamento puede ayudar a las personas a abordar emociones que de otro modo podrían afectarles para seguir adentrándose en la cultura con valentía y optimismo divinos.

Toma algo de tiempo en silencio a solas con la sección de diario de este capítulo y con tu Biblia. Meticulosamente desarrolla estos ejercicios, anotando tus pensamientos en tu diario.

1. Abre tu Biblia a Jeremías 29:4-7. Al leer el mensaje de Dios a los exiliados, imagina lo que los cautivos hubiesen estado escuchando y sintiendo. Había tanto en su día a día que había cambiado.
   - *¿Cómo jalaba o rozaba su identidad la cultura babilónica?*
   - *¿Tu propia cultura roza contra ti por ser una persona de fe?*
   - *En tu diario, anota algunas maneras en que te sientes agredido por tu entorno cultural, maneras en que te sientes sumido.*
   - *Compara y contrasta la experiencia de los exiliados con la tuya.*

2. Israel se lamentaba de su cautiverio. Lee Salmos 6, 137 y 22. El Salmo 22 comienza con "Dios mío, Dios mío, ¿por qué me has abandonado?" y finaliza con "Dios hizo justicia."[17] Es probable que Jesús cantara el Salmo 22 al sufrir y morir en la cruz.[18] Muchos de los Salmos son lamentos. Un lamento le permite a uno afligirse ante Dios. Ninguna emoción está fuera de los límites o es profana, sino que se expresa libremente ante Dios. ¿Qué te sorprende de estos Salmos que acabas de leer? ¿Qué emociones relacionas con ellos?

3. Como un exiliado en Babilonia, es probable que hubieses lamentado las palabras proféticas de Jeremías de quedarse, orar y buscar el *shalom* de los babilonios.
   - *¿Qué te causa el lamento en tu propio contexto?*
   - *Escribe tu propio salmo de lamentos que describa tu experiencia con tu contexto/cautiverio.*

4. Cuelga tu lamento en algún lugar de tu casa donde te recuerde recitárselo a Dios.

---

17 Mateo 27:46.

18 Juan 19:30.

Abrazando el shalom

Tiempo: 20-60 minutos
Materiales: Biblia, diario, bolígrafo o lápiz

1. Con un compañero nombren historias o pasajes bíblicos como puedan, que hablen de la obra de Dios en la que Él vuelca Su reino de *shalom* en los tiempos bíblicos. ¿Hay otras metáforas que no sean *shalom* que describan este nuevo orden? Anótenlas en una nueva página de sus diarios.

2. Cuéntale a tu compañero de un tiempo en que hayas visto el reino de *shalom* de Dios expresado en la cultura. Describe una situación donde hayas encontrado *shalom* en una persona de la quien menos te esperabas (ej. a través de un amigo o grupo no cristiano, etc.) Anótalo en tu diario.

3. Reunidos como equipo, cada persona comparte primero sobre la experiencia *shalom* de su compañero en la cultura y luego en una persona inesperada.

4. El facilitador guía al equipo para comparar y contrastar las experiencias de *shalom* en las Escrituras con los ejemplos actuales que fueron compartidos. Utiliza las preguntas aquí debajo para promover la discusión:
   * *¿En qué son similares los ejemplos bíblicos y nuestras experiencias actuales?*
   * *¿En qué son diferentes?*
   * *¿Qué te llevan a esperar de Dios estas experiencias?*
   * *¿Cómo te está impulsando el Espíritu Santo a la acción a nivel personal?*

5. El facilitador lleva al equipo a considerar la siguiente declaración: Imagina que Dios te pide ser un misionero de *shalom*.
   * *¿Qué se siente asumir esa identidad?*
   * *¿Cómo podría esto afectar tu actitud y acciones en el día a día en tu entorno local?*

6. Toma nota de las respuestas del equipo en tu diario para mayor contemplación, conversación y acción.

La historia de Dios para su pueblo no ha acabado. Él continúa narrando nuestras historias y nombrando a Su pueblo como un pueblo de Su nueva creación. En Jesús, Dios nos da nuestra verdadera identidad. Pasar a ser el pueblo de Dios ya no está definido por provenir del linaje de Abraham, ni siquiera por el pacto de la circuncisión, sino por confiar en Jesús como Señor y Salvador.[19] El pueblo de Dios vive en Su Reino, donde una nueva creación plena de *shalom* penetra nuestra realidad presente. Esta realidad que se está develando será completada al retorno del Rey, pero aún ahora, el pueblo de Dios apunta a la nueva creación y

_____

19 Romanos 4, Gálatas 3.

su *shalom*. ¡Esto tiene tremendas implicaciones para el modo en que nos involucramos en la cultura!

El autor Andy Crouch afirma que como cristianos, solemos adoptar posturas negativas o reactivas hacia la cultura en la que estamos inmersos. Crouch ha identificado cuatro posturas básicas que los cristianos norteamericanos que han adoptado por los últimos dos siglos hacia la cultura, que representamos en el diagrama a continuación. Crouch le habla principalmente a la iglesia norteamericana, y sin embargo vemos que estas posturas son aplicables, en cierto grado, a cristianos en cualquier entorno cultural.[20] Al leerlas considera cómo se aplican a tu contexto.

---

20 Andy Crouch, *Culture Making: Recalling our Creative Calling* (Downers Grove: InterVarsity Press, 2013),60-74. Reinhold Niebuhr escribió un texto clásico sobre esto, también llamado *Christ and Culture*, mientras Tim Keller también identifica distintos cultural en *Center Church*.

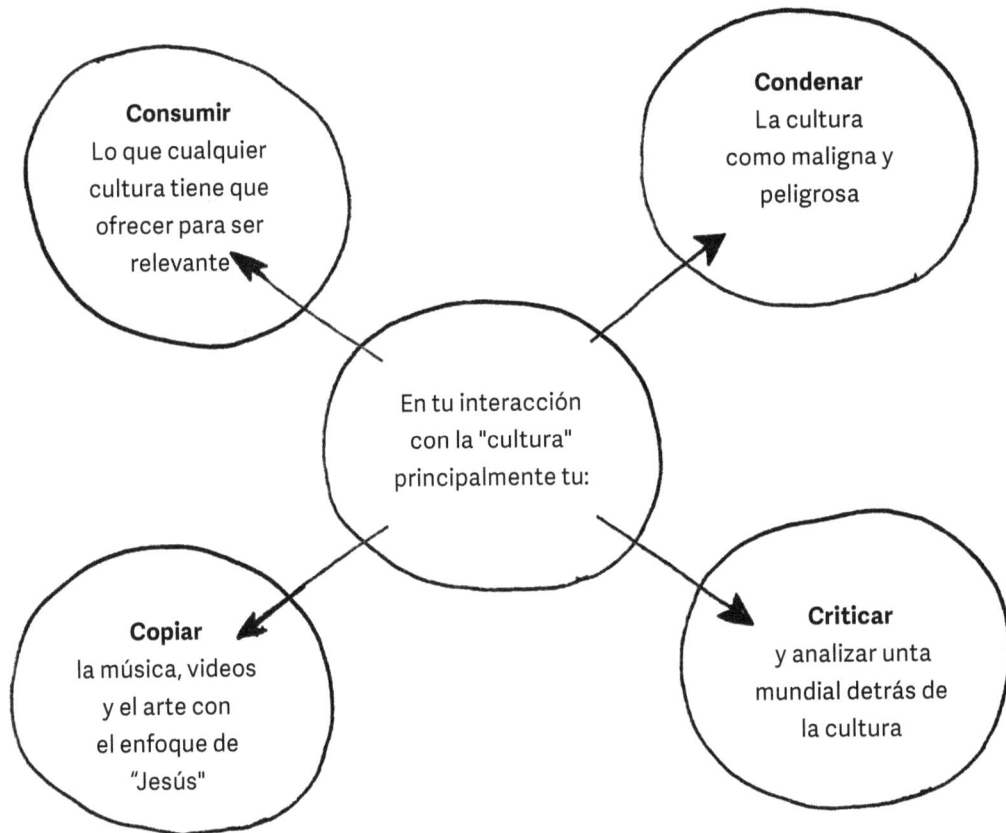

Consumir
Lo que cualquier cultura tiene que ofrecer para ser relevante

Condenar
La cultura como maligna y peligrosa

En tu interacción con la "cultura" principalmente tu:

Copiar
la música, videos y el arte con el enfoque de "Jesús"

Criticar
y analizar unta mundial detrás de la cultura

Para vivir la identidad positiva que Dios nos ha dado, como Sus hijos amados y como Su pueblo misional, necesitamos evaluar las posturas que solemos tomar hacia la cultura anfitriona. ¡El modo en que nos comportamos tiene implicaciones potenciales enormes para el evangelio! El siguiente ejercicio está diseñado para ayudar a tu equipo a identificar cualquier postura negativa o infructuosa que pueda estar albergando, incluyendo cómo poder reemplazarlas por una manera mejor, más positiva de operar en su entorno cultural.

Cómo discernir e implementar respuestas más positivas para la cultura

CAPITULO 2

Tiempo: 60 minutos
Materiales: Diario, bolígrafo o lápiz, Biblia

1. Examina el diagrama más arriba. ¿Cómo repercuten en nosotros estas posturas? Haz un círculo en torno a aquello que te sea familiar. Si no resuenan contigo, escribe en tu diario aquellas áreas de la cultura que para ti son difíciles de comprender o aceptar, o aquellas hacia las cuales tienes una respuesta negativa. Haz un círculo en las dos respuestas negativas principales, en el diagrama o en tu diario.

2. Lee la sección debajo donde Crouch ofrece dos posturas alternativas que la iglesia puede adoptar en su entorno cultural. Subraya esas palabras u oraciones que para ti son significativas.

   Las posturas de artistas y jardineros tienen mucho en común. Ambos comienzan contemplando, prestando atención a lo que ya está ahí. El jardinero mira atentamente el paisaje; las plantas, las flores y la maleza; el modo en que el sol cae sobre el suelo. El artista contempla su objeto, su lienzo, sus pinturas con cuidado para discernir lo que puede hacer con ellas.

   Después de la contemplación, el artista y el jardinero adoptan una postura de trabajo intencionado. Aplican su creatividad y esfuerzo a su llamado. ¿Por qué no se nos conoce como cultivadores? - personas que cuidan y nutren lo mejor de la cultura humana, que ponen empeño para preservar lo mejor de lo que las personas que nos precedieron han hecho. ¿Por qué no somos conocidos como creadores? - personas que se atreven a pensar y a hacer algo que jamás fue pensado o hecho antes, algo que hace que el mundo sea más acogedor y emocionante y hermoso.[21]

3. En una nueva página de tu diario (en el lado izquierdo de la página), toma nota de cualquier postura negativa que suelas tener hacia la cultura, incluyendo las que puedas haber marcado en el diagrama de más arriba. Ahora, en el lado derecho de la página, escribe las palabras y oraciones que has subrayado en la cita de aquí arriba. Deberían contrastar considerablemente. Si eres como la mayoría de las personas, has subrayado palabras como *contemplación, artistas* y *jardineros, creadores* y *cultivadores*. Puede que hayas subrayado verbos como *nutrir, prestar atención, atreverse a pensar, acoger*, etc.

---

21 Crouch, *Culture Making*, 97-98.

4. Escribe una reflexión sobre tu postura negativa hacia la cultura respondiendo a estas anotaciones:

- *Nombra qué te irrita de la cultura. Luego utiliza tantos términos como puedas de los que hayas subrayado en la segunda sección, para sugerirte a ti mismo maneras en las que podrías desarrollar una postura diferente.*
- *¿De qué manera lograrás ver más allá de lo que te molesta?*
- *¿Cómo construirás una relación positiva con la cultura? Incluye algunos de los conceptos de Crouch que hayas subrayado.*
- *Cuenta cómo te transformarás en un artista o jardinero en tu contexto.*

5. Finaliza tu registro en el diario con un párrafo escrito a la cultura sobre tu resolución y compromiso de amarla. Coloca una fecha para compartir tus reflexiones con tu mentor.

La cultura no es algo que se encuentre más allá, en contra o fuera de nosotros como pueblo de Dios. Por el contrario, habitamos la cultura como creadores que añaden toques positivos que puedan estar faltando, y como cultivadores que mejoran el bien que ya existe allí. Nos unimos a Dios en esta obra creadora y cultivadora, en el poder de Su Espíritu, y en el conocimiento de quienes nos ha llamado a ser. Al vivir estas posturas, contribuimos para ver crecer esta realidad plena de *shalom*, tan deseada por Dios. N.T Wright dice del pueblo de Dios, "Nuestra tarea en el presente... es vivir como un pueblo resucitado entre la Pascua y el último día, con nuestra vida cristiana, colectiva e individual, en adoración y en misión, como una señal de la primera y una muestra del segundo."[22] Mucho de lo que exploramos en esta guía tiene la intención de ayudarnos a profundizar y a vivir esa nueva identidad como una señal y una muestra, en reflexión colectiva.

---

22 N.T. Wright, *Surprised by Hope: Rethinking Heaven, the Resurrection, and the Mission of the Church* (New York: HarperCollins, 2008), 30.

Resumen: *En este capítulo hemos explorado en profundidad nuestra identidad personal y colectiva, incluyendo cómo éstas se integran en nuestras posturas hacia la cultura, debido a que la identidad tiene numerosas consecuencias para nuestro bienestar personal y para la manera en que nos proyectamos en nuestro entorno. Centrándonos en quienes Dios dice que somos y manteniendo esa identidad intacta como uno de los aspectos más importantes de nuestro discipulado en Cristo. Perder esto de vista, bajo las exigencias de sembrar la iglesia misional, puede robarle a los equipos la libertad a la que Dios invita.*

Mis Reflexiones:

¿Qué has aprendido que haya sido nuevo para ti?

¿Qué te ha sido útil en este capítulo?

¿Qué debe ser modificado para ser más efectivo para ti?

Menciona dos o tres pensamientos que hayan resaltado. ¿Qué harás con ellos?

¿Cómo estás utilizando actualmente lo que has experimentado en este capítulo?

PARTE DOS – ENFOQUE LOCAL: INSTALARSE Y HABITAR

Ahora que te hemos brindado un buen panorama de nuestro enfoque en siembra de iglesias y nuestra identidad como pueblo de Dios, es hora de profundizar y explorar las primeras dos dinámicas: Integrar *e* Iniciar. *Ambas trabajan juntas para activar nuestro ADN misional - ese núcleo interior de nuestro llamado misionero y su expresión exterior.* Integrar *e* Iniciar *son dinámicas de inicio importantes para una iglesia misional, pero deben ser constantemente cultivadas a lo largo de la vida de cualquier iglesia saludable.*

Capítulo 3 – *Integrar* – Meterse en el alma de nuestra ciudad

¡Es tiempo de poner manos a la obra y ahondar en la dinámica de Integrar! *Esta es una actividad esencial para todo equipo misionero, que nos permite meternos a fondo en el contexto para descubrir de qué se trata. Exploraremos el estilo de vida misionero y sus tres hebras entrelazadas:* Absorber, Relacionar, *y* Servir. *Investigaremos en detalle estas hebras y te mostraremos como se entrelazan para formar un patrón de vida simbolizado por el Nudo Celta. Finalmente, te ayudaremos a integrarte, guiándote a descubrir tu FORMA - tus dones, pasiones, habilidades, personalidad y experiencia - y cómo emparejar tu FORMA a las necesidades que encuentres en tu contexto.*

INTEGRAR - *arraigarse en el contexto y redes relacionales como una presencia enriquecedora*

Qué significa *integrar* y por qué es tan importante

En la siembra misional de iglesias, los equipos deben prestar particular atención a enraizarse en el contexto anfitrión, hacerse amigo de las personas, y servir por suficiente tiempo para ser una presencia enriquecedora. Aprender a amar a las personas entre las que nos establecemos, requiere que comprendamos bien quiénes son, cómo se conducen en su vida diaria, y qué desafíos enfrentan. Desafortunadamente, muchas iniciativas de plantas de iglesias le prestan muy poca atención a estos "detalles". Communitas describe este largo trabajo de cultivo con la palabra *integrar. Integrarse* es importante porque le provee a los equipos información crítica, relaciones y oportunidades que abren puertas al evangelio. En este capítulo queremos ayudar a tu equipo a lidiar con la dinámica de *integrar*. Comencemos con una breve descripción:

Integrarse es sumergirse en las profundidades del contexto y establecer una presencia estable a largo plazo juntos. Los miembros del equipo, de manera individual y colectiva, emprenden un estilo de vida misionero. Este estilo de vida implica dar una atención continua a tres comportamientos primarios: 1) ABSORBER: escuchar y aprender lo más posible sobre la ciudad o área objetivo; 2) RELACIONAR: construir relaciones de forma natural con no cristianos, y relacionarse con cristianos que quieran sumarse o asociarse al equipo; y 3) SERVIR: participar con grupos cristianos y no cristianos en actividades sembradoras de *shalom* y en iniciativas de compasión/justicia. Al practicar con constancia estos comportamientos misioneros, un equipo profundiza su conciencia de la cultura circundante y sus necesidades. También comienza a establecer relaciones significativas con muchos tipos de personas diferentes, y se involucra en un rango expansible de oportunidades de servicio.

Con el tiempo el equipo *queda inmerso* en la cultura, no solo con la capacidad de conversar de asuntos que conciernen a la ciudad, sino que también son respuesta a las buenas noticias, quebranto y dolor de la ciudad. El estilo de vida misionero, practicado por el equipo nuclear, se pasa continuamente a otros a través de ciclos repetitivos de modelaje, inspiración y equipamiento de personas. Esto incluye una inmersión profunda y obediencia a nuestro llamado escritural de estar "en el mundo pero no ser del mundo."

En la siguiente historia, mira si te identificas con la importancia de arraigarse en el contexto y lo que eso ha significado para este grupo. Hasta que eventualmente se convirtió en Emmaus Road Church en Minneapolis, Minnesota. Así describe la pastora fundadora, Christine Osgood, esta actividad vital en la vida de su comunidad:

Cuando nuestro pequeño grupo de misión creció a 24 personas, pocos de nosotros estábamos pensando en conformarnos como iglesia, éramos tan solo un grupo de personas comprometidas a viajar juntas y a vivir lo que significa seguir a Jesús. La mayoría de nosotros abrazamos la idea de que nuestras vidas debían mostrar algo del Reino al entorno cada vez más posmoderno que nos rodeaba. Sin embargo, casi todos nosotros habíamos pasado todas nuestras vidas dentro de las cuatro paredes de varias iglesias, "viviendo nuestra fe" dentro de los confines de "la burbuja cristiana" (ej. La subcultura del Cristianismo Evangélico Norteamericano). ¿Cómo íbamos a contextualizar las buenas nuevas de tal modo que nuestros vecinos pudieran de hecho escucharlas y recibirlas?

Comenzamos a dar pasos de bebé. Semana tras semana nos reuníamos como comunidad y nos desafiábamos mutuamente a aventurarnos o a pensar de modo diferente a una iglesia convencional respecto del mundo de puertas para afuera. Una semana, nos desafiábamos a adentrarnos en nuestros contextos y a prestar atención al sello de Dios en la historia de una persona que nos encontráramos. Otra semana nos desafiábamos a vivir la semana viendo a cada persona que conocíamos como hechos a imagen de Dios. Otra, nos animábamos mutuamente a servir a una persona en nuestro vecindario de una manera que evidenciara el amor de Jesús por ella. A medida que vivíamos estos desafíos semana a semana, éstos comenzaron a cambiarnos, incluyendo nuestra manera de interactuar en nuestros contextos cotidianos.

A medida que cada uno de nosotros, individualmente, comenzamos a vivir la vida de modo diferente, notamos cambios en nuestra manera de pensar. Dejamos de escondernos y de tener miedo de nuestros vecinos. Al contrario, deseábamos involucrarnos con ellos y sus historias. Comenzamos a orar por nuestros vecinos y a escuchar cómo Dios se estaba moviendo en sus vidas. También vimos cómo nosotros mismos elegíamos pasar nuestro tiempo libre en maneras diferentes. La convicción se apoderó de nosotros al darnos cuenta de cuán absortos habíamos estado en nosotros mismos. De a poco, la verdad del estilo de vida de Jesús comenzó a transformarnos a cada uno. La vida era más plena y más abundante al vivir en maneras que Cristo bien pudo haber vivido en estos vecindarios, de haber estado presente en cuerpo hoy.

Actividades como "Alimenta a Mis Niños Hambrientos", pintar pasillos en alojamientos provisionales para los desahuciados, hacer emparedados para distribuir a las personas que viven en las calles, fabricar vestidores para familias que salían de la pobreza, eran actividades que comenzamos a realizar colectivamente. Una pregunta guía para nosotros fue: "¿Se alinearía esta actividad con el 'missio Dei' (la misión de Dios evidenciada en la narrativa bíblica)?" Al interactuar con la Biblia y otra literatura en esta etapa de exploración y experimentación, logramos ver que la misión de Dios en el mundo era el impulso principal del estilo de vida y ministerio de Jesús. Veíamos destellos que sugerían que esta misión se encontraba a lo largo de la trama de toda la Biblia. Entonces, si discerníamos que una actividad era consistente con la misión de Dios en el mundo, tomábamos la decisión de involucrarnos en esa actividad.

El ejercicio debajo te ayudará a comprender mejor la dinámica de *integrar* y te llevará a considerar cómo *involucrarte* en tu propio contexto.

Comprender más a fondo la dinámica de integración

Tiempo: 30 minutos
Materiales: Diario, bolígrafo o lápiz, Biblia

1. Basado en la descripción de lo que significa *integrarse* para un equipo, hable con un compañero sobre las palabras u oraciones de esta historia, que sugieren que el grupo de Christine se estaba *integrando* bien.

2. Compare y contraste la estrategia de *integración* de Emmaus Road con la estrategia de *integración* de tu propio equipo. ¿Cómo son tus experiencias similares? ¿Que es diferente?

3. Comparte por qué piensas que *integrarse* es tan importante en el camino a sembrar una iglesia, incluyendo porqué es esencial continuar *integrándose* a lo largo de la vida de cualquier iglesia.

4. Nombra dos acciones que personalmente harás para *integrarte* bien. Escríbelas en la sección de diario al final de este capítulo.

El autor y misiólogo Alan Hirsch insiste en que la Cristología debería llevar a la misiología, que a su vez debería determinar la eclesiología. A lo que se refiere es que nuestra interacción con la vida y las enseñanzas de Jesús deberían inspirarnos e impulsarnos al mundo. Al salir como enviados, nos arraigamos en nuestro entorno local. Esto nos permite identificarnos y meternos en el alma de nuestra ciudad. Con el tiempo, nuestro trabajo misionero debería informar y moldear nuestras ideas sobre la clase de iglesia que es realmente necesaria para nuestro entorno particular, de manera natural.

Hirsch argumenta que los equipos que se lanzan a sembrar iglesias con demasiada ligereza, no comprenden el flujo del proceso. Colocan a la eclesiología antes que a la misiología, por lo que determinan la forma de la iglesia antes de haber hecho el largo trabajo misiológico de escuchar, relacionar y servir en contexto. Esto a menudo resulta en un cuerpo de Cristo que se reúne como un club exclusivo para miembros, más que uno que encarna la presencia de Jesús en medio de la ciudad. El objetivo en la siembra de iglesias no es reunir a un grupo de Cristianos y trasladar esa subcultura cristiana hacia afuera con un modelo de iglesia preconcebido e ideal. El objetivo es sumergirnos en nuestro entorno local y permitir que esta exposición moldee la cultura de iglesia y el modelo que estamos desarrollando.

Cuando los grupos predeterminan el tipo de iglesia que un área necesita antes de adentrarse en la cultura, las probabilidades de que no vean a muchas personas involucradas en su iglesia son altas. Esto es especialmente cierto donde la cultura circundante es muy diferente a la cultura interna de la iglesia. Algunas iglesias reclutan y evangelizan lo suficientemente bien como para traer a personas de afuera; pero cuando hay poco interés, por parte de la iglesia, en involucrarse misionalmente en el contexto, las personas que vienen a menudo son tan expuestas a la socialización de la subcultura de la iglesia, que terminan teniendo cada vez menos relaciones significativas con las personas fuera de la iglesia. Incluso cuando un equipo comienza algo nuevo en un grupo cultural similar al propio, es sabio mantener los ojos abiertos y continuamente aprender de aquellos a su alrededor.

Entonces, comenzar con un modelo predeterminado de iglesia en mente no es el mejor enfoque. En vez de eso, nuestra obra misionera en contexto cultural nos da una lectura temprana de la expresión de iglesia que más se amolda a las personas que nos encontramos en ese contexto. *Integrarse* toma tiempo, pero vale mucho la pena. Con expresiones de iglesia adecuadas al contexto, más personas encontrarán su camino a Jesucristo, y esas iglesias, ya sean nuevas o establecidas, pueden sembrar el *shalom* de Dios con mayor efectividad.

Sembrar el *shalom* de Dios

Al leer las historias de Jesús y Sus valores, vemos que Él amaba la idea de un Reino del revés: si quieres ser el más grande, debes servir. Si quieres ser bendecido, regala todo lo que posees. Si alguien te ha hecho mal, libremente ofrécele compasión y perdón. Jesús a menudo enseñaba a Sus seguidores a "poner la otra mejilla", a "ir la milla extra", y a "darle también tu mando."

No es difícil encontrar este mismo patrón en el Antiguo Testamento. En el relato de Jeremías del exilio babilónico, Israel fue despojada de todo lo que era sagrado para ellos. Sus corazones estaban apesumbrados, y era un pueblo quebrado. Como vimos antes, el profeta les animó a *actuar* como si fueran ellos los enviados para traer *shalom* a sus captores. En este punto en su desesperación, lo único que los israelitas querían era un salvador. Querían buenas nuevas...y las obtuvieron. Solo que no llegaron en el "lenguaje" que estaban listos para comprender. Dios les pedía que se comportaran de un modo que era en contra de sus instintos. En otras palabras, con el espíritu opuesto al que estaban naturalmente inclinados en aquellas terribles circunstancias.

Esto es el Reino del revés en desarrollo. Si los exiliados obedecían y servían en Babilonia, las bendiciones llegarían. Si no obedecían, perecerían. El riesgo era alto. Como pueblo misionero, el riesgo es alto para nosotros también. En el siguiente ejercicio repasaremos la historia de Israel en exilio para ayudarte a imaginar maneras prácticas de sembrar *shalom* en tu propio contexto.

Descubrir y buscar shalom *para tu contexto*

Tiempo: 45 minutos
Materiales: Biblia, hojas de papel grandes, marcadores, diario, bolígrafos o lápices

1. En pequeños grupos, un voluntario lee Jeremías 29:4-7 en voz alta. Al escuchar, contempla lo que este mensaje debió haber significado para los israelitas. ¿Qué emociones habrían sido normales en esta situación? ¿Qué ajustes tendrían que haber hecho en su manera de pensar y en sus actitudes?

   "Yo, el Dios de Israel, a todos los que llevé a Babilonia:
   Ya que están allí, construyan casas y vivan en ellas. Cultiven sus granjas y coman los frutos que allí se den. Cásense y tengan hijos; no dejen que su población disminuya. Asegúrense de que sus hijos e hijas también se casen y tengan hijos. Además, trabajen para que prospere la ciudad. Rueguen por Babilonia, pues si la ciudad prospera, también ustedes prosperarán."

   - Jeremías 29:4-7 (TLA)

2. Haz una lista de otros personajes bíblicos que arriesgaron sus vidas para traer bendición a sus opresores. Hay un buen número de ellos en el Antiguo Testamento. Cada uno trajo *shalom* a su contexto en una forma única. A medida que tu grupo comparte sobre estas personas, toma nota de los obstáculos que tuvieron que superar, así como cualquier otro tema que observes.

3. Ahora piensa en tu propio contexto. Comparte con tu grupo los obstáculos que deben superar para ser plantadores de *shalom*. Compárate con los personajes bíblicos que has anotado en el paso dos. ¿En qué eres diferente? ¿En qué te pareces?

4. Partiendo de Jeremías 29:4-7, nombra las acciones específicas que se les instruyó a los exiliados para *integrarse* en Babilonia. ¿Que tendrían que haber hecho los exiliados para dar seguimiento a las instrucciones? (Por ejemplo: "plantar un huerto" habría requerido que aprendieran qué plantaciones crecen en Babilonia, dónde conseguir las semillas/plantas, cuáles son las etapas de crecimiento, etc.) Compartan cómo esas acciones podrían relacionarse con su propia *integración* en contexto.

5. En una hoja de papel grande dibuja imágenes de acciones que podrías tomar para *integrarte* en tu contexto para sembrar *shalom*.

6. Reúnanse como equipo. Cada grupo toma turnos explicando sus imágenes y acciones al equipo. Compila una lista de acciones y regístralas en tu diario, ya que las necesitarás para futuros ejercicios.

Como se reveló en este ejercicio anterior, el pueblo de Dios tuvo que haber tomado acciones adicionales para *integrarse* en Babilonia, algo más allá de lo que registra la carta de Jeremías. Lo que aparentan ser ordenes simples y directas, como "construyan casas" o "planten huertos," tuvo que haber causado que tuvieran que involucrarse en mucha actividad misionera. La información, las conexiones y recursos que descubrieron en el camino, serían cruciales para cumplir con su llamado a sembrar *shalom* en su nuevo hogar. Como misioneros que buscamos *integrarnos* bien y traer el *shalom* de Dios a nuestros días, enfrentamos desafíos similares que requieren una respuesta prolongada de muchos niveles.

Lo que los buenos misioneros hacen y siempre han hecho: un patrón simple para *integrarse* al contexto local

Si procuráramos describir todos los comportamientos misioneros necesarios para ser sembradores efectivos del *shalom* de Dios, escribiríamos un libro. El objetivo, sin embargo, no es ocuparnos con la mayor cantidad de actividades que se nos puedan ocurrir, sino mantener un ritmo e involucrarnos con sabiduría en nuestra ciudad. Hacia el final, queremos explorar un paradigma práctico contigo que creemos puede: a) ayudar a tu equipo a obtener un mejor entendimiento de la vida misionera, de manera balanceada y sostenible; y b) equipar a tu equipo con un patrón visual sencillo de explicar, para ayudar a que otros en tu comunidad puedan fácilmente comprender y también activar este estilo de vida.

El esquema debajo (ver figura 1) ilustra un patrón simple de vida misionera que es de gran ayuda en muchos entornos.[23] El patrón describe comportamientos practicados por misioneros a medida que se integran y encarnan a Cristo dentro de un grupo cultural.

---

23 Este paradigma fue desarrollado por Dan Steigerwald, descrito en mayor detalle en su libro, *Growing Local Missionaries* (Portland: Urban Loft Publishers, 2014).

CAPITULO 3

36 - Parte Dos – Enfoque local: Instalarse y Habitar

Aventura Dinámica

Figura 1 – Estilo de Vida Misional
(Un Patrón no lineal que supone Tres Pares de Comportamientos)

Sumergirse y escuchar = **ABSORBER**

Conectar y Hacer Amigos = **RELACIONAR**   Participar y Enriquecer = **SERVIR**

DIOS Y EL CUERPO DE CRISTO
(Nuestro Centro de Discernimiento
y Habilitación)

Como puedes ver, este patrón se define por tres pares de acciones. Cada par contiene dos verbos en tiempo presente y las palabras MAYÚSCULAS en singular representan el propósito final en mente cuando se llevan a cabo estas acciones. Todo misionero efectivo inevitablemente practicará estos tres comportamientos al involucrarse en un contexto local. Al hacerlo, logrará tres hermosos propósitos con una profundidad cada vez mayor:

1. *Sumergirse y escuchar* = ABSORBER
2. *Conectar y Hacer Amigos* = RELACIONAR
3. *Participar y Enriquecer* = SERVIR

Cuando un equipo misional se involucra por primera vez en un contexto, se desata una secuencia natural de estos comportamientos. Pero no pasa mucho tiempo antes de que éstos comiencen a superponerse y a repetirse. Cuando los misioneros se *integran* a un entorno, primero deben sumergirse en él y escuchar, deben *absorber* tanto como puedan de la zona que

quieren impactar. Este tiempo en el que el misionero observa e incorpora información crítica, rápidamente da paso a un tiempo para *relacionarse* o conectarse con las personas locales y con los que conocen la zona. Con el tiempo, este *relacionamiento* lleva a la formación de pequeños subgrupos de amistades significativas. Cuando me conecto, surgen oportunidades de *servicio, junto a* las personas de la zona, en causas o actividades loables, consistentes con el enriquecimiento de la ciudad. En otras palabras, en el desarrollo de estos comportamientos, toda secuencia de inicio pronto dará paso a que todas las actividades misioneras se involucren de manera continua. Con la intención consciente de integrar estos comportamientos a la vida diaria, éstos se transforman en hábitos que tanto individuos como grupos aprenden a practicar de manera casi subconsciente.

Utilizamos el Nudo Celta para visualizar y enseñar la naturaleza continua de estos comportamientos en el estilo de vida de los misioneros. Sigue la línea del nudo con tu dedo. Verás que es continuo y superpuesto, como ha de ser el ritmo de nuestros comportamientos misioneros.

Al hacer uso del Nudo Celta, podemos también enfatizar la importancia de un diálogo continuo con Dios y con nuestra comunidad espiritual, al tiempo que practicamos cada par de comportamientos. En nuestro diagrama designamos el centro de intersección de las líneas como el *centro de discernimiento*, ya que todas nuestras acciones misioneras se llevan a cabo en un diálogo continuo con Dios y con nuestra comunidad espiritual. En todas nuestras actitudes misioneras, continuamente pasamos por los centros de discernimiento, preguntándonos: ¿Qué tienen que decir Dios y mi comunidad respecto de lo que estoy *absorbiendo*? ¿Con quién me estoy *relacionando*? y, ¿Dónde estoy *sirviendo*? En el próximo capítulo hablaremos más sobre la importancia de un discernimiento comunitario y cómo los equipos pueden ejercitarlo.

La belleza del Nudo Celta es su simplicidad. La imagen misma y los comportamientos que representa son altamente reproducibles. Te animamos a repasar con tu equipo el significado de cada par de comportamientos misioneros aquí debajo. Luego pasa a los ejercicios de aprendizaje, diseñados para ayudarte a aplicar cada comportamiento en tu contexto.

Sumergirse y escuchar (*absorber*) como comportamiento misionero

Descripción: Nuestro equipo debe habitar en nuestro contexto de un modo profundo y duradero. Esto requiere que cultivemos la disciplina de una curiosidad sostenida. Debemos sumergirnos en las profundidades de nuestro contexto, y luego, como una esponja de alta absorción, absorber lo más que podamos de nuestro entorno. *Absorber* incluye aprender sobre los valores, normas e historia de la cultura local, incluyendo el lenguaje y los símbolos que las personas usan. Para profundizar en nuestra exploración y adentrarnos en los detalles, que de otro modo podemos perder, hacemos muchas preguntas aclaratorias. También tomamos nota de los ritmos sociales de las personas y prestamos atención a las historias de aquellos con quienes nos encontramos. Estas historias nos dan información invaluable de lo que realmente ocurre en nuestro contexto. Con el tiempo, sumergiéndonos y escuchando en un nivel cada vez más ancho y profundo, comenzamos a descubrir recursos, oportunidades, dones y talentos sobre los cuales podemos edificar y bendecir como equipo.

El siguiente ejercicio está diseñado para ayudarte a sumergirte y a escuchar en tu contexto.

Absorber *como un comportamiento*

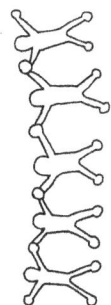

Tiempo: 45 minutos
Materiales: Diario, pizarra blanca y marcadores, bolígrafos o lápices

1. Con todo el equipo, el facilitador repasa la descripción de absorber y los siguientes ejemplos de preguntas contextuales relacionadas a *absorber*:
   - *¿Qué es "buenas nuevas" para las personas que Dios ha colocado entre nosotros?*
   - *¿Dónde está ya moviéndose Dios en nuestra ciudad y nuestra zona específica?*
   - *¿Dónde han sido impactadas las personas por el lamento, el dolor y los pecados del vecindario y de la ciudad? ¿Qué consideran malas noticias?*
   - *¿Como se sienten aquellas personas que no siguen a Jesús respecto del cristianismo? ¿La Iglesia? ¿Qué piensas que les mantiene alejados de Dios?*

2. Tomen turnos compartiendo experiencias significativas de cómo han practicado *absorber* o cómo han observado a otros practicarlo bien. ¿Cuáles son algunas de las preguntas contextuales importantes que estas experiencias de *absorber* han ayudado a contestar? ¿Hay algo de *absorber* que no comprendas?

3. Cada persona anota en su diario las preguntas de *absorber* que siente que sean las más relevantes para su equipo. Estas preguntas pueden venir en forma de historias compartidas, como la lista del paso uno, o como una idea importante que aún no se había mencionado.

4. Cada miembro de equipo comparte con todos sus tres preguntas más importantes de *absorber*. El facilitador las escribe en la pizarra.

5. Como equipo decidan las tres preguntas de *absorber* más importantes, a las que les gustaría ver respuesta en su contexto. Compartan acciones iniciales que tomarán para dar respuesta a esas preguntas. Hagan un plan simple para implementar esas acciones.

Como misioneros, el vecindario es uno de los textos sagrados que debemos aprender a leer. Hay muchas formas de *absorber* información de nuestro contexto, desde prestar atención en la vida diaria hasta proyectos enfocados de investigación. La práctica de una *exégesis de vecindario* en el ejercicio a continuación es una excelente manera de sumergirse y escuchar al contexto. Los animamos a involucrar a sus amigos, cristianos y no cristianos, en un ritmo regular de escuchar juntos. Otra práctica similar es el ministerio de *Peripateo* descrito en el Apéndice B.

Escuchar y aprender a través de una exégesis del vecindario

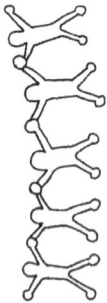

Tiempo: 3 a 4 horas
Materiales: mapas con suficientes rutas para distribuir a tu equipo, acceso al Apéndice C (imprímelo o lleva este libro contigo). **Necesitarás también hallar un residente del vecindario para involucrar en tu discusión de grupo**

¿Qué es exégesis de vecindario? La palabra exégesis literalmente significa *extraer el significado*. Es normalmente utilizada como un término teológico, que describe la actividad de ahondar en el trasfondo, historia, *ethos* y contexto literario de un pasaje de las Escrituras. Cuando aplicamos esto a una zona dada de nuestra ciudad, *exégesis de vecindario* es la actividad de ahondar en el trasfondo, historia, *ethos* y cuestiones contextuales de una zona particular o grupo de personas. Es *extraer el significado* de un cierto contexto, con rigurosidad, para descubrir que hay realmente allí.

Exégesis de vecindario no es un estudio demográfico llevado a cabo con una inversión mínima en relaciones reales con las personas locales. Al contrario, provee un medio por el cual una iglesia o un equipo de siembra de iglesias puede aumentar su sensibilización y capacidad de respuesta hacia aquellos a quienes están llamados a alcanzar y servir. Los participantes encontrarán esta práctica estimulante, divertida e informativa - ¡todo al mismo tiempo! Y si se incluye como una práctica espiritual regular de tu equipo, puede conducir a una abundancia de información y relaciones en tu ciudad. Mientras planeas para el momento de hacer el ejercicio, pídele a alguien de la zona que conozcas que se te una.

1. En grupos no mayor a cuatro, oren y pídanle a Dios que les dé oídos para oír y ojos para ver lo que ocurre en la zona que recorrerán. Escojan una ruta en direcciones diferentes para cada grupo, y planean ir a pie al menos durante una hora. Ahora, en el Apéndice C sigan las instrucciones para el Ejercicio de Exégesis del Vecindario. Al regresar de la aventura, utilicen las siguientes preguntas para evaluar la experiencia con el grupo de compañeros exploradores:
    *   ¿Qué noté en mí mismo al caminar por esta parte de la ciudad - pensamientos, preguntas, fuertes sentimientos o reacciones, etc.?
    *   ¿Qué fue más notorio para nuestro grupo en particular?
    *   Ensayen la historia de su reliquia, e identifiquen quién la contará.

2. Reúnanse nuevamente como equipo. Tomen turnos compartiendo las impresiones y respuestas de su grupo a estas preguntas. Cada grupo termina de compartir hablando de cómo la reliquia o símbolo representa la experiencia de su grupo al recorrer la comunidad.

3. Luego de que cada pequeño grupo haya compartido con el equipo, compartan estas preguntas:
    *   ¿Qué señales de shalom has notado? ¿Donde has notado que Dios ya está obrando?
    *   ¿Cómo se vería "buscar el shalom" de esta parte de la ciudad?
    *   ¿Cuáles son las preguntas que surgen de tu exposición a la zona?
    *   ¿Dónde están las temáticas que surgieron en tus conversaciones con las personas? ¿Qué parece ser importante para ellos? - ¿qué preguntas se están haciendo?

4. Luego de responder a estas preguntas, invita al residente local de la comunidad para que comente sobre lo que ustedes han escuchado:
   - *¿Cuán acertado es nuestro retrato de la zona?*
   - *¿Qué falta que no haya sido observado, que no sea tan obvio, o cosas que solo un residente de la zona pueda ver?*

5. Luego, invita al residente a que te cuente una versión personal de la historia del vecindario. Has "preguntas abiertas" para aprender más sobre esa zona de la ciudad. Ver el Apéndice D si no estás familiarizado con preguntas abiertas.

Conectar y hacer amigos *(relacionar)* como comportamiento misionero

Descripción: A medida que nos sumergimos y escuchamos pacientemente, comprendemos mejor nuestro contexto, comenzamos a conocer una variedad de personas. Es previsible que este contacto humano directo será nuestra mayor fuente de ayuda, conocimiento e información sobre nuestra ciudad. Si bien acceder al conocimiento interno de cristianos locales puede ser beneficioso, como misioneros nuestra prioridad es conectarnos y eventualmente hacer amistades con aquellos que aún han de conocer a Jesús. Algunas de estas conexiones vendrán fácilmente al encontrarnos con personas con regularidad o al encontrarnos con que son abiertas y amigables con nosotros. Con el tiempo, al cultivar estas relaciones, algunas personas de buena gana revelarán más y más de sus esperanzas, miedos, dolores y prejuicios personales. Van más allá de compartir información sobre la ciudad o vecindario y nos dejan entrar en sus vidas. Esto es terreno sagrado.

Para beneficiarnos de este regalo de un compartir vulnerable, debemos no solo priorizar el estar alrededor de las personas, sino también el estar genuinamente interesados, disponibles y dispuestos a adentrarnos en conversaciones sin prisa. Algunas de nuestras conexiones regulares de forma natural buscarán profundizar esa relación, y si somos pacientes, las amistades comenzarán a crecer.

En el dar y recibir normal de relaciones en crecimiento y saludables, descubriremos invitaciones y oportunidades de compartir las buenas nuevas de Jesús. Con el tiempo, nuestros amigos compartirán sus filosofías de vida personales, sus esperanzas, sus sueños, y lo que son buenas nuevas para ellos. Eso hacen los amigos. Pero en todo este *relacionarnos*, debemos ser cuidadosos de administrar estas relaciones sin esperar nada a cambio. Las personas perciben si tenemos otra motivación, si los estamos manipulando en secreto, o si los estamos viendo como "proyectos". Debemos practicar una postura de *cuidado* y no de *daño*. La persona del otro lado de nuestra misión, jamás debe ser menospreciada, sentirse menos, o avergonzada. Debe ser respetada como igual con dignidad y recibir crédito por las decisiones sobre su propia vida. Al fin y al cabo, la persona es la experta de su propio viaje. Los misioneros deben comprometerse al arduo trabajo de integrarse al contexto como alguien de adentro, con la convicción de que el Espíritu Santo comenzará la obra de un despertar espiritual en el tiempo justo en cada persona. La misión se trata de ellos no de ti.

Para nuestro equipo, conectarse y hacer amistades significará unirse a y establecer varios grupos de interés particulares con no cristianos, pues éstos proveen esferas naturales para que las relaciones crezcan. También deberemos habitar los espacios populares de comunidad o eventos en los que los residentes locales se reúnan. Al hacernos el hábito de *relacionarnos* con las personas, buscaremos prestar atención para encontrar respuestas a los tipos de preguntas del ejercicio a continuación.

Ver a las relaciones como un comportamiento misionero

Tiempo: 45 minutos
Materiales: Pizarra blanca y marcadores, diario, bolígrafos o lápices

1. Con todo el equipo, el facilitador repasa la descripción de *relacionar* y lee en voz alta las preguntas aquí debajo sobre *relacionarse* naturalmente con las personas en tu contexto:
    *   *¿Cómo comienzo a construir amistades verdaderas con no cristianos?*
    *   *¿A quién puedo identificar en mi red de personas con quien me gustaría pasar tiempo o que muestre interés en mi vida?*
    *   *¿Cómo se cruzan estas personas con las vidas de otros en mi equipo, en términos de intereses y conexiones naturales?*
    *   *¿Cómo saber si mi voz es aceptada en la comunidad? ¿Cuáles son las señales de aceptación?*
    *   *¿Cómo puede mi equipo crear espacios de pertenencia para no cristianos, abiertos a la espiritualidad, pero no abiertos a asistir a una reunión de adoración?*

2. Tomen turnos compartiendo experiencias significativas de cómo se han estado *relacionando* o cómo han observado a otros hacerlo bien. ¿Cuáles son algunas de las preguntas contextuales importantes que estas experiencias de *relacionarse* han ayudado a contestar? ¿Hay algo de *relacionar* que no comprendas?

3. Cada persona anota en su diario las preguntas de *relacionar* que sientan que son las más relevantes para su equipo. Estas preguntas pueden venir en forma de historias compartidas, como la lista del paso uno, o como una idea importante que aún no se había mencionado.

4. Cada miembro de equipo comparte con todos sus tres preguntas más importantes de *relacionar*. El facilitador las escribe en la pizarra.

5. Como equipo decidan las tres preguntas de *relacionar* más importantes, a las que les gustaría ver respuesta en su contexto. Compartan acciones iniciales que tomarán para responder esas preguntas. Hagan un plan simple para implementar esas acciones.

Las redes son la vía más natural que tenemos para *relacionarnos* con personas en nuestro contexto. Según el autor Michael Frost, nuestra habilidad para comprometernos con un contexto misional depende principalmente de tres elementos: *proximidad, frecuencia, y espontaneidad.*[24] Estos aspectos son apalancados del modo más natural a través de nuestras propias redes. Cuando éstos están presentes, el equipo misionero tiene un mayor potencial para desarrollar relaciones naturales que pueden evolucionar en amistades. No estamos sugiriendo que desarrollamos o *utilizamos* las amistades principalmente para conseguir la "oportunidad de oro" para compartir nuestra fe; sino las oportunidades para compartir de Cristo surgen naturalmente en conversaciones. Es genial, pero permanecer en una relación con amigos a largo plazo es consistente con el evangelio que brindamos, independiente de cómo respondan las personas. Exploramos el evangelio en medio de las amistades en el próximo capítulo sobre la dinámica *iniciar.*

La proximidad implica cercanía relacional y física, ingredientes esenciales en la vida misionera. Michael Frost escribe, "[S]i tomamos la encarnación en serio, debemos tomar en serio el llamado a vivir *encarnacionalmente* — bien de cerca a los que Dios desea redimir. No podemos mostrar una semejanza a Cristo lejos de aquellos a quienes nos sentimos llamados a servir. Debemos acercarnos lo suficiente a las personas para que compartamos vida, para que puedan ver al Cristo encarnado en nuestros valores, creencias y prácticas, expresados en formas culturales que tiene sentido y transmiten impacto."[25]

La frecuencia es necesaria para establecer relaciones significativas. Nuestras propias redes proveen una gran oportunidad para que equipos misionales se encuentren con aquellos que deseamos alcanzar de modo regular. Hay algo en el hecho de aparecer consistentemente y estar presente, que crea una atmósfera de confianza. La frecuencia lleva a la familiaridad, y una cara familiar siempre es bienvenida. Las redes a menudo se gestan entorno a necesidades, conveniencia, ritual y celebración. Esta realidad nos permite estar en contacto frecuente con aquellos con los que queremos involucrarnos. Nos permite acercarnos a ellos también. Piensa en el café por el que pasas cada mañana - ¿conoces al personal o a los clientes regulares? ¿Conoces al cartero que pasa por *tu* casa cada día? La frecuencia y la proximidad están interrelacionadas. Una cercanía física a menudo brinda oportunidades para una cercanía relacional a través de frecuencia de contacto.

La espontaneidad requiere algo más de trabajo. Demanda que no solo valoremos a las personas, sino que nos volvamos más flexibles con nuestros horarios. En la cultura Occidental, esto no siempre es tan fácil de lograr, pues el mensaje oculto que recibimos cada día es "mantente ocupado y sé productivo, 24/7." Con poco criterio, llenamos nuestros calendarios de compromisos, desde que me levanto hasta que me acuesto. malgastamos nuestros días en un frenesí hecho mayormente por nosotros mismos. Con todo esto, piensa en las tareas rutinarias de la vida: llenar el carro con gasolina, ir a la verdulería, enviar paquetes por correo, trasladarme en autobús a casa desde el trabajo, interconectarte con los padres de los amigos de tus hijos. Cada una de estas tareas ordinarias provee momentos para la espontaneidad, y por lo tanto oportunidades para relacionarse. Sin permitir márgenes de tiempo en nuestras vidas, estas relaciones no son posibles - no tenemos *tiempo.* Imagínate si como misioneros viviéramos la vida con un 20% de margen. ¿Qué tal si el 20% de nuestro tiempo no estuviera agendado, sino que se dejara intencionalmente libre para abordajes espontáneos? ¡¿Cuánto cambiaría eso nuestra habilidad de

---

24 Michael Frost, *Exiles: Living Missionally in a Post-Christian Culture* (Peabody: Hendrickson, 2006), 54-64.

25 Ibid., 55.

hacer relaciones, de construir amistades?! Nuestra relación con el tiempo es tan importante que hemos incluido un ejercicio extra en el Apéndice E.

El siguiente ejercicio pretende ayudar a fomentar los elementos de proximidad, frecuencia y espontaneidad, para ver a las relaciones crecer naturalmente.

Construir relaciones por proximidad, frecuencia y espontaneidad

Tiempo: 2 horas; una hora para diagramar tu trabajo, y otra hora para reunirte con tu mentor para evaluar
Materiales: Cartulina, marcadores, diario, bolígrafos o lápices

1. Al examinar tu vida en tu entorno local, considera tus relaciones en términos de necesidades que tengas, celebraciones, rituales en los que participas, u oportunidades que buscas. En una hoja cartulina, escribe tantas de éstas como puedas. Por ejemplo: Facebook, la guardería, programas escolares, clases de pilates, Halloween, el banco, un café, etc. Estas son tus relaciones de proximidad.

2. En otra hoja cartulina has una segunda lista de redes que se superpongan. Por ejemplo, puede que veas a la misma persona en la cafetería y en la parada del autobús. Piensa también en las redes de las que cotidianamente participas. ¿Te ves con las mismas personas en la guardería de tus hijos todos los días? ¿Eres un cliente "regular" en el gimnasio? Estas son tus relaciones de frecuencia. ¿A quién ves allí y qué tan seguido? ¿Cómo podrían estas relaciones proveer contexto y oportunidad para la misión? Coloca tus diagramas al interior de la tapa de tu Biblia o en tu escritorio, donde los puedas ver con regularidad. Comienza a orar por aquellos con los que deseas involucrarte con mayor profundidad.

3. Diseña un plan sencillo para maximizar tu influencia dentro de una de tus redes. Puede que escojas una celebración, un ritual, una necesidad o una oportunidad que te otorgue un acceso fácil a tu red. Puede ser una caminata, entrevistas, celebraciones regulares, pasar un rato en un bar, obsequiar cosas, o cualquier otra cosa que se te ocurra. En tu diario, describe tu plan y cómo esperas que aumente tus conexiones relacionales.

4. Ejecuta tu plan. Registra en un diario tu experiencia. ¿Qué ha funcionado bien? ¿Qué no ha funcionado? ¿Qué podrías haber hecho diferente? Evalúa tus resultados con tu mentor

Una de las maneras más efectivas de conocer lo que ocurre en una cultura es encontrar a alguien de adentro, alguien que tenga suficiente historia e interés en la ciudad para realmente conocer lo bueno, lo malo y lo feo. Podemos denominar a esta persona un "abogador cultural". Un buen abogador puede aumentar nuestro conocimiento del contexto mejor que cualquier otra persona o medio.

Conseguir un abogador cultural

Tiempo: 3 a 4 horas
Materiales: Diario, bolígrafo o lápiz

1. Lee la descripción de un abogador cultural debajo. Subraya lo que se destaca para ti.

   Para comprender mejor una cultura o contexto nuevo para ti, necesitarás encontrar alguien que conozca la cultura desde adentro, alguien dispuesto a andar contigo para interpretar lo que observas y experimentas. Esa persona debe ser alguien a quien le agrades, que desee ayudarte a crecer, y esté dispuesta a tomarse el tiempo para encontrarse contigo regularmente. Y, por supuesto, ambos deben tener un lenguaje común, lo suficiente para hacer esto posible. Esta persona será un abogador de gran ayuda a medida que observas y le das sentido a las normas culturales, creencias, supersticiones, religión, prácticas familiares, grupos de parentesco, etc.

   Tu abogador debería ser alguien que dice la verdad y no simplemente una persona que te repite lo que piensa que quieres escuchar. Cuanto más honesta sea esta persona, más aprenderás lo que debes saber. A menudo, personas mayores y adolescentes son muy buenos candidatos porque suelen tener más tiempo. Tu abogador debe ser capaz de comprenderte y evaluar la legitimidad de tus proyectos e ideas, sobre la obra que harás en el entorno cultural en el que te encuentras. Te ayudará a comprender qué funciona y qué no.

   Ten cuidado en decidir quien será tu abogador. Ayuda si es una persona de tu fe, pero no es necesario. Tu relación con tu abogador será idealmente a largo plazo. Tu eres el aprendiz en esta relación. Si tu abogador no es un seguidor de Jesús, no procures evangelizarlo. Es probable que lo pierdas si lo haces. Asegúrate de mostrarte agradecido invitándolo a una tasa de café o a un almuerzo. Has que su tiempo valga la pena lo más que puedas. ¡Agradécele profundamente!

2. ¿Qué preguntas tienes sobre el concepto de un abogador cultural? Discute esto con tu mentor.

3. Haz una lluvia de ideas de potenciales abogadores. Reúnete con tu mentor y desarrolla algunas preguntas abiertas (ver Apéndice D) para hacerle a tu potencial abogador.

4. Escoge algunos candidatos que podrían ser tu abogador y entrevístalos con las preguntas abiertas. Evalúa tus entrevistas y decide a quién te gustaría pedirle ir en este viaje contigo.

5. Haz una cita e invita a esa persona a una amistad como abogador. Lleva algunas preguntas abiertas para hacerle a tu abogador sobre la cultura. Permite que estas preguntas sean situaciones y costumbres que realmente no comprendas. Comparte con esta persona lo que ya hayas aprendido sobre la cultura. Pregúntale cuales de tus percepciones suenan verdaderas y cuales no. Escucha y aprende. Permítete ser corregido y permítele a tu corazón ser cambiado.

6. Como punto de rendición de cuentas y oportunidad para profundizar tu aprendizaje, infórmale a tu mentor lo que has obtenido como resultado de tu primer encuentro con tu abogador.

☖ Participa y enriquecer (*servir*) como comportamiento misional

Descripción: Una *integración* acertada significa que nos involucraremos en nuestro contexto y participaremos en iniciativas sembradoras de *shalom*. Por momentos, desarrollaremos nuestras propias iniciativas donde discernamos que pueden añadir al contexto, pero nuestro enfoque inicial es el de unirnos a iniciativas ya existentes. Priorizamos aquellas que coincidan con nuestras propias pasiones y convicciones espirituales, que en línea con los dones, intereses y personalidades que Dios nos dio, nos darán la permanencia de seguir sirviendo por largos períodos de tiempo. Iniciativas locales que operan por el bien de la ciudad, pueden nacer desde dentro de la iglesia, o pueden ser iniciativas desarrolladas por personas u organizaciones fuera de la iglesia. Servimos y nos movemos en una variedad de causas, con la esperanza de que comunidades misionales puedan surgir, que incluyan una rica combinación de cristianos y no cristianos.

En nuestra participación en la cultura, no estamos simplemente intentando ser misioneros que se *integran* en las subculturas de nuestra ciudad. Estamos apuntando a ser misioneros que oran, originan y traen *shalom*. Nuestro principal estimulo para *servir* no es rescatar, salvar o arreglar nuestro contexto, sino percatarnos y traer a la luz todo el bien posible. Como vimos en el último capítulo, buscamos el Reino, *cultivando* el suelo que Dios ya está labrando, y también *creando* nuevas oportunidades de servicio donde haya necesidades significativas que no estén siendo abordadas. Además de demostrar que nos importa, servir eventualmente lleva a enriquecer nuestro contexto local. Todo esto implica hacerse el tipo de preguntas en el ejercicio a continuación.

Ver al servicio como un comportamiento misional

Tiempo: 3 a 6 horas, dependiendo del proyecto de servicio
Material: PPizarra blanca y marcadores, diario, bolígrafos o lápices, elementos adecuados para el proyecto de servicio

1. Con todo el equipo, el facilitador repasa la descripción de servir y lee en voz alta las preguntas aquí debajo sobre *servir* a las personas en tu contexto:
   - *¿Cuáles son algunas de mis pasiones y talentos naturales que podría ofrecer a la comunidad?*
   - *¿Cuáles son algunas de las maneras en que otras iglesias o grupos cristianos están sirviendo en nuestra ciudad, y a cuáles tiene sentido que nuestro equipo se una?*

- ¿Cuáles son algunas de las maneras en que personas fuera de la comunidad de fe están sirviendo localmente, y a cuáles tiene sentido que yo y mi equipo nos unamos (estas deberían ser priorizadas por encima de otras iniciativas de servicio por grupos cristianos)?
- ¿Cómo podríamos mi equipo y yo servir mejor a la comunidad, con base en las intersecciones de nuestros intereses y pasiones y en las necesidades y valores de la ciudad?
- ¿Dónde experimento frecuencia o proximidad con un grupo que ya esté sirviendo en una manera que de por sí me interese?

2. Tomen turnos compartiendo experiencias significativas de cómo han *servido* o cómo han observado a otros hacerlo bien. ¿Cuáles son algunas de las preguntas contextuales importantes que estas experiencias de *servir* han ayudado a contestar? ¿Hay algo de *servir* que no comprendas?

3. Cada persona registra en su diario las preguntas de servir que sienten que sean las más relevantes para su equipo. Estas preguntas pueden venir en forma de historias compartidas, como la lista del paso uno, o como una idea importante que aún no se había mencionado.

4. Cada miembro de equipo comparte con todas sus tres preguntas más importantes de *servir*. El facilitador las escribe en la pizarra.

5. Como equipo decidan las tres preguntas de *servir* más importantes, a las que les gustaría ver respuesta en su contexto. Compartan acciones iniciales que tomarán para responder esas preguntas.

6. Hagan un plan sencillo de una oportunidad de *servicio* que puedan realizar como equipo en los próximos siete días.

7. Ejecuten el plan. Reúnanse al final para tomar un café. Evalúen su experiencia de *servicio* con base en los ideales de las preguntas de más arriba. Registra en un diario tus impresiones de la experiencia - lo que has hecho, quienes respondieron, y cómo respondieron.

Participar en tu contexto de un modo genuino requiere también comprenderte a ti mismo: las pasiones, habilidades, dones y personalidad que vuelcas en tu entorno. El próximo ejercicio pretende conectar tus propias experiencias con lo que estás aprendiendo de tu contexto.

Concordando nuestras pasiones colectivas con las necesidades de la cultura

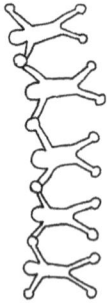

Tiempo: 3 a 4 horas
Materiales: Bolígrafo o lápices, notas adhesivas, pizarra blanca y marcadores, planilla de trabajo FORMA

FORMA[26] es un acróstico desarrollado por el pastor Rick Warren, que implica:

F = Formación espiritual: Conjunto de habilidades especiales para servir a otros
O = Oportunidades: Pasiones especiales para poder glorificar a Dios
R = Recursos: Conjunto de talentos que Dios te dio al nacer
M = Mi personalidad: La forma especial en que cada uno es
A = Antecedentes: Situaciones en tu pasado tanto positivas como negativas que Dios pretende usar de grandes maneras

1. Individualmente: Utilizando la siguiente planilla (ver figura 2), toma tiempo para completar tantos aspectos de tu "FORMA" como puedas.

2. Como equipo tome turno para compartir sus historias individuales. Cada persona tiene 15 minutos sin interrupciones. Usa el diagrama de tu FORMA para expresar tu historia y las cosas que te hacen vibrar. El facilitador anima a otros a hacer preguntas al final de cada historia compartida. El equipo se toma el tiempo para sugerir fortalezas que observa en el orador, que podrían enriquecer el servicio del equipo en una comunidad más amplia.

3. Reflexionando en lo que has aprendido durante tus ejercicios de absorber, escribe en notas adhesivas individuales las necesidades y fortalezas que has observado en tu contexto. Tomando turnos, pega tus notas adhesivas en la pizarra. Al hacerlo, lee en voz alta lo que hayas escrito.

4. Organiza las notas adhesivas en categorías lógicas o temáticas, y luego asigna un encabezado a cada categoría de necesidad o fortaleza. Ahora, como equipo, comparen y contrasten sus FORMA individuales con las necesidades y fortalezas en la pizarra. ¿Dónde encuentras que las necesidades y fortalezas se correlacionan con los FORMAs de tu equipo? ¿Qué necesidades no coinciden con los FORMAs de tu grupo? ¿Qué fortalezas tienen mucha conexión con tus FORMA? ¿Qué FORMA presente no coincide con las necesidades de la lista?

5. Tomen tiempo para orar los unos por los otros. ¿Qué dice el Espíritu Santo? Ayúdense mutuamente a identificar algunas maneras de participar con la comunidad para atender a estas necesidades o a conectarlas con estas fortalezas.

---

26 En inglés, forma el acróstico SHAPE, que quiere decir "forma", o en el contexto, "dar forma".

– Figura 2 –
Planilla de trabajo FORMA

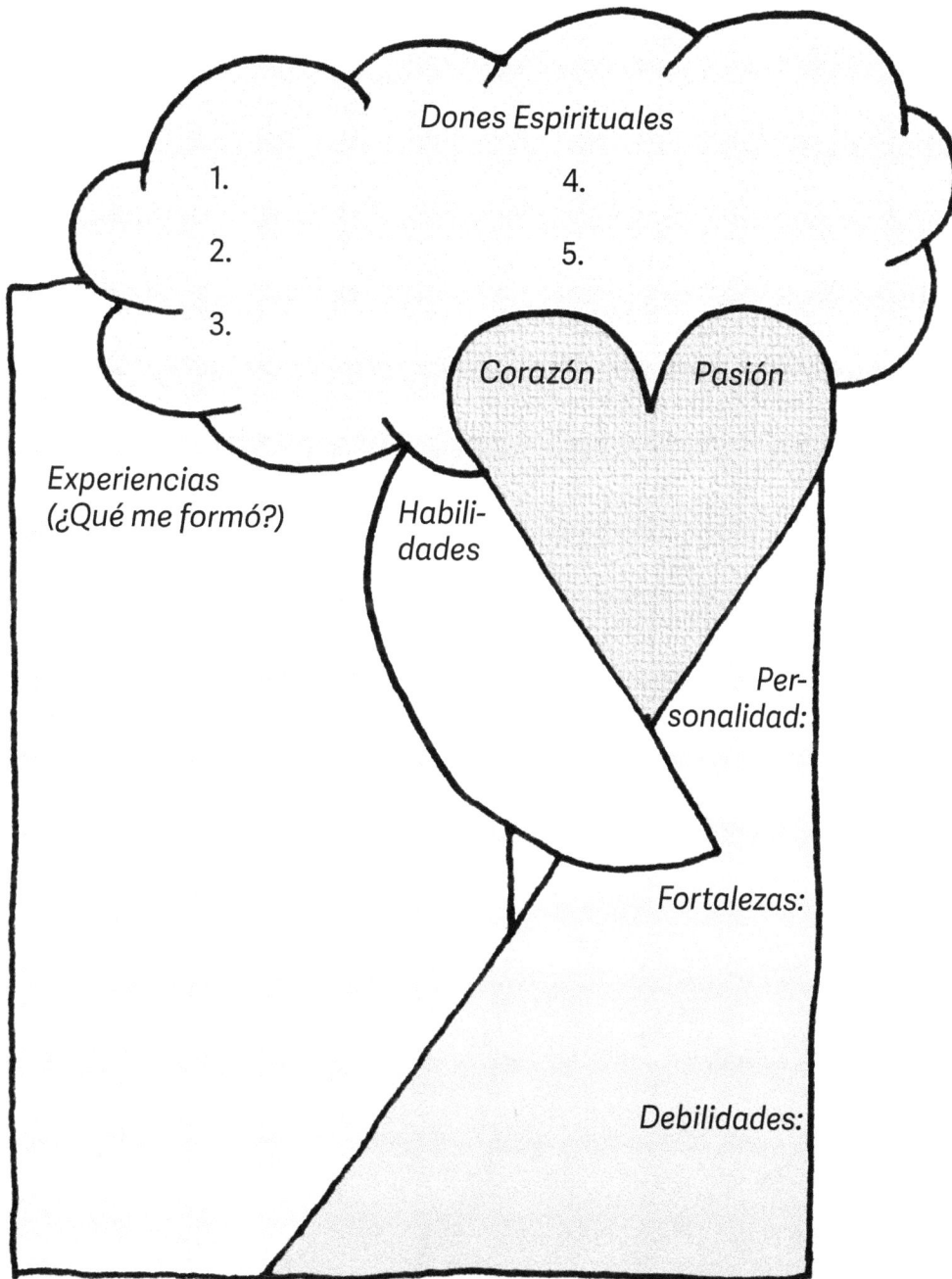

Resumen: *Hasta ahora, has dado una mirada profunda a lo que significa* **integrarse** *como equipo en tu contexto. Haz encontrado una manera de relacionarte con las personas locales a través de una exégesis de vecindario y de un abogador cultural. Comprendes también la importancia del estilo de vida misionero y cómo el patrón continuo de tres comportamientos - absorber, relacionar y servir - aplica a casi cualquier acción que involucre sembrar el* **shalom** *de Dios. Finalmente, tu equipo ha comenzado a concordar su FORMA con las necesidades y fortalezas de tu vecindario. Recuerda,* **integrar** *no es solamente una práctica de inicio. ¡La identidad y estilo de vida misionero deben ser siempre centrales a lo largo de la vida de la iglesia!*

(M) ¡PLANÉALO!

Ve a tu Plan de Acción Misional en el Apéndice A. Ve a la sección *Integrar*, que se encuentra bajo *Estrategia*. Repasa con tu equipo las preguntas que allí encuentras, a la luz de todo tu trabajo en los ejercicios de este capítulo. Escribe tres actividades de integración a las que se comprometerá tu equipo.

Mis Pensamientos sobre la dinámica *integrar*:

¿Qué resaltó más para ti en el capítulo integrar?

¿Qué preguntas tienes aún sobre integrar?

¿Qué fue lo más difícil de practicar? ¿Dónde te viste profundamente desafiado?

¿Qué prácticas te parecieron las más naturales? ¿Qué funcionó bien?

¿Cuáles son las tres cosas que te llevas de este capítulo?

Capítulo 4 – *Iniciar* – mostrar y compartir Buenas Nuevas (con sabiduría)

Es hora dar acción a todo lo que hemos visto y oído sobre integrar. ¡Es tiempo de iniciar! *Antes de meternos de lleno a hacer planes, por eso primero debemos aprender a* discernir *y* decidir *como equipo.* El discernimiento *es una práctica extremadamente importante, por lo que te guiaremos por una serie de ejercicios personales y grupales para ayudarte a aprenderlo. También miraremos más a fondo como* abordar la cultura, *adquiriendo las habilidades necesarias para dar sencillos pasos de acción que afirmen lo que es bueno o ayuden a sanar lo que está roto en nuestro contexto. Por último, miraremos a fondo prácticas de* evangelismo *y* proclamación *para equipos.*

INICIAR - *crear una respuesta coordinada que siembre el evangelio en un área y/o grupo*

Hasta ahora hemos pasado mucho tiempo explorando, escuchando y participando en la vida de nuestra área de la ciudad, que sintamos que es mayormente nuestro hogar. Del incontable número de personas con las que hemos interactuado, comenzamos a ver que crecen amistades. Algunos de estos amigos pasan su tiempo con miembros de nuestro equipo, o se nos unen ocasionalmente a fiestas y eventos del estilo de Serví Tu Ciudad.[27] A través de nuestros amigos y otras conexiones relacionales, estamos bien conectados en la ciudad. Conocemos mucho sobre este lugar y sus ritmos, necesidades, alegrías, anhelos y dolores. ¡Hay mucho potencial para que la bondad de Dios deje una huella fresca aquí!

¿Dónde comenzar? ¿Dónde se encuentran esos nichos, esos lugares, o esas redes sociales que estamos mejor preparados para impactar? ¿Cómo podemos ser más deliberados en sembrar semillas del evangelio y en compartir las buenas nuevas con aquellos que nos importan, o con vecinos cuyas historias tuvimos el privilegio de escuchar? Y ¿cómo podemos como equipo coordinar nuestras acciones y

---

27 www.servethecity.net

compartir en la cultura, que de hecho comencemos a movernos con inercia como comunidad misionera?

Estas son las clases de preguntas que guían la dinámica que llamamos *iniciar*. Como puedes ver de esta descripción, *iniciar* implica una "respuesta" a lo que hemos estado aprendiendo en nuestra etapa de integrar, en nuestra oración y en nuestras interacciones como equipo. *Iniciar* añade las dimensiones de discernimiento, coordinación y un liderazgo facilitador, a medida que nuestro equipo procura coordinar nuestra comunidad misionera de manera acertada, para seguir a Jesús en una misión sostenible y en un evangelismo integral.

En Gotemburgo, Suecia, Marcus Fritsch y su equipo describen la dinámica iniciar en términos de construir un contrapeso o un contra equilibrio en la cultura. En palabras de Marcus, cualquier cultura con la que nos encontremos tendrá sus aspectos positivos, pero tendrá también áreas donde está caída y enferma. Estos aspectos positivos y negativos variarán, por supuesto, de un grupo cultural a otro, pero en cada caso son normativos en sus respectivas culturas. Por ejemplo, una historia dominante en la cultura occidental es que somos consumidores: la "buena vida" es consumir cosas materiales y experiencias. Como resultado, muchos occidentales se han vuelto inmunes a las manifestaciones sutiles y no tan sutiles de esta historia: avaricia, envidia y egoísmo, por nombrar algunos. ¡De hecho, el fundamento mismo de las economías occidentales ha pasado a ser el consumismo!

Estos estilos de vida a menudo se han arraigado tanto que son difíciles de ver desde dentro de la cultura, mucho menos es poder desarraigarlos. Como Martín Lutero una vez aconsejó, "Aprendan de mi, cuán difícil es quitar los errores confirmados por el ejemplo del mundo entero, y cuales, por hábito de largo tiempo, han pasado a ser una segunda naturaleza para nosotros." Debemos identificar las áreas desbalanceadas y construir contrapesos saludables enraizados en las Escrituras. En cualquier nivel que tengamos éxito en esto, es factible que nos presten atención: *Iniciar* significa desafiarnos a nosotros mismos y a otros a pensar en nuevas formas, para ayudar a las personas a cuestionarse su visión del mundo. Al *iniciar* bien, esencialmente construimos el fundamento para el evangelismo, para que las personas estén listas para escuchar y considerar el mensaje que proclamamos.

A medida que los equipos comienzan a iniciar en contexto aquellas acciones que fueron discernidas, sus estilos de vida y el modo en que tratan a las personas y a la creación de Dios, comenzarán a sobresalir como atractivos dadores de vida. Parte del llamado profético del cuerpo de Cristo es vivir ahora en una manera tal que apunte al Reino de Dios, al mismo tiempo provee una muestra de ese Reino pleno que está en camino. Sin embargo, al abordar la cultura, podemos también identificar rápidamente lo bueno que ocurre allí en términos de formar seres humanos saludables y de mejorar nuestro mundo. Identificar lo bueno del mundo y trabajar junto a él puede traer gloria y testimonio del nombre de Dios, y ayudar a las personas a alejarse de estilos de vida dañinos. Vivir como gente alternativa, en el mundo pero no de este mundo, requiere ambas actividades - visiblemente afirmar lo bueno que viene de la cultura y nuestro contexto inmediato, y al mismo tiempo resistir aquello que es dañino. Estas dos caras de la misma moneda, como sugiere Marcus más arriba, ayudan a disponer el escenario para que las personas abran sus oídos y sus corazones para recibir el llamado de Dios a la vida en Cristo y a su familia.

Reconociendo que la cultura tiene muchos aspectos positivos que podemos afirmar, el siguiente ejercicio está diseñado para ayudar a tu equipo a responder al desequilibrio que daña a las personas y así tener nuevas vías para el evangelio puedan ser abiertas.

Cómo abordar los desequilibrios en la cultura

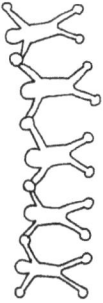

Tiempo: 60 a 90 minutos
Materiales: Notas adhesivas, lápices o bolígrafos, pizarra blanca y marcadores

1. En pequeños grupos, nombren algunos valores que ejemplifiquen el modo en que la cultura seduce a las personas, que sea contradictorio al estilo de vida de Jesús. Escriban cada uno en una nota adhesiva. Péguenlos en la pizarra y léanlos en voz alta cuando se les solicite.

2. Como equipo, enumérenlos en orden de importancia, acorde a su impacto negativo (o importancia) en la cultura. El peor impacto es un diez y el menor impacto un uno.

3. De los cinco principales, el equipo elige qué desequilibrio cultural abordar. El equipo sugiere maneras simples de abordar el desequilibrio, que puedan ser implementadas dentro de las siguientes 24 horas.

    Ejemplos:
    *   Para la falta de respeto a los espacios públicos, y por lo tanto de los unos a los otros, uno podría recoger basura en las calles.
    *   Para una cultura desconsiderada en el tránsito, uno podría conducir con menor agresividad y ceder a otros conductores.
    *   Para una comunidad que no valora a los ancianos, uno podría detenerse para ver cómo se encuentra un ciudadano mayor, ayudarle en tareas menores, o traerle algo de comida.

4. Cada individuo adopta sus propias prácticas, desde las sugerencias del grupo, y luego uno a uno cada participante se compromete ante su equipo con lo que hará para abordar el desequilibrio en la cultura. En una semana el grupo se reunirá para contar las historias de sus experiencias.

Iniciarse afuera... y también arriba y adentro

Al pensar en actividades o prácticas que puedan corregir lo que nosotros consideramos desequilibrios en la cultura, tomamos la postura de crear un contrapeso positivo. Esto puede involucrar el diseño de algunas prácticas espirituales que le den a las personas una alternativa para operar (ej.: practicar un día de reposo cuando nuestra cultura le da valor al híper actividad 24/7). Pero hay comportamientos y ritmos positivos en la cultura, sobre los cuales también podemos construir. Como hemos visto en el capítulo dos, podemos cultivar ese terreno fértil que encontramos en la cultura. En el capítulo cinco, llevaremos esto un paso más allá y exploraremos cómo insertar nuestras propias disciplinas/actividades espirituales a los comportamientos saludables de nuestra cultura.

Sin embargo, como parte de nuestra idea más amplia de *iniciar*, debemos ir más allá de simplemente desarrollar una respuesta misional hacia afuera. Debemos comenzar a considerar la profundización de nuestra comunidad interna, así como nuestra formación espiritual en Dios. Si somos negligentes en esto, nuestras actividades misioneras y nuestra proclamación muy posiblemente acaben por desgastarnos.

Otra manera de decir esto es ponerlo en el lenguaje de las funciones elementales de iglesia - Comunión, Comunidad y Misión. Estas acciones hacia arriba, hacia adentro y hacia afuera dan como resultado una expresión de iglesia en su nivel más elemental. En esta etapa de *iniciar*, nuestro equipo comenzará a fortalecer de forma natural no solo su capacidad individual y colectiva para hacer misión, sino que las otras dos funciones también. Nuestro equipo comenzará a lidiar con preguntas como: ¿Cómo podemos ser una comunidad solidaria y solícita para los unos con los otros en esta etapa de nuestro desarrollo?

¿Qué podemos comenzar a hacer para promover mejor nuestro crecimiento espiritual en Dios como individuos y como comunidad? A medida que nuestro equipo da respuesta a estas preguntas y comienza a *iniciar* acciones adecuadas para abordarlas, nos vemos instados a aprender la manera de comenzar a operar como un pequeño cuerpo coordinado.

Una manera de representar estas funciones fundamentales es con un triángulo, con Misión en su borde delantero. La siguiente imagen capta la idea de movimiento hacia la cultura, más que ser solo una representación estática de los tres compromisos. Como puedes ver, una atención simultánea se le da a los tres compromisos, y sin embargo nos encontramos en constante movimiento hacia la cultura, como un pueblo que le responde a nuestro Dios, quien ya estaba obrando antes de nosotros siquiera llegar. (cf. Efesios 1:22-23, donde Cristo reina sobre toda la creación - ¡no solo sobre la iglesia!)

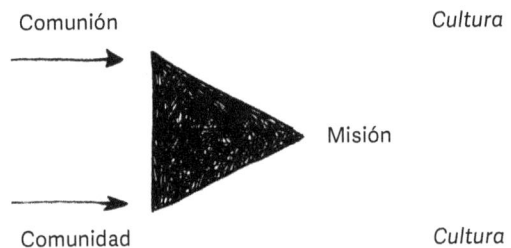

En el próximo capítulo explicaremos cómo estos tres compromisos se relacionan para desarrollar prácticas elementales de discipulado. Por ahora, esperamos sea para ti liberador y así puedas ver que esta siembra de iglesias comienza en este simple nivel. A medida que los equipos disciernen e implementan acciones hacia los tres compromisos, pequeños cuerpos de Cristo únicos comienzan a emerger. Y estos pequeños cuerpos son los únicos que queremos avivar, para que lleguen a cobrar la forma que el Espíritu y la sabiduría consideren más indicado para nuestro contexto. A medida que crezca la comunidad, mejoraremos y tendremos nuevos roles y posibilidades que crecerán para nuestro equipo también, y aquellos miembros del equipo dotados en liderazgo podrán comenzar a ser más prominentes.

El discernimiento colectivo y la respuesta estratégica característica de la etapa de *iniciar* habrán de ir idealmente a la par. Desde el nacimiento de una sencilla comunidad misional transformadora, hasta el desarrollo de una iglesia en madurez, los equipos deberían estar siempre *iniciando*. Como líderes de proyecto, debemos esforzarnos en seguir equipando y activando a nuestra gente en misión local, como parte esencial del discipulado. Esto nos permite seguir cultivando nuestro contexto para ver el nacimiento de nuevas iniciativas misionales y planta de iglesias.

La importancia del discernimiento de grupo en todas nuestras decisiones importantes de equipo

Debido a que la dinámica de *iniciar* se trata de ayudar a los equipos a sembrar el evangelio de manera adecuada y sostenible en su contexto, no es de sorprender que el discernimiento debe tener una importancia central. Ruth Haley Barton define discernimiento como "una calidad de atención a Dios que, con el tiempo, llega a ser una habilidad para percibir el corazón y propósito de Dios en cualquier momento."[28] Las prácticas de discernimiento ayudan a los equipos a basar sus decisiones y siembra del evangelio en

---

28 Ruth Haley Barton, *Pursuing God's Will Together: A Discernment Practice for Leadership Groups* (Downers Grove: InterVarsity Press, 2012), 57.

la sabiduría y guía del Espíritu, y no simplemente en buenas ideas.

Si hiciéramos una encuesta a la mayoría de los equipos plantadores de iglesias, nos sorprendería cuán pocos realmente saben algo de discernimiento colectivo. La toma de decisiones a menudo se basa en algunas consideraciones básicas, en un liderazgo superficial, y por momentos en la percepción exclusiva del líder de "escuchar del Señor." En Communitas alentamos fuertemente a los equipos a definir un buen proceso de discernimiento para sus decisiones claves, pues necesitarán continuamente emplear ese proceso a lo largo de la vida de su proyecto. Pero ¿cómo define un equipo un proceso así? Ahondemos algo en esto.

Como descubrió Elías, La voz de Dios a menudo no viene como truenos y terremotos, sino ligera y suave. El único modo de escuchar esa voz es detenerse, pausar, y escuchar. Escuchar requiere de espacio, tiempo y a menudo disciplina. Escuchar es algo suficientemente difícil de hacer como individuos cuando tratamos de escuchar la voz de Dios. Se torna más difícil aún como equipo, al procurar discernir la voz de Dios juntos.

El primer principio para discernir la voz de Dios como equipo es ser individuos perceptivos. Cada persona en el equipo necesita practicar reconocer la diferencia entre su propia voluntad y la voluntad de Dios, aprendiendo a dar respuesta a la pregunta ¿"realmente deseo la voluntad de Dios más que cualquier otra cosa?" O como lo dice la espiritualidad Ignaciana: "¿Soy indiferente a cualquier cosa salvo a la voluntad de Dios?" A medida que los individuos en el grupo crecen en su capacidad de discernir la voluntad de Dios, estarán en mejores condiciones para levar eso a las decisiones de grupo.

Discernir en conjunto no es tarea fácil. Requiere

la profundidad de depender el uno del otro, lo que suele aflorar el instinto primario de autoprotección, patrones de desconfianza heredados de nuestras familias u otras comunidades, y nuestros propios "falsos-yo". Y aún una vez que se experimenta discernimiento, no se mantiene de forma aleatoria o arbitraria.

Para poder realizar este arduo trabajo juntos, se requiere de un fuerte compromiso. La esencia de este compromiso es para Cristo y Su llamado a nuestras vidas. En respuesta a este llamado primario, nuestro equipo luego se compromete a elucidar los valores que definen un espacio seguro para escuchar, las prácticas que conllevan esos valores a la vida, y un pacto que pone este compromiso en palabras. Si tu equipo aún no ha identificado sus valores centrales, hay un ejercicio de ayuda para eso en el Apéndice I.

Hechos 15 nos da un asombroso ejemplo del pueblo de Dios discerniendo juntos Su voluntad y Sus anhelos. Sin importar las preguntas que tu equipo esté enfrentando, es probable que no sean nada comparado con las decisiones que este cuerpo tuvo que tomar. Por la obra de Pablo entre los pueblos no judíos, muchos seguían a Jesús como su Señor. Pero Jesús y Sus seguidores, hasta este punto seguían siendo judíos, sus líderes eran judíos, y se reunían en sinagogas y hasta en el templo. El símbolo central del pacto de su relación con Dios era la circuncisión. Muchos en la iglesia temprana sostenían que los nuevos seguidores debían circuncidarse - esencialmente que los nuevos creyentes debían hacerse judíos - como evidencia de su compromiso de adoración a Jesús. Pablo y otros no estaban de acuerdo. Hechos 15 nos cuenta la historia de cómo los líderes disciernen el anhelo de Dios para Su joven iglesia en este tema central de la identidad. Su discernimiento les permitió abordar con sabiduría un conflicto aún mayor.

Como es común que los desacuerdos surjan en los equipos, proveemos el siguiente ejercicio para ayudar a tu equipo a desarrollar una práctica de discernimiento saludable para resolver conflictos.

Cómo desarrollar una práctica de discernimiento grupal para resolver conflictos

Tiempo: 60 minutos
Materiales: Biblia, diario, bolígrafo o lápiz

1. Lee Hechos 15 cinco veces antes de venir a esta sesión. Anota en tu diario lo que te venga a la mente del pasaje. Podrían ser palabras repetidas, temas repetidos o conceptos inusuales.

2. En pequeños grupos tomen nota de los conflictos principales que estaba considerando el Concilio de Jerusalén. Responde a las siguientes preguntas:
    *   *¿Qué discernieron que serían sus temas centrales?*
    *   *¿Qué estaba en juego? ¿Qué temas parecen reiterarse mayormente?*
    *   *¿Qué decidieron hacer y por qué?*
    *   *¿Qué valores parecían ser más importantes para ellos, dado el nivel de conflicto?*

3. Estudien los ejemplos a continuación: Estas son reglas escritas por otras comunidades de fe para determinar qué hacer cuando se enfrentan conflictos. ¿Qué adviertes en estos ejemplos?

   Ejemplo: *Antes de tomar una decisión respecto de qué hacer, nuestro equipo se hará la pregunta, "¿quién será dejado afuera por nuestra decisión?"*

   Ejemplo: *Cuando abordamos un conflicto, nuestro equipo escuchará todos los lados de la historia antes de tomar una decisión. Convocaremos a un tercero más objetivo de ser necesario.*

4. Lee el siguiente pasaje en voz alta en tu grupo.

   El Consejo de Jerusalén estaba luchando con algunos temas. Uno era qué hacer con la práctica de Pablo como misionero, a la luz de las acusaciones de los judaizantes. ¿Tenían un punto válido o no? Pedro y Santiago ya le habían dado a Pablo la autorización de avanzar unos años antes. Pablo quería saber si aún lo apoyaban. El Consejo resumió que la unidad era el tema más importante, pero los judaizantes sostenían la adherencia a la Ley Mosaica. El Consejo tomó sus decisiones basados en un valor de unidad que le permitiría a los judíos y a los no judíos disfrutar de una mesa comunitaria - un gran paso considerando que los judíos aferrados a la ley pensaban que los no judíos eran unos bárbaros repulsivos. Al final se discernió un camino sensato y la unidad prevaleció. ¿Qué hará tu equipo cuando se enfrente a conflictos de fondo como éste?

5. Imagina lo que habrías hecho si hubieras sido Pedro o Santiago. Con tu pequeño grupo y con estos ejemplos en mente, escribe una regla que piensas que hubiese escrito el Concilio de Jerusalén, dada su decisión. Comparte la regla con el equipo cuando el facilitador lo solicite.

6. ¿Cómo incorporarás la unidad a tus valores? ¿Qué regla escribirás? Toma cinco minutos, individualmente, para escribir tu propia regla. Comparte con el equipo cuando se te solicite.

La primera parte de una práctica de discernimiento comunitario es disponer adecuadamente el escenario. Para comenzar debemos asegurarnos de que las personas correctas estén presentes y sean parte del proceso. Incluye a personas responsables para tomar una decisión y para llevarla a cabo, pero incluye también a las personas afectadas por el resultado de la decisión. El próximo paso para disponer el escenario es hacer la pregunta correcta. Una pregunta tan sencilla como "¿qué noche deberíamos reunirnos?" puedes de hecho disfrazar la pregunta más profunda "¿que tipo de personas queremos que se sientan bienvenidas entre nosotros?" En otras palabras, no todas las preguntas requieren un proceso de discernimiento completo, pero algunas preguntas serán más profundas cuando nos demos cuenta de lo que realmente plantean. Otra manera de preparar nuestros corazones para el discernimiento es reafirmar los valores centrales del grupo junto con la historia más grande que nos trajo hasta aquí. Cuando tenemos una buena pregunta a la vista, y cuando nos recordamos a nosotros mismos sobre nuestros valores e historia, estamos listos para ir más profundo en el proceso de discernimiento.

El próximo aspecto de discernimiento comunitario implica trabajo interno - yendo con humildad ante Dios para preguntarle: "¿Estoy realmente abierto a Tu voluntad para nosotros?" Debemos tomarnos el tiempo para examinar nuestros corazones por orgullo, desconfianza, agendas personales, o sueños. Cualquier cosa que se interponga a poder escuchar el verdadero anhelo de Dios debe ser rendida. Nos preguntamos a nosotros mismos, "¿Qué necesita morir en mi para que la voluntad de Dios encuentre lugar en mi vida?" Le permitimos al Espíritu Santo sentenciarnos y prepararnos. Después de un tiempo de examinarnos a nosotros mismos a la luz de tales preguntas, individualmente y como grupo, reconocemos nuestra plena dependencia en la sabiduría de Dios y en nuestra plena confianza en Él.

Por último, estamos listos para escuchar las opciones, los temas, los planes, las posibilidades. Escuchamos la historia que nos reunió hasta aquí. Nos escuchamos los unos a los otros y las impresiones y preocupaciones que tengamos. Accedemos a los hechos, a la Palabra, y a todo lo que hemos aprendido en nuestro proceso de *integrar* que puede ser relevante para nuestra pregunta central. Sintonizamos las voces externas y las experiencias internas. Compartimos ideas, dialogamos, conversamos, y procuramos que cada opción viable sea lo mejor que pueda ser. La intensidad y el tiempo que damos a escuchar y sopesar los aportes variará acorde a la complejidad e impacto potencial de nuestra pregunta de discernimiento. Durante este arduo trabajo juntos, debemos permanecer atentos a la voz de Dios, quien a menudo provee perspectivas claras y empujones sutiles.

Al llegar al punto de identificar un plan de acción o más, pausamos para hacer silencio. Esta pausa da lugar a que el Espíritu Santo aporte mayor claridad, guía y tranquilidad. En decisiones muy complejas, que posiblemente tengan un impacto notorio (ej. personas,

finanzas, oportunidades/limitaciones ministeriales, etc.), es prudente darse un día o más para reflexionar en las posibilidades que se hayan identificado.

Nuestro tiempo de discernimiento acaba cuando todos acordamos en una decisión. Estar de acuerdo puede tomar varias formas, desde un consenso unánime hasta una voluntad tentativa de avanzar. En la mayoría de las situaciones, la voluntad comunitaria necesaria para avanzar o continuar juntos en una misión no puede ser mantenida por voto mayoría o veto del líder. Cada comunidad deberá decidir qué significa acuerdo y desacuerdo para ella. Los Cuáqueros ofrecen una forma de consenso que abarca desde "estoy de acuerdo con reservas" hasta "no estoy de acuerdo por estos motivos pero estoy dispuesto a conceder" hasta "no puedo avanzar con esta decisión." Cada equipo deberá también calcular si una decisión específica es reversible o no. Con ciertas decisiones, como equipo de liderazgo podemos retrotraernos o cambiar el curso si la consecuencia de una decisión debilita o daña a la comunidad. Con otras decisiones, "no hay vuelta atrás" o no hay un modo fácil de deshacer lo hecho. En caso de deber tomar una decisión inminente que no puede ser revertida, nuestro proceso de discernimiento posiblemente requiera un mayor tiempo, percepción y consenso.

Luego de todo este trabajo de escuchar, procesar y decidir, descansamos nuevamente. Silenciamos nuestras almas y creamos el espacio para escuchar la afirmación de Dios y/o cualquier otra Palabra.

Pero el discernimiento no acaba con una decisión; acaba con una acción. Hemos examinado lo que sabemos y lo que nos ha sido revelado por Dios, y es hora de administrar este conocimiento. Dios nos regala tales tomas de decisiones para poder actuar a la luz de lo que nos es dado. Es precisamente de esto de lo que Dios nos pedirá cuentas.

Un principio muy importante para recordar a lo largo del proceso de toma de decisiones importantes como equipo: no se trata tanto de tomar la *decisión correcta* juntos, sino hacer lo mejor que podemos a la luz del amor y guía de Dios para tomar una *buena decisión*. En los Apéndices F, G y H hemos provisto muestras de prácticas espirituales que pueden ayudar al proceso de discernimiento de tu grupo (Lectio Divina, Examen Ignaciano, Movimientos en Discernimiento de Liderazgo Comunitario). Nuestra muestra incluida no es exhaustiva en lo más mínimo, y te animamos a buscar otras que encuentres más apropiadas. El siguiente ejercicio está diseñado para guiarte en la adopción de una práctica espiritual con el propósito de discernimiento grupal.

Prácticas espirituales para el discernimiento

Tiempo: 2 a 4 horas
Materiales: Diario, bolígrafos o lápices, Apéndices F, G o H

1. En pequeños grupos, regresen al ejercicio de **cómo abordar los desequilibrios en la cultura** de este capítulo. Escojan un problema al que esa cultura incita a las personas, que haga que encarnar el estilo de vida de Jesús se dificulte. Debería ser un desequilibrio diferente al que ya han abordado.

2. Vayan al Apéndice y escojan una Práctica de Discernimiento Espiritual.

3. Entren en oración con su pequeño grupo y hagan esta práctica juntos, con el problema del paso uno en mente.

4. Al terminar, respondan a estas preguntas:
   - *¿Qué enfoque tomará su equipo para abordar el problema?*
   - *¿Qué valores ejemplificarán? ¿Cómo los ejemplificarán?*
   - *¿Qué sola acción tomarán como grupo para abordar su problema?*

5. Reúnanse como equipo para conversar sobre los pros y contra de su proceso de discernimiento. ¿Qué aportó y qué no aportó? ¿Dónde se encuentra para ti el trabajo en este proceso de discernimiento? Como equipo, continúen identificando prácticas que los mantenga abiertos para escuchar la voluntad de Dios.

6. Toma unos minutos para escribir tus reflexiones de este ejercicio en tu diario.

Entonces, el discernimiento es el punto de partida para determinar el modo en que como equipo debemos proceder. En un amplio campo de oportunidades misionales, ser capaces de escoger con sabiduría a qué decirle "sí" y a qué "no" puede ser clave para sobrevivir. *Iniciar* le permite a tu grupo demostrar y proclamar el evangelio en un sentido mucho más dirigido y perdurable. Es una combinación de toma de decisiones saludables y un ímpetu robusto hacia adelante.

Proclamar las Buenas Nuevas relacionándonos y sirviendo en nombre de Cristo

Una parte vital de *iniciar* es ayudar a las personas a encontrar su camino a la fe en Cristo. Los equipos deben orar seriamente por este esfuerzo. A menudo las personas en las culturas occidentales hoy en día llegan a la fe en Cristo solo después de un período extendido de haber pertenecido a una comunidad cristiana de algún tipo. Mientras en pasadas generaciones muchos llegaban a creer por convencimiento de la lógica o atractivo racional del mensaje cristiano, hoy en día las personas normalmente necesitan experimentar una auténtica comunidad de Cristo antes de que la fe tenga sentido para ellos. Ya no simplemente creen ciertas cosas y por lo tanto pertenecen oficialmente a la iglesia; las personas hoy normalmente necesitan *pertenecer antes que creer*. Es una experiencia de primera mano de personas que aman a Jesús, combinado con un estilo de vida transformador que les ayuda a "ver la luz" y creer.

El historiador eclesiástico Stuart Murray señala que cuando el cristianismo se estableció en el siglo IV, fue más fácil para las personas considerarse a sí mismas parte de la fe, simplemente porque pertenecían a una iglesia y creían las cosas correctas. Eventualmente, esto permitió que la laxitud moral se escabullese en la iglesia, a medida que el énfasis de adoptar el estilo de vida que demandaba obediencia a Cristo iba desapareciendo. El cristianismo se transformó más en la confesión de credos y adopción de rituales eclesiales, que en comportarse o actuar como Jesús dentro de la vitalidad de una relación viva con Dios. Parecido hoy en día, el evangelio se ha disfrazado un tanto de "iglesia-nismo", donde el enfoque yace en creer las doctrinas correctas y en ir a la iglesia para realizar deberes religiosos. Para lograr de hecho ver la verdad y tomar la decisión de seguir a Jesús, más y más personas hoy en día necesitan el paquete completo: *pertenecer* a una comunidad cristiana y *comportarse* como Cristo.[29]

El momento en que un grupo se *integra* y comienza a iniciar una respuesta coordinada que siembra el evangelio en su contexto, es un buen tiempo para intencionalmente encontrar maneras de incluir e involucrar a los que aún no son cristianos. Esto puede significar crear esferas relacionales para pertenecer, como grupos de interés especiales, tiempos de interacción semanal en un bar local, grupos de procesos de fe como el Curso Alfa, o iniciativas de compasión como Serví Tu Ciudad. Estas líneas de servicio y pertenencia relacional proveen esperas naturales para intercambiar nuestras historias y, según guíe el Espíritu Santo, proclamar a Jesús y las buenas nuevas de Dios.

Encontrar maneras de invitar a las personas a pertenecer y participar mientras exploran su fe es solo un lado de la moneda. Muy a menudo, las medidas tomadas por un grupo para incluir e involucrar a no cristianos son exclusivamente del tipo invitacional, en las que "ellos vienen a nosotros". Tales medidas

---

29 Stuart Murray, *Post-Chrisendom: Church and Mission in a Strange New World* (Waynesboro: Paternoster, 2005), 64-73.

necesitan ser complementadas por otras en las que "nosotros vamos a ellos". Un equipo necesita preguntarse "¿A qué podemos ser invitados por aquellos fuera de nuestras filas?" ¿Quién nos está extendiendo una invitación a pertenecer y participar, y ¿qué está ya operando a lo que podamos unirnos?" Haríamos bien de aprender de Jesús, quien parecía buscar oportunidades para ser invitado (y en el caso de Zaqueo en Lucas 19:1-10, Jesús fue un paso más lejos y ¡se invitó a sí mismo a la casa de Zaqueo!)

Sea lo que sea que un equipo escoja para incluir

e involucrar a los de afuera, su servicio y relacionamiento debe aparejarse bien con la energía, capacidad y discernimiento colectivo del equipo. Esta administración de las reservas internas, dones, pasiones y liderazgo del equipo ayuda a asegurar sustentabilidad, al mismo tiempo que los protege del desgaste y de abarcar demasiado.

El siguiente ejercicio le ayudará a tu equipo a explorar dos aspectos de pertenencia y comportamiento: ofrecerlo a quienes lo necesiten y acceder a él en espacios que ya existen en tu ciudad.

Cómo cultivar oportunidades de comportamiento y pertenencia

Tiempo: 2 horas
Materiales: Pizarra blanca y marcadores

Este ejercicio de aprendizaje está compuesto de dos partes pare ayudarte a cultivar los dos aspectos existentes en las oportunidades de comportamiento y pertenencia: ofrecer y acceder.

Antes de dar comienzo a los ejercicios, repasa las siguientes definiciones con tu equipo:

Las oportunidades de *pertenencia* son ocasiones que permiten incluir a nuestros amigos en eventos, actividades o grupos de interés común, que también involucra a otros de nuestro equipo o comunidad de fe. Ejemplos de esto son los equipos deportivos, clubes de lectura, noches de poker y actividades de vecindario.

Las oportunidades de *comportamiento* son ocasiones que permiten a aquellas personas que aún no sean cristianas, participar de prácticas de discipulado con el objetivo de una formación espiritual. Estas oportunidades pueden tener lugar en nuestra comunidad de fe o en asociación con otro grupo. Ejemplos de esto son los grupos de estudio/reflexión bíblica, experiencias creativas de adoración, tiempos grupales de oración, u cultos regulares (sembradores de *shalom*).

Parte 1: Ofrecer oportunidades de pertenencia y comportamiento

1. Como equipo, compartan algunos nombres de personas que se encuentren en los alrededores de su grupo, que aún no sean cristianas. El facilitador escribirá los nombres en la pizarra. Aquellos que los conozcan, darán una breve descripción de cada persona.

2. Teniendo en cuenta los intereses y personalidad de los individuos en la pizarra:
   - Sugiere tantas maneras como se te ocurran para ofrecerle a cada una de estas personas una oportunidad de *pertenecer*.
   - Sugiere tantas maneras como se te ocurran para ofrecerle a cada una de estas personas una oportunidad de *comportamiento*.

3. Discute lo siguiente con tu equipo: tomando en cuenta los dones, intereses y liderazgo de tu equipo, ¿quién sería más idóneo para invitar a cada persona a una o más de las oportunidades de pertenencia o comportamiento que has puesto en la lista?

Parte 2: Acceder a oportunidades de pertenencia y comportamiento

1. Haz una lista de las buenas causas, clubes, grupos de interés, áreas recreacionales, ligas de deportes, etc. en tu ciudad, que sean de interés para tu equipo. En tanto éstos no son formativos en cuanto al "discipulado cristiano", a menudo fomentan conexiones relacionales y apertura a Dios o a la espiritualidad. El facilitador los escribe en la pizarra. Responde a las siguientes preguntas:
   - *¿Qué te interesa de estos grupos?*
   - *¿Cómo podrían los miembros de tu equipo (o tal vez todo el equipo) involucrarse en las redes, grupos e iniciativas de servicio social de no cristianos en tu área?*
   - *¿Cómo el involucrarse en estos grupos, proporcionará un mayor acceso a oportunidades de pertenencia y comportamiento para las personas que has identificado más arriba? ¿Cómo el involucrarse podría ser un puente para las oportunidades de pertenencia y comportamiento ofrecidas por tu comunidad de fe?*

2. En parejas, tu equipo se ofrece para visitar uno o más de estos grupos en las semanas siguientes.

3. En el próximo encuentro del grupo compartan la historia de sus visitas, y juntos evalúen la experiencia. ¿Qué pasos darán esta semana para invitar a otros a unírseles para participar de una o más de estas oportunidades?

Iniciar no es solamente lo que hacemos. También es lo que decimos. Al hablar de proclamación - lo que típicamente etiquetamos de evangelismo - a menudo nos perdemos de un par de cosas importantes. En primer lugar, evangelismo es proclamar las buenas nuevas. En el Nuevo Testamento, la palabra que traducimos por *evangelio* en realidad significa *buenas nuevas*. La versión del latín de la misma palabra griega, *evangel*, nos da la base del verbo en español "evangelizar". Aunque sería una pésima gramática decirlo de esta manera, cuando evangelizamos a un amigo, esencialmente le estamos *bien nueveando*. Ser un evangelista es ser un portador de buenas noticias. Quizá sea de ayuda recordar esto al compartir de Jesús a los que no le conocen. ¿Acaso las buenas nuevas distinguen nuestro comportamiento y nuestro mensaje? ¿Acaso nos enfocamos tanto en las malas nuevas del pecado del ser humano y la separación de Dios, que opacamos las buenas nuevas? ¿Acaso tratamos a las personas como nuestros proyectos más que con la misma dignidad y amor persistente que Jesús ofrece? *Compartimos* buenas nuevas, y a través de nuestro cuidado *somos* buenas noticias para los demás.

Otra cosa que a menudo falta cuando hablamos de evangelismo es la simplicidad de lo que proclamamos - una Persona viva. Yo, Dan, una vez pregunté a un grupo de amigos cristianos lo que queremos decir cuando utilizamos la palabra evangelio. ¿Cuáles son las buenas nuevas que estamos proclamando? Algunos dicen que el Reino de Dios está cerca - el buen reinado de Dios sobre toda la creación que se muestra de una manera renovada en la venida del Hijo de Dios. Algunos mencionaron que Cristo murió en una cruz por los pecados del mundo, para que podamos ser perdonados y adoptados como hijos de Dios. Otros dijeron que las buenas nuevas son que Jesús el Mesías reina, y no un César actual, ni ningún otro poder. Aunque otros mencionaron que Dios está reconciliando y haciendo todas las cosas nuevas

- colocando al hombre en una relación correcta con Dios, a las personas en relaciones correctas entre sí, y liberando a toda la creación de la corrupción, decadencia y muerte.

Todas estas definiciones son sin duda parte de las buenas nuevas, y hay mucho más que añadir. Pero lo que percibí que faltaba en todas nuestras definiciones de la iglesia y del mundo, era a Jesucristo la Persona viva. Cuando traemos buenas nuevas, anunciamos la venida del que resucitó y el que vive. Sean cuales sean las palabras que escogemos para describir el evangelio, somos testigos de un Dios muy vivo y lleno de amor. La Historia en la que se encuentra Jesús es profundamente importante y es parte de las capas del evangelio que compartimos. Pero es el Jesús que conocemos y amamos y con el que nos relacionamos quien es la esencia de nuestras buenas nuevas, y solo en segundo lugar se trata del evangelio, como conceptos para comprender o como la cautivadora trama que podemos compartir con otros. Como lo dice 1 Juan 1:1, "Lo que ha sido desde el principio, lo que hemos oído, lo que hemos visto con nuestros propios ojos, lo que hemos contemplado, lo que hemos tocado con las manos, esto les anunciamos respecto al Verbo que es vida." Proclamamos el mensaje y proclamamos a la Persona viva de Jesucristo.

A medida que los equipos *inician* actividades para demostrar y proclamar el evangelio, es bueno reunirse en torno a definiciones comunes de lo que significa embarcarse en el evangelismo. Aunque haya muchas maneras en que las personas definen esto, un autor de un popular libro sobre evangelismo define el término de la siguiente manera:

Evangelismo es un conjunto de actividades intencionales de amor gobernadas por el propósito de iniciar personas en el discipulado cristiano en respuesta al reinado de Dios.[30]

La siguiente serie de ejercicios está diseñada para ayudarte a discernir y desarrollar un enfoque de evangelismo apropiado para tu contexto.

30 Scott J. Jones, *The Evangelistic Love of God and Neighbor: A Theology of Witness and Discipleship* (Nashville: Abingdon Press, 2003), 18.

Crea tu propia definición de evangelismo y discierne cómo practicarlo

Tiempo: 60 a 90 minutos
Materiales: Diario, lápices o bolígrafos, pizarra blanca y marcadores, notas adhesivas

Este ejercicio está dividido en dos partes: reflexiones personales y reflexiones de equipo.

Reflexión personal:

1. Escribe la definición de evangelismo de más arriba. Deja mucho espacio entre cada palabra y cada renglón. Luego, responde a las siguientes preguntas:
   - *¿Qué te gusta de esta definición? Haz un círculo al rededor de esas partes/palabras.*
   - *¿Qué dirías que le falta, no es claro, o está mal expresado? Tacha esas oraciones/palabras.*
   - *¿Qué debe ser añadido? Añade esos pensamientos/palabras donde corresponda.*
   - *Puede que desees añadir algo respecto de la guía del Espíritu Santo.*
   - *Las referencias escriturales pueden ser importante para ti; añádelas si te sientes inclinado a hacerlo.*
   - *Puedes añadir algo específico, que ataña al grupo de personas con el que trabajas.*

2. Cuando hayas terminado con tu cirugía de esta definición, escribe tu propia definición cohesiva de evangelismo en tu diario y en una nota adhesiva.

Reflexión de equipo:

1. Tomen turnos para compartir sus definiciones de evangelismo. Coloquen sus notas en la pizarra y léanlas en voz alta para el equipo. Presta atención a las definiciones de otros.

2. 2.Luego de que todos hayan compartido sus definiciones, el grupo compilará una lista de resultados deseados como consecuencia de su evangelismo. El facilitador los escribirá en la pizarra. Bajo cada resultado, deberás colocar dos o tres acciones que inspirarían estos resultados.

CAPITULO 4

Ejemplos:

Resultados:	La persona aprende que Dios es confiable.
Acciones:	Cuéntale de un tiempo cuando Dios se mostró confiable en tu vida.
	Modélale siendo confiable tú mismo.
Resultados:	La persona aprende que puede hablar con Dios.
Acciones:	Pregúntale si alguna vez ha orado.
	Ofrece orar por ella (modela la oración).

3. Al estudiar la lista de resultados deseados, responde a estas preguntas, sugiriendo algunas acciones para los escenarios de obstáculo/ayuda.

Obstáculo:
- *¿A qué te enfrentas en tu contexto que obstaculizará estos objetivos?*
- *Dialoguen sobre maneras de reducir el efecto de esas cosas que parecen estar en el camino de un evangelismo efectivo en su contexto.*

Ayuda:
- *¿Qué ofrece la cultura que te ayudará en tu contexto particular?*
- *¿Cómo apalancarás esos aspectos positivos de tu contexto?*

4. A medida que tu facilitador las registra en la pizarra, añádelas a tu diario. Escoge una acción para practicar con un compañero esta semana.

5. El equipo se reunirá en una semana. Reporta tus resultados al equipo mayor, evaluando tus propios éxitos o fracasos en lograr estos resultados. ¿Necesitan tus resultados revisión? De ser así, el equipo separa un tiempo para hacer los ajustes.

Ahora que hemos arribado a una definición de trabajo de evangelismo y establecimos resultados que anhelamos, veamos cómo Jesús y Pablo evangelizaban. ¡De seguro tenemos mucho que aprender de su enfoque!

Primero consideremos cómo Jesús trasmitía las buenas nuevas.

Comparando las buenas nuevas de Jesús a las nuestras

Tiempo: 60 a 90 minutos
Materiales: Biblia o copias de Juan 4, diario, bolígrafos o lápices

1. En pequeños grupos, tomen turnos para leer Juan 4:1-38 tres veces en voz alta. ¿Qué sobresale para ti?

2. Analiza la progresión del encuentro de Jesús con la mujer Samaritana. En tu diario toma nota de su estrategia con viñetas. Junto a cada viñeta anota el valor que Jesús ejemplifica.

3. Tomen turnos para contar de un tiempo en que le compartieron las buenas nuevas a alguien. Si jamás lo has hecho, cuenta de un tiempo en que hayas sido testigo de alguien haciéndolo, o de cuando alguien te compartió a ti.

4. Después de cada historia, responde a lo siguiente:
   - *Nombra los valores contenidos.*
   - *Dado el ejemplo de Jesús, ¿cómo pudo haber sido diferente y tal vez más efectivo?*
   - *¿Qué han escuchado el uno del otro que te pueda motivar en tu propio evangelismo?*

Por supuesto, Jesús es Dios, así que tal vez es algo injusto extraer demasiado de Su manera de evangelizar. Pero por lo menos podemos reconocer que las maneras en las que Él opera merecen ser imitadas: Jesús abordó en conversaciones sociales, llevando Sus conversaciones sobre cosas espirituales a la esfera pública. En el pasaje citado de Juan 4 del ejercicio anterior, Jesús utilizó el ejemplo inmediato del agua que ella estaba sacando, como una manera de hablar sobre los asuntos más profundos y para estimular interés espiritual. Jesús, si bien conocía la sórdida historia de la mujer, no la condenó. También se mantuvo firme en el asunto de fondo, negándose a ser distraído por los intentos de la mujer de evadir sus preguntas. En su lugar, Jesús regresó la conversación a lo que era más importante y la llevó a responder a la realidad de que realmente era el Mesías delante de ella. Es especialmente importante notar la actitud humilde de Cristo durante el encuentro. La humildad debería caracterizar cada aspecto de nuestro evangelismo. Nota también la disposición de Jesús de osadamente atravesar límites culturales en el nombre de llevar agua viva a las personas, especialmente a aquellos que se pierden con demasiada facilidad o que son vistos con desprecio, como es el caso de la mujer samaritana.

Consideremos ahora el enfoque de evangelismo del Apóstol Pablo.

Observando y aplicando principios del evangelismo de Pablo

Tiempo: 60 a 90 minutos
Materiales: Biblia, diario, bolígrafo o lápiz

1. Lee 2 Corintios 5:17-21 varias veces y al menos una en voz alta. Luego responde a estas preguntas en tu diario:
   - *¿Qué llevó a Pablo a compartir el evangelio con tanta osadía?*
   - *¿Cuál era la esencia del mensaje de buenas nuevas de Pablo?*
   - *¿Qué cosas parecen haberle importado más? (PISTA: ¿qué se repite?)*

2. Lee Hechos 16. Responde a estas preguntas en tu diario:
   - *¿Cuándo y cómo dependía Pablo de Dios?*
   - *¿Dónde ves evidencia para la planeación estratégica de Pablo?*
   - *¿De qué manera una demostración del poder de Dios abre las puertas para el evangelio?*

3. Lee los capítulos 2 y 3 de Tito con atención. Responde a estas preguntas en tu diario:
   - *La palabra "tacto" es definida como: 1) Un sentido agudo de qué decir o hacer para evitar ofender; 2) habilidad para lidiar con situaciones difíciles o delicadas. Si bien Pablo no utiliza la palabra tacto, insta a varios grupos de seguidores de Cristo a comportarse así. Identifica instancias donde Pablo insta a los lectores a ejercitar tacto por el bien del evangelio. ¿Qué más adviertes en la estrategia de Pablo?*
   - *¿Cuál supones fue el motivo principal de Pablo para instar a los cristianos cretenses a tener tacto en sus comportamientos? ¿Cómo podría esto aplicarse a tus prácticas de evangelismo?*

Como con Jesús, es algo injusto para nosotros intentar extraer demasiado de estos pasajes bíblicos para orientar nuestro evangelismo presente. Después de todo, ninguno de nosotros somos Apóstoles hoy en día en la manera en que lo fue Pablo para la iglesia temprana. Sin embargo, sí vemos elementos aplicables a nosotros. En su exhortación a los corintios (2 Cor. 5:17-21), el evangelismo de Pablo incluye un sentido apasionado de urgencia. No simplemente proclamaba, sino que tenía un sentido claro y profundo de que tan importante es para las personas que no se demoren, sino que reciban el regalo de Dios y se reconcilien con Él. Utiliza la palabra "reconciliar" en varias formas cinco veces en este breve pasaje, por su fuerte deseo de que las personas respondan y acorten la brecha entre sí mismos y Dios.

En la trama de Hechos 16, vemos que Pablo acude al sentido común y a una dependencia del poder y guía de Dios en el evangelismo. Podemos ver cómo con sabiduría escoge circuncidar a Timoteo para potenciar la atención del evangelio entre los judíos. El escritor Lucas luego muestra cómo Pablo se embarca en su llamado a los gentiles, mientras se mantiene sensible a la guía y a los tiempos de Dios. Dios bloquea su progreso en Bitinia por el momento, y los lleva a

Macedonia. Allí, Pablo toma una decisión estratégica de no hacer ministerio en la ciudad de Neápolis para poder llegar a Filipos, la principal ciudad del distrito. En Filipos se quedan "por varios días", se enteran de un lugar de oración donde los buscadores se reúnen, y luego lo convierten en un punto estratégico para compartir de Cristo. Pablo y el equipo continúan avanzando a medida que Dios abre las puertas. Lidia se convierte, y alberga al grupo de Pablo, que crece cada vez más. En el trascurso, el progreso del evangelio se potencia por la validación de Dios de las buenas nuevas con poder. Sin duda podemos imitar el detalle con el que Pablo planea, su dependencia en la guía de Dios paso a paso, y su expectativa de que, por momentos, Dios se movería con poder.

Por último, en los capítulos dos y tres de Tito, vemos una y otra vez la dedicación de Pablo para ayudar a sus hermanas y hermanos cristianos a comportarse en maneras que sean provechosas para el evangelio. En sus hogares, en sus vocaciones, en sus partici-paciones como buenos ciudadanos en la sociedad - en cualquier rol en los que se encontraran, debían comportarse con tacto para que su reputación y estilo de vida hiciera al evangelio más atractivo (ej. Tito 2:4-5; 2:8; 2:9-10; 3:1-2; 3:14). Y para no meter-nos en problemas citando el consejo de Pablo a las mujeres y esclavos aquí, seamos claros sobre lo que parece estar enseñando. Pablo no estaba aprobando la esclavitud, o en el caso de las mujeres, insistiendo que permanezcan "cuidadosas del hogar", como si estas instrucciones fueran la voluntad inquebrant-able de Dios (2:5). Pablo le pide a esclavos y mujeres que sean pacientes en estos tiempos difíciles, porque en este contexto cultural, tanto la esclavitud como la inclinación a confinar las mujeres al hogar eran normas sociales. El objetivo inmediato de Pablo no es derrocar el antiguo orden. Parecía creer que los principios del evangelio desplazarían estos dese-quilibrios con el tiempo. El objetivo inmediato era no darle motivo a las personas de hablar "mal de la

Palabra de Dios", y también que "en todo hagan honor a la enseñanza de Dios nuestro Salvador."

Todo esto para decir que, ya sea que sigamos el ejemplo de Cristo o de Pablo, nuestras comunidades de iglesias y cualquier grupo que porte el nombre de "cristiano" deben vivir juntos con responsabilidad, humildad y de una manera atractiva para la cultura anfitriona, de tal modo que las personas se vean atraídas a explorar el mensaje y la Persona detrás de esas actitudes y acciones - Jesús.

Muchas personas son tímidas o reacias al momento de hablar de los grandes temas como los que se abordan en los Evangelios. Por lo tanto, un misionero astuto busca maneras acogedoras de construir amistades con las personas. Estas amistades abren vías de acceso a una cultura con menos barreras, y expresan hospitalidad en pequeñas porciones a una cultura. Implica relacionarse con las personas más allá de conversaciones superficiales. Fáciles vías de acceso a las personas puede involucrar el terreno común de música local, danza, comidas, dar regalos especiales, festivales, arte, actividades recreaciona-les, etc. La historia de Deborah Loyd a continuación ilustra un ejemplo de descubrir una vía de acceso fácil.

Habíamos planeado iniciar una iglesia en un área metropol-itana de Portland, política y socialmente liberal. Sabíamos que las personas atraídas a nuestro proyecto era la población hípster joven (nuestro corazón explotó) No teníamos ningún problema haciendo amigos y teniendo conversaciones sobre una tasa de café. Estaban intrigados con nosotros por varios motivos, pero a medida que pasaban las semanas fue claro que no se comprometerían en ninguna comunidad de iglesia, si bien tenían sed de una práctica espiritual que tuviera sentido para ellos. Si bien las citas para un café con nosotros se mantuvieron, y tuvimos muchas conversaciones espiri-tuales estimulantes, no había mayor compromiso que ese. No teníamos idea de que paso siguiente tomar. ¿Cómo podíamos ofrecer una hospitalidad que hablara su idioma?

Y luego nuestra hija de 18 años dijo, "Háganlo ver como un club, oscuro y ruidoso. Provéanles las herramientas y dejen que ellos diseñen el lugar." Luego de descubrir quién era el líder de-facto de la comunidad, le hicimos la propuesta porque observamos que otros confiaban en él y le seguían. Podía invitar a quien él quisiese al proyecto de construir un espacio para su comunidad. Nosotros proveeríamos el presupuesto y ellos dirían cómo decorar el lugar, qué se incluiría en él, y cuáles serían las prioridades sociales. Él confió en nosotros las prioridades espirituales. Juntos crearíamos la comunidad. El primer día vinieron 82 músicos, artistas y bailarines, y por once años de asistencia jamás bajó de esa cantidad. Tal parece que nuestra hija sabía mucho más que nosotros de cómo abordar a la comunidad. Ella fue nuestra profeta. ¿Cuáles eran las vías para acceder a la cultura? Música, arte, danza y empoderar a líderes de la comunidad, pero sobre todo el control creativo.

Unos años más tarde terminamos en una situación similar con un grupo de jóvenes que viven al aire libre. Queríamos que se sintieran a gusto en nuestra comunidad de fe. ¿Dónde descubrimos un acceso? En mantequilla de maní, emparedados de mermelada, café y cigarrillos. Muchas

iglesias distribuyen alimentos, pero no muchas iglesias se sienten cómodas distribuyendo cigarrillos. Sin duda yo no lo estaba. A pesar de mis protestas, la comunidad prosiguió, y resultaron tener razón. Nuestros amigos que vivían al aire libre comenzaron a venir a nuestras reuniones semanales. Comenzaron a ofrecerse a limpiar y eventualmente algunos se unieron al equipo de alabanza. ¿Cómo descubrió nuestra comunidad esta vía de acceso? Fuimos al centro donde se reunían nuestros amigos, los observamos, y notamos lo que su comunidad más valoraba. Luego pusieron su hipótesis a prueba y confirmaron sus observaciones. Y así inició el alcance con cigarrillos. Desde entonces, han nacido dos iglesias más, que sirven a más de cuatrocientas personas marginadas en nuestra ciudad... y distribuyen cigarrillos.

Mientras distribuir cigarrillos a personas marginadas en nuestra ciudad pueda parecer poco convencional en algunos círculos, la historia de Deborah muestra que a veces, medios no convencionales son precisamente lo que se necesita para abrir vías de acceso a otra cultura. Todas las culturas las tienen. La dificultad para los que venimos de afuera es encontrarlas. El siguiente ejercicio ayudará a tu equipo a descubrir sus propias, y potencialmente sorprendentes, vías de acceso a la cultura.

Descubriendo vías de acceso a la cultura

Tiempo: 60 minutos
Materiales: Acceso a internet, diarios, bolígrafos y lápices

1. En pequeños grupos revisen las notas de 2 Cor. 5, Hechos 16 y Tito 2-3 del ejercicio de aprendizaje ***Observando y aplicando principios del evangelismo de Pablo*** más arriba. Repasa el modo en que Pablo abordaba el evangelismo, y el modo en que animaba a la iglesia primitiva a conducirse acorde a los valores específicos de esa cultura. ¿A qué valores se refería Pablo? Anótalos en tu diario.

2. Ahora considera tu propio contexto específico o la cultura que deseas alcanzar. He aquí algunas preguntas a considerar que son reflejo de valores culturales:
   - *¿Son matriarcales o patriarcales?*
   - *¿Cómo tratan a los más débiles?*
   - *¿Cuál es el valor del trabajo en su cultura?*
   - *¿Qué tal son sus recursos y propiedad de terrenos?*
   - *¿Cómo dan y reciben regalos?*
   - *¿Qué define pertenencia?*
   - *¿Qué prácticas religiosas percibes?*
   - *¿Cuánto tiempo le lleva a alguien de afuera poder pertenecer?*
   - *¿Qué papel juega el arte o la belleza en su mentalidad cultural?*
   - *¿Cómo usan el lenguaje?*
   - *¿En torno a qué gira su sociedad?*
   - *¿Qué es lo que más valoran?*
   - *Y cualquier otra pregunta que te cause curiosidad como una potencial vía de acceso a la cultura.*

3. Cada persona en tu pequeño grupo escogerá una de estas preguntas para contestar. Luego, ya sea en internet o con su abogado cultural, investigarán información contextual para la pregunta escogida. ¿Qué te dice tu investigación de los valores de tu contexto?

4. Informa de los resultados a tu pequeño grupo. Desarrolla algunas estrategias de abordaje para tu contexto según tu investigación.

5. Escoge una vía de acceso y has un plan para aplicarlo con tu pequeño grupo dentro de ese mes. Agenda una hora de encuentro con el equipo para compartir tus experiencias.

Acentuar el lado comunitario del evangelismo

Comenzamos este capítulo compartiendo la necesidad de discernimiento para ser un actor social. El discernimiento colectivo le permite al equipo definir con sensatez su compromiso individual y colectivo para compartir el evangelio. En tanto es importante que cada miembro de un equipo y comunidad haga su parte para evangelizar (abordaremos este punto individual en breve), queremos enfocar el resto de este capítulo enfatizando el rol colectivo del cuerpo de Cristo local en el evangelismo, y al mismo tiempo mostramos cómo los que tienen el don particular del evangelismo encajan en este cuadro.

El autor y evangelista Michael Frost afirma que cada seguidor de Cristo está llamado a vivir de tal manera que inspire a los no cristianos a hacer preguntas sobre Dios, fe, y nuestro estilo de vida. Sin embargo, Frost dice que el que todo creyente sea un evangelista es un mito; al contrario, dice que el Apóstol Pablo asume una doble postura cuando de evangelismo se trata. Pablo, en su postura de apóstol y como un dotado evangelista, le escribe a la iglesia de Colosas:

"Dedíquense a la oración: perseveren en ella con

agradecimiento y al mismo tiempo intercedan por nosotros a fin de que Dios nos abra las puertas para proclamar la palabra, el misterio de Cristo por el cual estoy preso. Oren para que yo lo anuncie con claridad como debo hacerlo. Compórtense sabiamente con los que no creen en Cristo, aprovechando al máximo cada momento oportuno. Que su conversación sea siempre amena y de buen gusto. Así sabrán cómo responder a cada uno." – Colosenses 4:2-6

Pablo le pide a los colosenses orar por los evangelistas, por oportunidades de compartir a Cristo y por valentía para proclamar el evangelio. Pero no les hace tanto énfasis en que oren por sí mismos, sino más bien en que simplemente oren por el ministerio de los evangelistas. El rol del creyente promedio, que no tiene el don de evangelismo (según Efesios 4:11), es el comportarse con sabiduría hacia otros y buscar oportunidades para dar respuesta a las preguntas que se les planteen.

Esencialmente, Frost sostiene que los evangelistas deben proclamar y que los creyentes deben dar respuestas. Observemos esta distinción en el siguiente cuadro:

El doble enfoque de Pablo sobre el evangelismo

Tipo de Ministro	Prioridades	Tipo de Ministerio Hablado
Evangelistas Dotados	Claridad en el evangelio; buscar oportunidades	Proclamaciones audaces
Creyentes Evangelistas	Oración; vigilancia; sabia sociabilización	Respuestas llenas de Gracia

Frost afirma que el Apóstol Pedro está de acuerdo con Pablo. Considera 1 Pedro 3:15-16, por ejemplo:

"Más bien, honren en su corazón a Cristo como Señor. Estén siempre preparados para responder a todo el que les pida

razón de la esperanza que hay en ustedes. Pero háganlo con gentileza y respeto, manteniendo la conciencia limpia, para que los que hablan mal de la buena conducta de ustedes en

Cristo se avergüencen de sus calumnias."[31]

Ya sea que esta distinción sea adecuada o no para describir la diferencia entre los ministerios de evangelistas dotados y creyentes evangelistas, sí nos ayuda a ver que los más escasos evangelistas con "E mayúscula" y los evangelistas con "e minúscula" más comunes deben trabajar juntos. Al hacerlo, el equipo o iglesia se vuelve más efectiva en el evangelismo. Las ideas de Frost enfatizan que las muestras simples y unidas de la iglesia sobre la vida de Jesús, llevan a las personas a hacer preguntas.[32]

Esta vivencia comunitaria de una atractiva vida evangélica es sin duda un tema destacado en el Nuevo Testamento. Considera cuando Jesús dice en Mateo 5:13-16:

"Ustedes son la sal de la tierra. Pero si la sal pierde su salinidad, ¿cómo puede recuperarla? Ya no sirve para nada, excepto para ser desechada y pisoteada. Ustedes son la luz del mundo. Una ciudad en lo alto de una colina no puede esconderse. Ni se enciende una lámpara para cubrirla con un cajón. Por el contrario, se pone en la repisa para que alumbre a todos los que están en la casa. Hagan brillar su luz delante de todos, para que ellos puedan ver las buenas obras de ustedes y alaben al Padre que está en el cielo."

A diferencia de nuestra frecuente lectura individualista de estos versículos, el Señor está hablando a su pueblo corporativamente.

También vemos este papel colectivo en la proclamación, que se enseña en toda la carta de San Pablo a Tito. Pero Filipenses 2:14-16 (TLA) quizá capte mejor la enseñanza de Pablo:

"Hagan todo sin hablar mal de nadie y sin discutir por todo, para que no pequen ni nadie pueda culparlos de nada. En este mundo lleno de gente malvada y pecadora, ustedes, como hijos de Dios, deben alejarse de la maldad y brillar por su buen comportamiento. Nunca dejen de creer en el mensaje que da vida. Así, yo podré estar orgulloso de ustedes el día que Cristo vuelva, y sabré que mi trabajo y mis esfuerzos no fueron inútiles."

Como dijo el autor Bryan Stone,

"La evangelización cristiana está fundamentalmente arraigada en la eclesiología. Se puede incluso decir que la iglesia no necesita una estrategia evangelística. La iglesia es la estrategia evangelística."[33]

El siguiente ejercicio ayudará a tu equipo a comprender mejor el papel de la comunidad en la evangelización, así como a crear un plan para poner esto en acción.

---

31 Michael Frost, *Surprise the World: The Five Habits of Highly Missional People* (Colorado Springs: Navpress, 2016), 1-7 (Tabla utilizado con permiso.)

32 Interesantemente, Frost presenta el ejemplo de una iglesia que vive el tipo de "vida cuestionable" de la que habla. Small Boat Big Sea (pequeño bote ancho mar), en Sídney, Australia, ha definido el ritmo de una vida espiritual en cinco sencillas prácticas. Ese ritmo, descrito en mayor detalle en la p. 67, va de la siguiente manera: Bendice, come, escucha al Espíritu, Aprende de Cristo y sus caminos, actúa como enviado (buscando oportunidades de guiar a las personas al reino de Dios). Después de más de una década de vivir de esta manera, se puede decir con seguridad que este modo de vida sigue suscitando muchas preguntas por aquellos que están fuera de la iglesia.

33 Bryan P. Stone, *Evangelism after Christendom: The Theology and Practice of Christian Witness* (Grand Rapids: Brazos, 2006),15.

El rol de la comunidad en comunicar el evangelio

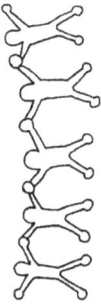

Tiempo: 60 minutos
Materiales: Pizarra blanca y marcadores, diario, bolígrafos o lápices

1. Lee las siguientes citas en silencio. Subraya las palabras o conceptos que te parezcan interesantes o importantes.

   La Iglesia debe habitar en la historia cristiana. Es habitar y encarnar la historia cristiana lo que la hace comprensible (y quizás incluso atractiva) para la sociedad. Es la acción de la comunidad cristiana que explica el mensaje cristiano. Decir que los Cristianos creen en Dios es 'cierto pero poco interesante' hasta que la comunidad toma una forma determinada para revelar el carácter del Dios cristiano.[34] *- Daniel Oudshoorn*

   La Congregación debe estar tan profundamente e íntimamente involucrada en los problemas seculares del vecindario que resulte claro para todos que nadie o nada está fuera del alcance del amor de Dios en Jesús... Debe quedar claro que la congregación local se preocupa por el bienestar de toda la comunidad y no sólo de sí misma ...sino, y este recordatorio es muy necesario, este involucramiento no debe convertirse en algo que amortigüe la nota distintiva del evangelio. La iglesia no debería dar por sentado el ser acogida como una de las organizaciones bien intencionadas de la filantropía.[35] *- Lesslie Newbigin*

2. En pequeños grupos tomen turnos para compartir lo que hayan subrayado. ¿Por qué es importante para ti? ¿Qué te inspira?

3. Tomen turnos para responder a estas preguntas:
   * *¿Cómo puede su equipo tomar "forma para revelar el carácter del Dios cristiano?" (Convertirse en algo diferente)*
   * *¿Cómo podría tu "congregación preocuparse por el bienestar de toda la comunidad y no sólo de sí misma...?" (Hacer algo diferente)*

4. Reunidos como equipo, cada pequeño grupo comparte sus respuestas a "convertirse" y a "hacer" algo diferente. El facilitador las escribe en la pizarra.

5. Como equipo, decidan sobre una forma en que esperan "convertirse" en algo diferente y otra forma en que esperan "hacer" algo diferente con respecto a la evangelización en su contexto.

34 Daniel Oudshoorn, *"Speaking Christianly as a Missional Activity in the Midst of Babel"* (Stimulus, Vol. 14, No 1, febrero 2006).
35 Paul Weston, *Lesslie Newbigin: Missionary Theologian: A Reader* (Grand Rapids: Wm. B. Eerdmans, 2006), 145.

6. Como equipo, desarrollen un plan simple que puedan utilizar como una práctica comunitaria para ayudar a alcanzar ese "convertirse" y ese "hacer". En el ejercicio anterior, **descubriendo vías de acceso a la cultura**, practicaron nuevas vías de acceso al contexto. Nombren algunos enfoques que hayan sido exitosos. ¿Cómo podrían mejorar estos enfoques para "convertirse" y para "hacer"? Anótalo en tu diario y discútelo en el desarrollo de su plan.

7. Establece una fecha con tu equipo para empezar su nueva práctica comunitaria. Fija otra fecha para el seguimiento de evaluación.

8. Implementen su plan y luego analícenlo según su horario.

Otras estrategias para ayudarnos a convertirnos en mejores evangelizadores

Las comunidades misionales necesitan vivir bien en el poder del Espíritu Santo, para suscitar preguntas de los de afuera que puedan dar lugar a oportunidades para compartir las buenas nuevas. ¿Pero qué otras estrategias pueden ser de ayuda para movilizar al cuerpo a proclamar? Aquí te damos algunas que puedes considerar, y te invitamos a desarrollar tu propia lista.

- El evangelista y fundador de Communitas, Linus Morris, cuando se le preguntó acerca de la forma más eficaz para mover a las comunidades a la evangelización, aportó lo siguiente: "Haz preguntas, expresa un interés genuino en las vidas de las personas." Eventualmente, con el tiempo, verás que las conversaciones cobran tanto peso para tus vecinos que finalmente comenzarán a hacerte preguntas acerca de tu vida." ¿Cómo somos como oyentes que vienen armados con preguntas y paciencia?

- ¿Cuántos de nosotros hemos visto a personas llegar a la fe porque palabra y vida se unen junto a las muestras de poder del Espíritu Santo? En Hechos 13, Pablo encuentra un hechicero judío, Barjesús, y pronuncia ceguera sobre él en juicio por su intento de bloquear el progreso del evangelio. El texto nos dice que el procónsul (senador),"un hombre inteligente", cree cuando ve lo sucedido, "maravillado de la enseñanza acerca del Señor." ¿Oramos expectantes, con la esperanza de que por momentos Dios valide la verdad del Evangelio con actos de poder o palabras de conocimiento o profecía?

- Gran parte del problema de la evangelización se reduce a que los creyentes aprendan algunos conceptos básicos. ¿Oramos por nuestros amigos con regularidad? Esto es tanto por nuestros propios corazones, como lo es para ver a Dios abrir los de ellos. ¿Priorizamos el tiempo relacional con personas que no conocen a Jesús? El tiempo pasado con los no cristianos comunica que les valoramos, y esto a menudo conduce a que se sientan lo suficientemente seguros como para hacer preguntas y ser vulnerables. ¿Colocamos a nuestros amigos cristianos de modo estratégico dentro de nuestras redes? El evangelio es así visto y oído a través de las vidas de un grupo y no sólo a través de nosotros como individuos. ¿Nos hacemos mutuamente preguntas sobre la fe? Esto nos brinda la oportunidad de saber cuál sería nuestra respuesta auténtica y personal si/cuando nuestros amigos no cristianos preguntan. Finalmente, ¿hemos identificado uno o dos evangelistas dotados en nuestro equipo? Necesitamos orar por sus ministerios e integrarlos en las oportunidades que Dios está proporcionando al cuerpo.

Resumen: *¡O sea que* iniciar *involucra una serie de actividades importantes! Debemos discernir y decidir cuál será la mejor manera de sembrar el* shalom *de Dios en maneras saludables, estratégicas y sostenibles. Tenemos que organizarnos para demostrar y proclamar con sensibilidad las buenas nuevas en nombre de Cristo, mientras que también comenzamos a practicar la comunión, comunidad y misión. A medida que nuestro equipo practique la dinámica de iniciar, encontraremos una mayor libertad al seguir a Jesús en la misión en nuestro contexto* local. *Se verá el fruto de una creciente base de relaciones que se dirigen hacia Jesús, y algunos que -si Dios quiere- decidan doblar sus rodillas ante Cristo por primera vez.*

(M) ¡PLANÉALO!

Ve a tu Plan de Acción Misional en el Apéndice A. Ve a la sección *Iniciar*, que se encuentra bajo *Estrategia*. Repasa con tu equipo las preguntas que allí encuentras, a la luz de todo tu trabajo en los ejercicios de este capítulo. Escribe tres actividades de iniciar a las que se comprometerá tu equipo.

Mis pensamientos sobre la dinámica *iniciar*:

¿Qué preguntas tienes aún sobre iniciar?

¿Cómo te acercarás a la cultura de manera diferente?

¿Qué has aprendido sobre evangelismo que no supieras antes?

Si tuvieras que calificar tu comodidad con el evangelismo en una escala del uno al diez, siendo diez el más cómodo y uno el menos cómodo, ¿cómo te calificarías?

¿Qué funcionó bien en este capítulo para ti? ¿Qué te motiva a hacer?

¿Qué debe cambiar? ¿Qué estás evitando?

¿Qué te llevas de este capítulo?

PARTE TRES - HASTA EL FONDO: FORMANDO QUIÉNES SOMOS

Con las dinámicas de **integrar** *e* **iniciar** *activadas, estamos bien encaminados para convertirnos en una comunidad capaz de demostrar y proclamar el evangelio de forma intencionada. Hemos creado los medios para que las personas pertenezcan y participen junto a nosotros, mientras exploran quién es Jesús y la diferencia que hace en nuestras vidas. Funcionamos como una comunidad misional con suficiente impulso para desafiarnos mutuamente a crecer hacia Dios y hacia el uno con el otro. En esta etapa, el momento es propicio para profundizar y acordar sobre nuestra identidad colectiva y sobre el modo de vida juntos, de modo que podamos no sólo conformarnos como una comunidad sustentable, sino que también seamos formados como personas que piensan, actúan y se interesan como Jesús lo hace. Las perspectivas, actividades y procesos estructurados que nos ayudan a profundizar en el discipulado y a comenzar el largo camino de madurez como una iglesia saludable, son las dinámicas de* **practicar** *y* **madurar***. Estas dinámicas, cubiertas en los próximos dos capítulos, les permiten a nuestra comunidad espiritual crecer a la estatura de una iglesia accesible, autónoma y autosuficiente.*

Capítulo 5 – *Practicar* – expresar nuestra identidad propia

Mientras sigamos abordando nuestro contexto integrando e iniciando, es muy probable que acabemos teniendo una pequeña comunidad. Como sembradores de iglesias, nuestro instinto natural puede ser el de "oficializar" nuestro proyecto con un culto de apertura. Por ahora, te instamos a resistir ese instinto. Hay un poco más de trabajo que hacer antes. Y ese trabajo es esencial en esta etapa - comprender quiénes somos, quienes queremos ser, y cómo llegar allí. Debemos establecer nuestra identidad colectiva. En este capítulo, vamos a guiarte a través de numerosos ejercicios para ayudarte a resolver todas las cuestiones relacionadas con la identidad: tu visión, valores, creencias, metáfora central, y quizás incluso ayudarte a ponerle nombre a tu comunidad. Desde allí, te ayudaremos a hacer lo que a menudo se pasa por alto: podremos guiar a tu equipo a desarrollar y a adoptar prácticas y ritmos espirituales que les motiven a ser verdaderamente quienes dicen ser. ¡Esto es un trabajo emocionante e importante, aprender a expresar su sello único como cuerpo local distintivo de creyentes!

PRACTICAR – expresar la identidad de la vida de Jesús a la que se desea invitar a otros

En este punto, debes estar pensando: bueno, utilizamos una buena parte de nuestro tiempo y energía viviendo como misioneros locales. Estamos creciendo en nuestro conocimiento de nuestra ciudad, y como insiders, hemos encontrado maneras de mantener los dedos en el pulso de la cultura local. Conocemos a nuestros vecinos por su nombre, y vivimos la vida juntos. Ocasionalmente servimos juntos. Estamos aprendiendo a ser mejores oyentes que narradores, mientras que al mismo tiempo no rehuimos de compartir debidamente a Jesús, según nos guíe Dios. Y nos hemos organizado como equipo lo suficiente como para tomar decisiones informadas acerca de cuándo y con qué frecuencia nos reunimos, qué hacemos cuando nos juntamos y cómo administramos esta cosa que hacemos, que se ha convertido en una comunidad espiritual en su propio derecho.

Entonces, ¿qué sigue? ¿No es este el momento en que subimos el voltaje y enfocamos más esfuerzos en desarrollar la vida lograda hasta ahora? Si *integrar* e *iniciar* tratan de activar una presencia sembradora del evangelio "*allí afuera*," ¿no es tiempo de crear una reunión de adoración para todos, que nos nutra "*aquí adentro*"?

Lo que significa *Practicar* y por qué es tan importante

Bueno, este puede ser un buen momento para empezar a reunirse más formalmente y regularmente como una comunidad accesible, pero eso dependerá de una serie de factores que se relacionan con la situación particular de su equipo. En Communitas pensamos que en esta etapa hay más actividades importantes a las cuales prestar nuestra atención que cambiar nuestro enfoque hacia el desarrollo de un gran culto. Hay dos motivos para esto. Por un lado, es fundamental que los equipos sigan alimentando las dinámicas de *integrar* e *iniciar* entre su grupo más amplio. Esto toma tiempo y atención permanente. No podemos simplemente *integrar* e iniciar una vez y pensar que está hecho. Sin embargo, creemos que hay incluso un trabajo más importante en el que deberíamos volcar nuestras energías en esta etapa. El equipo de liderazgo debe ahora ayudar a la comunidad espiritual, que se encuentra en formación, a ponerse de acuerdo y a actuar en base a quién es, qué representa, a dónde va, y qué disciplinas o ritmos darán forma a su vida como un pueblo.

Communitas etiqueta a estas actividades con el verbo practicar. Escogimos este verbo porque en esta etapa la comunidad debe invertir en practicar o vivir dos elementos claves: 1) su singular identidad colectiva - quién desea ser como un cuerpo local distintivo con Jesús como a la cabeza; y 2) sus patrones de su discipulado - lo que quiere que sus miembros hagan juntos para ayudarles a pensar, actuar, y a interesarse como

Jesús lo hace. Estos dos elementos claves actúan como un pegamento para ayudar a la comunidad a permanecer unida al navegar por cambios, conflictos y la llegada de nuevas personas con sus propias ideas sobre qué debe ser un grupo y lo que debe hacer.

Una identidad colectiva incluye los aspectos del *ser* de la visión, valores, nombre, postura teológica, etc. de nuestro equipo. Es diferente de los aspectos generales de la identidad que hablamos en el capítulo uno que se aplica a todos los cristianos -nuestra identidad personal como hijos amados de Dios, y nuestra identidad general o llamado en el mundo a ser creadores y cultivadores del *shalom* de Dios. De nuevo, la identidad colectiva se refiere a *nuestro sello único como un cuerpo local distintivo de creyentes*.

Nuestro modelo de discipulado, en cambio, incluye un conjunto de prácticas o ritmos que elegimos para formarnos positivamente al ponerlos en práctica a lo largo del tiempo.

Ahora, puedes estar diciéndote a ti mismo, "Sí, por supuesto, la práctica es importante. Pero realmente no es tan difícil concebir algunos documentos bien redactados que reflejen los elementos de nuestra identidad y disciplinas espirituales." ¡Esto es muy cierto! Es fácil navegar por los sitios web de iglesias exitosas o de vanguardia, y cortar y pegar nuestro camino a la descripción perfecta de lo que queremos ser y cómo vamos a discipular a las personas. Lo que no es tan fácil es realmente vivir en o experimentar con esa identidad y forma de vida. Esta es precisamente la razón por la que tantos equipos de liderazgo definen muy bien las cosas, pero optan omitir la *práctica* real de lo que han definido.

Esta es la razón por la que Communitas hace énfasis en la *práctica* como una dinámica clave en la siembra de iglesias misionales. Los equipos necesitan entrar en acción, para experimentar lo que significa *practicar* una identidad y una forma de vida antes de que puedan invitar a otros de manera creíble a ese viaje colectivo de ser y hacer. De lo contrario, se convierten en vendedores de una identidad y una forma de vida que aún no están viviendo. Valores, visión, nombre, teología, disciplinas espirituales, etc. - estos son todos elementos que significan algo, porque han sido moldeados al vivir en ellos como grupo. ¿Cómo podemos afirmar que tienen significado para nosotros y que nos transforman, si nosotros mismos no los hemos probado?

En las primeras etapas de la formación de una comunidad, el equipo núcleo deberá únicamente establecer unas declaraciones de identidad básicas y enmarcar solamente un patrón sencillo de prácticas de discipulado. No obstante, los elementos y las prácticas que conforman nuestra identidad colectiva y patrón de discipulado deberán ser monitoreados y modificados con el tiempo, puesto que la iglesia es un organismo vivo que necesita adaptarse para mantener su dirección, valores, creencias y prácticas coherentes con el objetivo de hacer más y mejores discípulos.

La búsqueda para describir quiénes somos (nuestra identidad colectiva)

Pueda que practicar nuestra identidad propia de grupo no te parezca importante ahora. Pero cualquiera sea la claridad y la unidad a la que logremos llegar en torno a visión, valores, creencias principales, e incluso el nombre que elijamos para nosotros mismos, nos servirá mucho a medida que avancemos hacia el futuro. Por un lado, las personas tendrán la información necesaria para decidir si encajan o no en nuestra comunidad (y viceversa). Esa claridad y unidad nos ofrecerá también una manera de evaluar qué oportunidades ministeriales y asociaciones nuestro equipo debería proseguir entre una multitud de posibilidades.

Otra gran ventaja de definir la identidad de nuestro grupo de manera clara se relaciona con el liderazgo. Con una visión clara (por escrito) de quién pretende ser la comunidad, los líderes pueden servir al grupo manteniendo el ministerio, las actividades y la manera de operar en el ámbito de esa identidad acordada. Estos acuerdos unen a la comunidad para que los líderes no tengan que gastar todo su tiempo tratando de mantener unida a las personas. Como escritora espiritual y gurú de los negocios Margaret Wheatley dice:

"[Se ha dicho] que la principal tarea de un líder es asegurarse de que la organización se conozca. Es decir, tenemos que darnos cuenta de que nuestra tarea es llamar a la gente a menudo, para que todo el mundo tenga claridad acerca de quiénes somos, en quién nos hemos transformado, y quién queremos todavía ser. Esto incluye las interpretaciones disponibles de nuestros clientes, nuestros mercados, nuestra historia, nuestros errores. Si la organización puede permanecer en una conversación continua acerca de quién es y en quién se está convirtiendo, entonces los líderes no tienen que llevar a cabo la imposible tarea de intentar mantener todo unido".[36]

Aunque Wheatley esté abordando a las organizaciones empresariales, su opinión es tan relevante para las comunidades que deseen formar iglesias sostenibles. En su propio viaje de sembrar iglesias, Eucharist San Francisco, una iglesia socio de Communitas, ha descubierto cuán importante es prestar atención a la formación de su identidad. Ryan Jones, pastor fundador de Eucharist, comparte un poco del proceso de su comunidad para llegar a entender quiénes desean ser: *Cuando empezamos en el área de la Bahía, esperábamos que nuestros mayores retos fueran de naturaleza financiera, teniendo en cuenta el costo de vida en San Francisco.*

---

36 Margaret Wheatley, "Goodbye, Command and Control," http://margaretwheatley.com/wp-content/uploads/2014/12/Goodbye-Command-and-Control.pdf (Accesado el 15 septiembre 2016).

La insuficiencia de fondos para satisfacer las necesidades personales y el ministerio han sido motivo de momentos de ansiedad, pero puedo decir con seguridad que las finanzas no han sido nuestro principal reto. Para nuestra sorpresa, prácticamente todos nuestros desafíos han estado relacionados con reunir un grupo núcleo sólido, alineado con un sentido de misión, cultura y visión, incluyendo algunos líderes maduros que comparten este lineamiento.

Nuestro desafío ha sido algo sorprendente porque habíamos invertido tanto en la misión, visión y en nuestra cultura de iglesia deseada, incluso antes de llegar a San Francisco. Habíamos pasado meses procesando nuestros fundamentos teológicos y misionales, y pensábamos que había un fuerte sentido de identidad. También habíamos reflexionado en profundidad sobre nuestro sentido de visión para la iglesia antes de siquiera llegar allí. Hicimos todo lo posible para no ser ostentosos. Nos hemos mantenido firmemente enfocados en qué "tipo" de iglesia seríamos, más que en detalles acerca del aspecto que ésta tendría (tamaño, edificio, ministerios especializados, el tipo de persona que alcanzaríamos, etc.). Todo este trabajo investigativo, sin embargo, no nos preparó adecuadamente para el reto de poner a prueba esa identidad y sentido de llamado en la vida real.

Nuestro viaje hasta ahora me ha llevado a creer que muchas de las cuestiones de identidad más importantes no pueden comprenderse del todo, por fuera de las mucha crisis o conflictos a los que se enfrenta una congregación. Estas crisis ayudan a una iglesia a definirse con mayor claridad y profundidad. Y, a fin de impedir que estas crisis se vuelvan destructivas, cada iglesia debe lidiar con ellas en el contexto de un intencionado sentido de dirección y marco teológico.

Cuando miro hacia atrás a lo largo de los últimos años, los principales desafíos en etapas definitorias, que como comunidad hemos superado, todos han sido acerca de la identidad de un modo o de otro. Aquí hay algunas preguntas con las que hemos lidiado o lo estamos haciendo actualmente en Eucharist, que resultan pertinentes a nuestra búsqueda de comprender nuestra identidad con mayor claridad:

- ¿Cómo nos relacionamos con la autoridad de las escrituras, y cómo la definimos por nosotros mismos?
- ¿Cómo nos relacionamos con la tradición y la enseñanza de la Iglesia histórica?
- ¿Cómo nos relacionamos con la emoción en nuestra iglesia y en la formación espiritual?
- ¿Cómo nos relacionamos con otras iglesias y cristianos? (Fundamentalistas, Evangélicos, Protestantes tradicionales, Católicos y Ortodoxos)
- ¿Cómo nos relacionamos con los no cristianos que interactúan con nuestra comunidad? (buscadores, escépticos, hostiles, apáticos, etc.)
- ¿Como miembros de una comunidad local, cómo nos relacionamos los unos con los otros? (Conflicto, transparencia emocional, expectativas, rendición de cuentas, estructura vs. espontaneidad, etc.)
- ¿Cómo nos relacionamos con preguntas acerca de la autonomía personal frente a la identidad de grupo? (Individualismo vs. colectivismo)
- ¿Cómo nos relacionamos con los controvertidos temas sociales? (Sexualidad, política, finanzas, etc.)

Nuestra declaración de fe ha también sido para nosotros un punto de encuentro: "para hacer aprendices de Jesús que lleguen a ser cómplices plenos en la Historia de Dios." Asimismo, nuestro nombre, Eucharist, ha sido una maravillosa imagen simbólica que nos mantiene en nuestro sentido de vocación y se resume en nuestro lema: "aprendiendo a encarnar la hospitalidad de Dios." Y, de igual manera, hemos encontrado que nuestro "documento cultural" ha hecho raíz para nosotros como comunidad.

Nuestra identidad se ha visto fortalecida por nuestra elección de enraizarnos en el calendario cristiano y sus estaciones (que surgió de nuestra inquietud acerca de no estar en comunión con la Iglesia en todo el mundo y en la historia). Nuestra elección de establecernos en una determinada zona geográfica de San Francisco ha sido también aditivo para nuestra identidad. Recientemente nos hemos recordado a nosotros mismos que nuestro principal enfoque misional es ser una iglesia para la gente dentro de un radio de aproximadamente una milla de nuestro edificio en el centro de San Francisco. Este radio potencia y enfoca nuestro sentido de la vocación.

Como parte de su desarrollo, la comunidad de Eucharist necesitaba lidiar con quiénes desean ser como pueblo. La comunidad de la iglesia decidió recientemente enraizarse en la tradición anglicana, de modo que la práctica sigue perfeccionándose. Toda su búsqueda de auto-descubrimiento ha sido un proceso largo, y no carente de dolor. Pero ahora la iglesia ha afirmado y renovado aquellos elementos en torno a los cuales se centra. Esto ayudará a la joven

iglesia en madurez, a caminar en la unidad a través de la etapa de desarrollo que se encuentran por delante.

Entonces, ¿cuáles son los procesos que podemos utilizar para ayudar a definir algunos de los más importantes elementos de identidad comunitaria? Debajo encontrarás una serie de ejercicios para ayudarte a definir los valores, visión, metáfora o nombre y creencias centrales de tu grupo. Puede que sea de ayuda para tu equipo irse a un tiempo de retiro para realizar esta serie de ejercicios.

Definiendo los valores de la iglesia

Tiempo: 2 a 4 horas dependiendo del método y tamaño del equipo
Materiales: Notas adhesivas, lápices o bolígrafos, pizarra blanca y marcadores

¿Qué son los valores? Valores son ideales perdurables compartidos por los miembros de una comunidad de fe, esas profundas convicciones sobre lo que más importa al grupo - por lo que van a luchar, por lo que perderán el sueño a fin de proteger o lograr. En el Apéndice I, encontrarás un proceso de equipo para redactar su conjunto inicial de los valores de la comunidad. Las declaraciones de valor que redacten como equipo deberían utilizarse para este ejercicio.

Porque los valores compartidos son esenciales para la salud de una comunidad de fe, te recomendamos familiarizarte con este ejercicio dos veces; primero con el núcleo de tu equipo de liderazgo, y luego con tu equipo de liderazgo al que se unieron otros de la comunidad más amplia de fe. El grupo llegará a entender que están ayudando a describir más claramente los valores compartidos de la iglesia, que serán completados por el equipo de líderes y representantes de la comunidad de fe en general.

1. El facilitador describe al grupo qué son los valores, por qué los valores compartidos de la iglesia son importantes, y por qué es importante este ejercicio. Da algunos ejemplos de valores de la iglesia y explica que el equipo de liderazgo ha hecho ya un proyecto describiendo los valores potenciales al que será integrado el trabajo de hoy.

2. En pequeños grupos, discutan sobre cuáles son los valores de su comunidad de fe. Conciban una lista de por lo menos seis valores. A continuación, escriban cada uno de los valores en una nota adhesiva, clasificando cada uno según su importancia, siendo el #1 el más importante, y el #6 el menos importante.

3. Reunidos nuevamente como grupo grande, cada pequeño grupo presentará sus valores y los colocará en la pizarra. Organicen los valores sobre la pizarra según su número de importancia. Todos los #1 estarán juntos, luego los #2, y así sucesivamente.

4. Una vez que todos hayan colocado sus valores, reagrúpenlos por tema dentro de las categorías numeradas. Por ejemplo, "honestidad" e "integridad" podrían ser lo suficientemente similares como para ser agrupados. Siéntanse libres para mover los valores de una categoría numerada a otra si parece apropiado.

5. El grupo grande decide sobre cuatro a ocho valores para ser tomados en consideración como valores orientativos para su iglesia. El grupo más grande puede desarrollarlos con explicaciones, versículos de la Biblia, imágenes, historias, etc., tanto como lo consideren necesario.

6. El equipo de liderazgo y varios miembros de la comunidad de fe convienen en llevar esta conversación más allá y comparar y contrastar los valores del equipo de liderazgo con los del grupo grande. Los dos proyectos se sintetizan en un proyecto final de valores de iglesia.

NOTA: Asegúrate de captar aquello que tienes la intención que tu comunidad de fe realmente viva. Demasiadas declaraciones de valor terminan con uno o más valores latentes o inactivos. Como equipo, deben buscar *valores reales* no de *valores operacionales*. Esta es la razón por la que una comunidad de fe debe practicar lo que ellos definen como valores para comprobar que sean valores *reales*.

Definiendo la visión de la iglesia

Tiempo: 4 horas
*Materiales: Hoja en blanco, bolígrafo o lápices, notas adhesivas, pizarra blanca y marcadores, lista de valores del ejercicio **Definiendo los valores de la iglesia***

¿Qué es visión? Una visión es una imagen que uno tiene en su mente que demuestra dónde una comunidad o individuo quiere estar en el futuro. En esta etapa del desarrollo de su comunidad, el equipo núcleo ya tiene algún sentido de ese futuro preferido hacia el cual se encamina el grupo - y el equipo debe describir esto por escrito.

Como en el ejercicio anterior **Definiendo los valores de la iglesia**, una visión de la iglesia es tan importante que te recomendamos realizar este ejercicio dos veces; primero con el equipo núcleo de liderazgo, y luego con tu equipo de liderazgo al que se unieron otros de la comunidad de fe más amplia. El grupo reunido llegará a entender que ellos están ayudando a describir más claramente la visión de la iglesia, que será completado por el equipo de líderes y representantes de la comunidad de fe en general.

Crea un entorno sin distracciones. Proporciona a cada persona un pedazo de papel de un cuaderno y un lápiz. Cuelga o reparte la lista de los valores determinados en el ejercicio anterior **Definiendo los valores de la iglesia**.

1. En pequeños grupos, cada pequeño grupo escoge un valor de la lista. Las personas escriben el valor en la parte superior de sus hojas y, a continuación, agregan la visión que él o ella tiene para vivir ese valor en comunidad. ¿Cuáles son los resultados que desearías alcanzar? ¿Cómo se vería? Puedes hacer esto en narrativa, párrafo o viñetas. Toma 10 minutos para este proceso.

   Cuando se acabe el tiempo todos pasan sus hojas a la persona a su izquierda. Esa persona tiene cinco minutos para leer, comentar o agregar algo. Después de cinco minutos pasen de nuevo las hojas a la izquierda. Repitan el proceso hasta que las hojas regresen a sus propietarios originales.

2. Dentro del pequeño grupo, desarrollen un breve párrafo en el que se describe cómo ese valor podría ser vivido en comunidad, como parte de su visión. Esto vendrá de la escritura creativa en el paso uno. Escriban la visión en una nota adhesiva.

3. El facilitador reúne al grupo grande. Cuando se les solicite, cada pequeño grupo comparte su valor y luego coloca su visión sobre la pizarra y la lee en voz alta para el grupo. Después de cada presentación se anima al grupo grande a hacer preguntas de aclaración. Repitan este proceso hasta que todos los valores/visiones sean presentados.

4. El facilitador agrupa las notas por valor. Luego el grupo en colaboración crea declaraciones de visión para cada valor representado.

5. Un voluntario compila todas las declaraciones de visión y valor en la pizarra. Estos representan la única versión de los valores que darán forma a la visión de su iglesia.

6. El equipo de liderazgo y varios miembros de la comunidad de fe convienen en seguir con esta conversación y comparar y contrastar el borrador de la declaración de visión del equipo de liderazgo con la del grupo grande. Los dos borradores son resumidos en un borrador final de la declaración de visión de la iglesia.

Escogiendo un nombre o metáfora central

Tiempo: 3 horas
Materiales: Pizarra blanca y marcadores

¿Qué es una metáfora? Una metáfora es algo concebida como representación de otra; es un símbolo. Por ejemplo, cuando Jesús dijo, "Yo soy el pan de vida" no estaba sugiriendo ser una hogaza de pan. Pretendía que nos diéramos cuenta de que Él es nuestro sustento. Las metáforas pueden estar llenas de un significado potente y profundo; las metáforas que utilizamos para describirnos a nosotros mismos a menudo moldean la forma en que nos vemos a nosotros mismos, y la forma en que otros nos ven también. Nombres de iglesias tales como The Well (El Pozo de agua), Oasis y Decoupage son ejemplos interesantes de metáforas significativas en su contexto, que están bien escogidas.

1. Piensa en todas las metáforas que has utilizado para tu equipo o iglesia. El facilitador las escribe en la pizarra. ¿Qué nombres te han dado las personas por fuera de tu comunidad? Haz una lista de cualquier imagen o historia bíblica que haya sido significativa para tu equipo. Si no tienes nombres, piensa y anota ideas durante cinco minutos y crea una lista. ¿Qué es lo que te gusta o disgusta acerca de cada una de ellas?

2. Con su equipo, responde a estas preguntas:
    *   *¿Cómo deseas que tu iglesia sea conocida en la comunidad más amplia?*
    *   *¿Qué imagen de identidad de iglesia deseas que sus miembros tengan en sus mentes?*
    *   *¿Qué imagen deseas que los de afuera asocien con tu iglesia? ¿Qué tipo de metáfora susten-ta a tus valores de equipo (ver el ejercicio previo)?*
    *   *Es más importante para ti ponerle un nombre a tu iglesia para quienes son cristianos y ya asisten a la iglesia, o para aquellos que todavía están fuera de ella?*

    Ejemplos de iglesias nombradas para agradar a los que ya están dentro de la iglesia (jerga): Theóphilo, Imago Dei, Eucharist, Ágape, Monte del Calvario, El Templo del Rey, Pan y Vino, Parroquia Colectiva, Shabbat, Pórtico de Salomón, etc.

    Ejemplos de iglesias nombradas para atraer a los que están fuera (faro): Porche, El Puente, El Refugio, Alimentos Aquí, Hogar, La Iglesia de Cristo, El Ancla, etc.

    ¿Qué diferencias adviertes entre los nombres de jerga y los nombres de faro?

3. Decide qué tipo de metáfora prefieres para la iglesia. Intenten dar con uno que sea significativo para aquellos que ya forman parte de la iglesia y que también actúe como un faro de esperanza para aquellos que vengan de fuera.

4. Desarrollen una lista corta de metáforas para tu comunidad de fe. El facilitador las escribe en la pizarra. Tomen unos minutos para leer cada metáfora en voz alta. Compartan acerca de su comunidad de fe utilizando la metáfora. Para cada metáfora responder a estas preguntas:
    -   *¿Cuáles son las implicaciones de la metáfora?*
    -   *¿Se conecta con sus valores?*
    -   *¿Cómo se aplica exclusivamente a ustedes?*
    -   *¿Cómo es la semántica ¿Suena demasiado trillado?*
    -   *¿Tiene una imagen utilizable?*
    -   *¿Se siente propia?*
    Eliminar cualquier metáfora que no dé la talla.

5. Borra la lista completa y escribe la nueva lista corta en la pizarra. De aquellos nombres que permanecen, utiliza el proceso de discernimiento de tu equipo para seleccionar una metáfora guía y/o un nombre.

Como llegamos a la conclusión de esta serie de ejercicios de aprendizaje, queremos centrar tu atención en el tema crítico de convicciones. Una convicción es una creencia tan esencial para el sistema que sin ella el sistema colapsa. Mientras que los anteriores ejercicios de esta serie han tocado las convicciones en algún nivel, ninguno alcanza la magnitud de las convicciones teológicas. Las creencias teológicas personales están a menudo muy arraigadas y sin lugar a compromisos. Pero nuestros equipos están integrados por individuos que raramente se encuentran en perfecta alineación teológica. Los siguientes ejercicios están destinados a ayudar a tu equipo a definir un conjunto básico de convicciones, pero ten en cuenta que el primero de la serie es un ejercicio para discernir y procesar conflictos. Creemos que este es el lugar adecuado para iniciar una tarea tan importante. Te animamos a participar de estos ejercicios en oración, con humildad y paciencia. Has de estar dispuesto a dedicar todo el tiempo necesario para estos dos ejercicios.

Discernir conflicto sobre convicciones

Tiempo: 2 horas
Materiales: Copias del Apéndice J, bolígrafos o lápices

1. Todos lean el Apéndice J y subrayen los elementos de la lista que consideren absolutamente necesarios para la práctica cristiana. Escriban declaraciones adicionales si es necesario.

2. Con un compañero comparen sus resultados y debatan sobre aquellas áreas en las que no están de acuerdo. Utilicen las siguientes preguntas:
    -   *¿Dónde están sus puntos de tensión?*
    -   *¿Cómo los manejarán?*
    -   *¿Cómo el no hacer frente a estas tensiones amenazará la viabilidad de una misión o planta de iglesia?*

3. Reúnanse como equipo. Tomen turnos para compartir sus experiencias con el equipo. Compartan sus puntos de tensión y cómo los manejaron.

4. Después de que todos haya compartido, hablen de lo siguiente:
   - *¿Qué has aprendido de ti mismo?*
   - *¿Cómo el no hacer frente a tensiones amenaza la viabilidad de la misión?*
   - *¿Cómo manejarás los conflictos teológicos?*

Definiendo las convicciones

Tiempo: 90 minutos
Materiales: Bolígrafo o lápices, notas adhesivas, pizarra blanca y marcadores

1. Los participantes regresarán unas pocas páginas en este capítulo y revisarán las preguntas de Eucharist San Francisco, relativas a la comprensión de su identidad. ¿Qué preguntas parecen más contundentes para el desarrollo de tu iglesia? ¿Por qué?

2. En notas adhesivas, has una lista de tus cinco convicciones determinantes principales para la práctica cristiana, una convicción por nota. Consulta el Apéndice J si es necesario.

3. Reunidos como equipo, tomen turnos para compartir sus convicciones con el equipo y colgarlas en la pizarra.

4. Después de que todos hayan compartido, el facilitador dirigirá al equipo en una discusión para organizar las convicciones en orden de importancia. Tómense su tiempo y asegúrense de que todo el mundo sea escuchado.

5. Después de llegar a un acuerdo sobre el orden de importancia, el equipo seleccionará un conjunto de convicciones determinantes que se dirijan hacia la unidad teológica. Anótenlo en sus diarios para referencia futura.

Descubriendo nuestro estilo de vida (el patrón de discipulado de nuestro grupo)

En septiembre de 1999, los líderes cristianos de más de 54 países, en representación de casi 90 organizaciones, denominaciones e iglesias, fueron convocados en Eastbourne, Inglaterra, para hacer frente a la creciente ausencia de la práctica de discipulado transformador, cada vez más creciente entre las iglesias de hoy. A la luz de esta crisis, su objetivo era redactar una declaración de compromiso común - una suerte de manifiesto. En el transcurso de cuatro días, la declaración fue revisada seis veces para reflejar más de cien comentarios y recomendaciones del diverso grupo. El resultado fue contundente. Afirmaron:

"De cara al nuevo milenio, debemos reconocer que el estado de la Iglesia está marcado por una paradoja del crecimiento sin profundidad. Nuestro celo por ensancharnos no ha ido acompañado de un compromiso de profundizar. Los investigadores y encuestadores han documentado el hecho de que muchas veces:

1. *Los cristianos no son tan diferentes de la cultura alrededor de ellos. Cuando sopla el viento del desierto, éste moldea la arena, y la Iglesia ha llegado a ser más como la arena que el viento.*
2. *Lamentamos que muchos dentro de la Iglesia no vivan vidas de pureza bíblica, integridad y santidad. La necesidad se encuentra por igual en el púlpito y en las sillas.*
3. *La falta de un verdadero discipulado ha dado lugar a una falta de poder en la iglesia para impactar nuestra cultura."*[37]

Communitas cree que la forma en que practicamos nuestra fe debe cambiarnos para bien. A medida que las iniciativas misionales y las iglesias se multiplican en muchos continentes, deseamos ver un crecimiento *con* profundidad. Esto no podrá suceder sin que los equipos tengan un compromiso firme y duradero con la dinámica de *practicar*.

"A lo largo de la historia de la iglesia", el escritor e historiador Alan Roxburgh señala que "descubrimos comunidades locales conformadas por prácticas

de vida o disciplinas que hacen que se destaquen y causan que otros pongan atención. [Estas comunidades] aprendieron a vivir como una "sociedad contraste" caracterizada por [prácticas tales como] la hospitalidad, el perdón radical, la ruptura de las barreras sociales y raciales, y un amor abnegado."[38] Al vivir dentro de la historia de Dios, estos hábitos de vida nos permiten dar al mundo una muestra de este reino de Dios que está en camino.

Una identidad colectiva es un aspecto crítico de la dinámica de *practicar*. Pero la otra cara de la misma moneda tiene que ver con el patrón del discipulado bajo el cual un grupo decide vivir. Los equipos necesitan experimentar con sus ritmos y disciplinas escogidas y enmendar o cambiar aspectos de ellas en el camino, de tal manera que logren su objetivo de moldearlos como pueblo. Aquí hay una historia de cómo Decoupage en Madrid, España, ha desarrollado la dinámica de *practicar*. Mientras lees, ten en cuenta los elementos de formación de la identidad y las actividades que se convirtieron en ritmos espirituales para el grupo. Abril Te Grootenhuis Crull nos ofrece este relato:

En el 2007, Kelly y yo expresamos donde sentíamos que Dios nos estaba llevando a comenzar una iniciativa misional en un vecindario muy específico, Malasaña, a hacer un tipo de ministerio que se centraba en el compromiso radical del uno con el otro y con la vida diaria de nuestros vecinos. Al compartir esta visión con otros, tres personas decidieron unirse a nuestro equipo de iniciativa misional.

En el primer año de nuestro equipo, habiéndonos comprometido a integrarnos, nos costaba trabajo llegar a comprender nuestra práctica de seguir a Jesús. Veníamos de una

37 Troy Cady y Amy Swacina (dibujo de *Ancient Future Evangelism*, por Robert Webber), "Discipleship as Sacramental Living," en *Grow Where You're Planted: Collected Stories on the Hallmarks of Maturing Church* (Portland: Christian Associates Press, 2013), 84.

38 Alan J. Roxburgh y M. Scott Boren, *Introducing the Missional Church: What It Is, Why It Matters, How to Become One* (Grand Rapids: Baker, 2009), 105.

diversidad de contextos y compartíamos el objetivo común de nuestra comunidad de reflejar la cultura en la que nos encontrábamos. En primer lugar, analizamos la declaración de valores y misión que Kelly y yo inicialmente habíamos escrito, la revisamos y reescribimos, en nuestro intento de llegar a un acuerdo de conceptos. A continuación, nos hicimos la pregunta, ¿qué significa realmente ser iglesia juntos? Lo resumimos en torno a las ideas de Formación, Adoración, Comunidad y Misión, centrados en torno a Jesucristo. En una imagen superpusimos estos conceptos en nuestro mapa del vecindario y comenzamos a desarrollar ritmos que satisficieran estas áreas diferentes, con mucha experimentación. Por ejemplo, inicialmente tuvimos un tiempo de oración diaria en la plaza central del vecindario de Malasaña, para terminar el día con un ritmo de encuentro y unos tragos.

Al darnos cuenta de que este nivel de compromiso no era sostenible para los miembros bivocacionales del equipo, finalmente se convirtió en tres veces a la semana, luego una vez a la semana, hasta que nos dimos cuenta de que realmente no era viable para nuestra comunidad o nuestras intenciones. También hemos creado un grupo de discusión espiritual semanal que incluía una comida juntos, que se basa en un hábito de grupos de discusión en el vecindario. Este formato, incluso el tiempo en que celebramos la reunión, ha continuado desde que empezamos. Aunque hemos intentado varias interacciones, hemos vuelto una y otra vez a este ritmo. El carácter participativo de este grupo ha sido constantemente desafiado por los recién llegados y consistentemente elegido por la comunidad. En el primer año, tuvimos también una reunión semanal de desarrollo de liderazgo, que fue eventualmente disminuyendo en frecuencia, a medida que nuestra visión compartida se hacía más profunda.

Nuestra iglesia fue fundada sobre una fuerte priorización de miembros que viven en o pasan cantidades significativas de tiempo en Malasaña. Conectadas a esta identidad surgieron las siguientes preguntas: ¿qué hizo de nuestra iglesia en desarrollo algo único respecto de otras iglesias? y ¿cómo se relacionarían con nosotros los cristianos de otras iglesias? Decidimos alentar a los cristianos ya involucrados en una iglesia a encontrar inspiración en nosotros, y a permanecer comprometidos con su iglesia actual.

También hemos lidiado con la teología. En los primeros meses de nuestro proyecto, nuestro primer hijo nació y nuestra comunidad tuvo que lidiar con nuestras opiniones y práctica del bautismo, y como resultado comenzó nuestro proceso de abordar principales conceptos teológicos, conflictos, y a nosotros mismos, los unos con los otros. Tras este proceso, pronto examinamos nuestras creencias acerca de los diezmos y la necesidad (o no) de tener dinero en común, que indujo nuestro proceso de decidir cómo utilizar este dinero como una comunidad en misión. Nuestro programa de artistas residentes nació de esta cuestión del diezmo, basado en nuestra experiencia de integración e iniciación. Reflexionando sobre estas conversaciones y tiempos, se revela que no sólo eran el resultado de conceptos y palabras a los que elegimos comprometernos como comunidad, sino que fue realmente crear la cultura y práctica del proceso que utilizamos para tomar decisiones y vivirlos juntos.

Ya unos años adentrados en nuestro proyecto, a medida que la comunidad seguía creciendo poco a poco, nos reunimos con una comunidad misional en otra parte de España. Ellos compartieron sobre una de sus prácticas llamada grupos de crecimiento, en la que dos o tres personas se reúnen semanalmente para hacerse una lista de preguntas de rendición de cuentas. Reconocimos la importancia de esta práctica para nuestra cultura y decidimos probarla. A las semanas, el grupo de hombres estaba evidenciando un gran crecimiento y gozo en esta práctica de discipulado. A las mujeres del grupo les tomó varios intentos durante algunos años antes de encontrar una manera que funcionara para ellas.

El siguiente ejercicio te ayudará a examinar el viaje real de Decoupage (arriba), a medida que desarrollaba un estilo de vida comunitario.

Dándole sentido a la práctica *en acción*

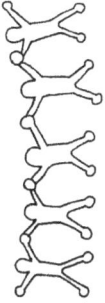

Tiempo: 45 minutos
Materiales: Diario, pizarra blanca y marcadores, bolígrafos o lápices

1. Individualmente: En esta historia de Decoupage, subraya los patrones de discipulado que se desarrollaron.

2. Como equipo, discutan las prácticas básicas de Decoupage. Anoten las ideas claves en la pizarra. Utilicen las siguientes preguntas:
    *   *¿Qué hicieron?*
    *   *¿Cómo hace eco esta historia con las prácticas de su propio grupo?*
    *   *¿Cómo te desafía esto?*
    *   *¿Qué es lo que te inspira a hacer?*

3. Registra tus pensamientos en tu diario. Subraya los posibles elementos de acción para ti y tu equipo

Diferentes iglesias de diferentes culturas han identificado patrones centrales de discipulado. Como cabría esperar, sus patrones de discipulado difieren entre sí. Aunque haya universalidad en los patrones, cada Iglesia particular los expresa en formas únicas. Algunas iglesias los llaman formación espiritual, mientras que otras les llaman discipulado, enseñanza, disciplinas espirituales, ritmos, o reglas de vida. Cualquiera que sea el nombre, de lo que estamos hablando aquí es de comportamientos que moldean nuestro espíritu y acciones para parecerse más a Jesús.

Dietterich identifica cinco categorías generales de las prácticas que la iglesia, históricamente, ha frecuentemente abordado en:

1. El bautismo: unir y compartir
2. Partir el pan: comer y beber
3. Reconciliación: escuchar y cuidar
4. Discernimiento: probar y decidir, y,

5. Hospitalidad: acoger y hacer amistades.[39]

Dorothy Bass y Craig Dykstra indican otro conjunto específico de prácticas:

"honrar el cuerpo, hospitalidad, economía doméstica, decir sí y decir no, guardar el sábado, testimonio, discernimiento, conformar comunidades, el perdón, la sanidad, morir bien, que nuestras vidas canten - entrelazadas, estas prácticas constituyen un estilo de vida. Cada una se podría encontrar en algún lugar en la vida de cada congregación cristiana."[40]

39 Darrell L. Guder, ed., "Missional Community: Cultivating Communities of the Holy Spirit," en *Missional Church: A Vision for the Sending of the Church in North America* (Grand Rapids: Wm. B. Eerdmans, 1998), 153-182.
40 Dorothy C. Bass y Craig Dykstra, "Christian Practices and Congregational Education in Faith," www.practicingourfaith.org/pdf/Christian%20Practices%20&%20 Congregational%20Education.pdf. (Accesado el 10 de noviembre 2016).

Los elementos de discipulado crecerán naturalmente en complejidad a medida que una iglesia madure y tenga mayores recursos para invertir en la formación espiritual de sus miembros. Sin embargo, es sabio mantener la sencillez de la práctica del discipulado. Hay dos razones importantes para mantener esta sencillez. Por un lado, permite que tantos miembros como sea posible participen de forma significativa en la vida en común. Al mismo tiempo, los de afuera tienen una puerta de entrada simple a la vida de una comunidad de fe. Tanto cristianos como no cristianos recién llegados pueden comenzar a participar en los ritmos de la iglesia antes de que se conviertan en actores. Como se mencionó anteriormente, no sólo pueden *pertenecer* antes de creer, sino que también pueden *comportarse* ante de creer.

Small Boat Big Sea, una iglesia misional en Sídney, Australia, capta sus prácticas básicas en un patrón simple de cinco hábitos claves que componen el ritmo de vida en Cristo de su comunidad. Un número de proyectos de planta de iglesias alrededor del mundo han adoptado este modelo como una manera inicial para poner en marcha el ensayo de ritmos de discipulado. El patrón se define de la siguiente manera:

Este patrón significa que cada semana los miembros de Small Boat Big Sea se comprometen a:

Bendecir (practicar generosidad y gracia) - *bendeciré a tres personas esta semana, al menos una de las cuales no sea un miembro de nuestra iglesia.* La palabra "bendición" en hebreo antiguo quiere decir simplemente: "afectar para bien". Reconocemos con regularidad la belleza y la generosidad de Dios, permitiendo que la gracia se desborde a los demás. Buscamos maneras de "afectar a las personas para el bien;' de ser generosos, agregando valor a nuestro vecindario, de reconocer y afirmar la Imago Dei en alguien. Todos estos son dones dados sin expectativas.

Comer & Beber (practicar el compañerismo y la hospitalidad) - *voy a comer con tres personas esta semana, de los cuales al menos uno no es un miembro de nuestra iglesia.* Así como Jesús construyó comunidad en torno a una mesa de compañerismo, solemos comer & beber con amigos y 'extraños' - ya sea una taza de café, un vaso de vino o una comida- notando la presencia de Dios en ese momento. Tenemos cenas periódicas con la comunidad, y practicamos la cena del Señor cada semana.

Escuchar (practicar el silencio y la atención) - *voy a dedicar al menos una parte de la semana a escuchar la voz del espíritu.* Nos esforzamos por ser una comunidad que escucha: que escucha a Dios, las voces de otros, y los anhelos de nuestro vecindario. Esto sucede en nuestros encuentros a través de escuchar las Escrituras, oraciones litúrgicas, al escuchar la historia de alguien, en silencio, en paseos por nuestro vecindario, oración personal, prácticas, y varias otras maneras.

Aprender (practicar el descubrimiento y el crecimiento) - *voy a dedicar al menos una parte de la semana a aprender de Cristo.* Regularmente participamos en aprendizajes que estimulan y expanden nuestra fe... viendo la vida espiritual como un continuo viaje de transformación. Esto ocurre en nuestras reuniones a través de la lectura de la Escritura, la discusión interactiva, la enseñanza y experiencias.

Ser enviado (practicar arraigo y soltar) - *a lo largo de la semana voy a escribir en mi diario todas las maneras en que compartí a otros del reino universal de Dios a través de Cristo.* Desde el uso de nuestras pasiones y dones para el bien de los demás, simples actos de compasión, hasta asociarnos con otros en nuestra ciudad hacia el bien común; vemos a SBBS como una comunidad enviada. Ya sea empoderando a los líderes de ministerio, sembrando nuevos proyectos y comunidades de fe, o haciendo uso de nuestros recursos para el bien de los demás (en lugar de grandes programas y grandes producciones); debemos estar enviando con regularidad.[41]

Algunas iglesias atan sus prácticas espirituales a los compromisos básicos de la iglesia de Comunión, Comunidad y Misión. Estos compromisos hacia ARRIBA, ADENTRO y AFUERA son un marco natural en el que colocar las prácticas básicas de la comunidad.

Las iglesias también desarrollan diferentes formas de rendir cuentas. Hay un movimiento que ha seguido a grupos monásticos de antaño en el desarrollo de una "Regla de Vida". Trevor Miller de la Comunidad de Northumbria amplía este concepto, señalando a qué se refiere su comunidad semi-monástica cuando utiliza la palabra "Regla":

Una regla es un medio por el cual, bajo Dios, asumimos la responsabilidad del patrón de nuestras vidas espirituales. Es una 'medida' en lugar de una "ley". La palabra 'regla' tiene malas connotaciones para muchos, lo que implica restricciones, limitaciones y actitudes legalistas. Pero una regla se trata esencialmente de libertad. Nos ayuda a permanecer centrados, aportando claridad y perspectiva al estilo de vida que Dios nos ha llamado. La palabra deriva del latín regula, *que significa 'ritmo, regularidad de patrón, un patrón reconocible' para la celebración de la vida. Esther De Waal ha señalado que 'regula es un substantivo femenino que lleva connotaciones suaves" en lugar del rígido concepto negativo que solemos asociar con la frase "normas y reglamentos' hoy... Una Regla es una forma ordenada de existencia, pero la abrazamos como un estilo de vida, no como la obediencia a una lista de reglas. Es un medio para un fin, y el fin es que busquemos a Dios con autenticidad y vivir de manera más*

eficaz para Él.[42]

Otras iglesias encuentran útil atar preguntas personales específicas a cada práctica. Las preguntas invitan a los participantes a lidiar cada semana con cómo van a aplicar esta práctica a su propia situación. Por ejemplo, si tuviéramos que definir una de nuestras prácticas *como aplicar regularmente las Escrituras a nuestras vidas*, algunas preguntas que nos plantearíamos serían: ¿Cuándo nos tomaremos el tiempo para escuchar las Escrituras juntos en la semana entrante? ¿Quién se nos unirá en esta reflexión? y ¿cómo nos aseguraremos de estar aplicando efectivamente lo que aprendemos? ¿Cómo tomaremos ventaja de las historias de transformación en nuestro entorno, que nos animen a permanecer comprometidos con las Escrituras?

Como ayudas para aplicar las prácticas con las que estamos experimentando, muchas iglesias, tanto jóvenes como adultas, encuentran que las díadas o tríadas (grupos del mismo sexo de dos o tres personas) son una manera útil para mantener a la gente motivada y creciendo en un ritmo común de discipulado. Pequeños grupos también pueden ser útiles, pero a menudo no hay ningún sustituto para la intimidad de los grupos de dos o tres para incentivar la rendición de cuentas, la vulnerabilidad, y el progreso hacia el cambio.

En resumen, hay muchas maneras para dar forma a una regla de vida para tu comunidad de fe; las opciones son casi infinitas. Las prácticas que se adopten deberían reflejar la singularidad de tu iglesia y su contexto. El elemento más importante, sin embargo, es que tu y tu equipo realmente se

---

41 Michael Frost, *Surprise the World: The Five Habits of Highly Missional People* (Colorado Springs: Navpress, 2016), 22.

42 Trevor Miller, "What is a Rule of Life?" www.northumbriacommunity.org/who-we-are/our-rule-of-life/what-is-a-rule-of-life/. (Accesado el 9 de diciembre 2007.)

comprometan a un conjunto de prácticas espirituales y se ejerciten juntos. La regla de vida de tu comunidad probablemente será el fundamento de tu discipulado, que servirá para acercar a las personas más a Dios, más al uno del otro, e invertirá más en su sentido de propósito en el mundo. Sugerimos un patrón que se correlaciona con las tres funciones elementales de la Iglesia - Comunión, Comunidad y Misión (CCM). El siguiente ejercicio ayudará al equipo a desarrollar una regla de vida alrededor de estos tres elementos.

Identificando las prácticas espirituales / regla de vida de tu comunidad

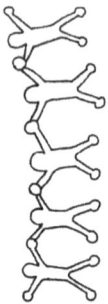

Tiempo: 90 minutos
*Materiales: Hoja de seis pies de largo (2 metros) por dos a tres pies de ancho (1 metro) y marcadores. El papel puede ser pegado con papel periódico o papel craft. Copias de los documentos de Valores y Visión desarrollados en ejercicios anteriores (ver el capítulo 5), las prácticas del ejercicio **Cómo abordar los desequilibrios en la cultura** en el capítulo cuatro, pizarra y marcadores, papel, cinta adhesiva, bolígrafos o lápices*

1. Individualmente: Revisar las prácticas generales de discipulado descritas en la sección anterior (prácticas históricas generales y los ritmos practicados en SBBS). En notas adhesivas individuales, escribe de tres a cinco prácticas que piensas que podrían ser apropiadas para experimentar con tu equipo en esta etapa que tienen por delante. Una práctica por nota adhesiva.

2. Cada persona comparte sus prácticas con el equipo, publicando sus notas en la pizarra y explicando lo que ha escrito. A medida que se comparte, el facilitador toma nota de las superposiciones con lo que ya se ha mencionado.

3. Como equipo, revisen el documento de Valores y la Visión que elaboraron anteriormente. Destaquen las cinco o seis oraciones que les parezcan más importantes en sus prácticas de discipulado. Comparen estas oraciones con la lista en la pizarra. Si hay prácticas faltantes, escríbanlas en notas adhesivas y colóquenlas en la pizarra.

4. En pequeños grupos de cuatro o menos, consideren su cultura local y contexto:
    *   *Identifiquen algunas de las maneras en que la cultura local aboga por un estilo de vida que promueve la salud de la comunidad y los valores divinos. ¿Qué Escritura sustenta estas prácticas? Escribe cada práctica y su referencia de las Escrituras en una nota adhesiva.*
    *   *Revisen las prácticas a las que llegaron en el ejercicio **cómo abordar los desequilibrios en la cultura** en el capítulo anterior. Escriban sobre notas adhesivas toda práctica que pueda ayudar a tu comunidad a ser respuesta allí donde la cultura es dañina para la gente.*

5. Reúnanse como equipo. Cuando se les solicite, cada pequeño grupo coloca sus notas adhesivas en la pizarra y las lee en voz alta. Compare cada nueva nota adhesiva a la lista actual de pizarra, agregando cualquier práctica que falte y que sea importante para la práctica espiritual de tu equipo.

6. Un voluntario permite que lo tracen con brazos levantados sobre la hoja grande de papel con marcador negro. El equipo evalúa en las notas adhesivas con prácticas y clasifica cada una de ellas, colocando cada práctica sobre la imagen del cuerpo:
    *   *Sobre las manos levantadas, coloca las prácticas que te harán entrar en una comunión más estrecha con Dios.*
    *   *Sobre el pecho, las prácticas que discipulen nuestros corazones y fortalezcan los lazos de comunidad entre nosotros.*
    *   *Sobre las piernas y pies, las prácticas que impactan vidas a través de la Misión.*
    *   *Si una práctica aplica a varias áreas, indícalo conectando esta práctica con un marcador negro a las áreas que aplican. ¡La superposición es buena!*

7. Cuelguen su imagen en la pared. Devuélvanse y repásenla. A continuación, lean cada contribución y decidan por consenso aquellas prácticas que deseen adoptar como regla de vida para la iglesia. Den prioridad a aquellas que se alineen más estrechamente con su visión, las que apliquen a una o más áreas, y aquellas que inviten a las personas que no forman parte de la iglesia. Registra tus prácticas en tu diario para futura referencia.

Como sin duda has visto a estas alturas, el desarrollo de un patrón de identidad y discipulado central es difícil y requiere de mucho tiempo. Sin embargo, es fundamental el trabajo que paga dividendos en el presente y futuro de la vida de tu comunidad. Aunque puedas haber trabajado a través de los muchos ejercicios de este capítulo, el equipo puede no estar completamente satisfecho de que hayas captado plenamente el idioma y las prácticas que definen tu singularidad. ¡Queremos animarte a seguir adelante! Este es un proceso que involucra creatividad, experimentación y poner a prueba tus ideas para llegar a las declaraciones y prácticas de identidad correctas para *tu* comunidad. También te recomendamos que las revises periódicamente. Puede que necesiten ser modificadas a medida que tu comunidad crezca y se profundice.

Resumen: *Llegar a un acuerdo sobre las dos cuestiones vitales de 'ser' y 'hacer' representa algunas de las tareas más importantes en las que un equipo de siembra va a participar. A través de la formación de la identidad y el desarrollo de un modelo de discipulado, la comunidad en formación comienza a habitar plenamente la casa espiritual que ha construido, e invita a otros a vivir allí también. El equipo puede abiertamente invitar a otros a vivir esta identidad y ritmo de vida, puesto que ha comenzado a ser transformador para ellos también. Algunos experimentos con identidad y estilo de vida han sin duda ocurrido antes de esta fase de práctica, pero aquí ha ocurrido intencionalmente por medio de la comunidad central (es decir, los actores del proyecto). La fase de* **práctica** *prepara a la iglesia para eventualmente "Abrir las puertas", proyectar su cara pública, e invitar a otros a ser parte del largo camino de madurar como iglesia local.*

Este trabajo será revisado muchas veces durante la vida del proyecto. Como lo es en el caso de **integrar** *e* **iniciar***, la dinámica de* **practicar** *no sólo es relevante para el inicio de un proyecto, sino también para la* **madurez** *de las iglesias durante toda su vida.*

(M) ¡PLANÉALO!

Ve a tu Plan de Acción Misional en el Apéndice A. Ve a la sección *Practicar*, que se encuentra bajo *Estrategia*. Repasa con tu equipo las preguntas que allí encuentras, a la luz de todo tu trabajo en los ejercicios de este capítulo. Escribe tres prácticas a las que se comprometerá tu equipo. Luego salta hasta la sección *Visión*. A la luz de todo el trabajo que has hecho en este capítulo, ¿hay pensamientos adicionales que te gustaría registrar allí? ¿Necesitas editar algo que hayas escrito antes? Finalmente, regresa a la sección *conceptos básicos de Iglesia*. Anota cualquier nuevo pensamiento que puedas tener o repasa lo que has escrito anteriormente.

Mis Pensamientos sobre la dinámica *practicar*:

¿Cuáles son las preguntas que aún tienes sobre practicar?

¿Qué te ha sido útil en este capítulo?

¿Qué partes fueron más difíciles de comprender y por qué?

¿Qué debe ser abordado que no está aquí?

¿Qué pensamiento te llevas de este capítulo?

Capítulo 6 – *Madurar* – crecer como una comunidad de fe sostenible

*Como hemos aprendido, **practicar** es descubrir a través de la experimentación cómo un grupo elige expresarse como cuerpo de Cristo. Si nos hemos **integrado** e **iniciado** bien, nuestro contexto ha aportado profundamente a la identidad de nuestro proyecto, el "quién elegimos ser juntos a la luz del llamado de Dios en el vecindario". Al vivir en esa identidad colectiva y también practicar ritmos y actividades que nos forman espiritualmente, nuestro **practicar** juntos nos permite cada vez más ser una expresión única del cuerpo de Cristo, una comunidad en camino a convertirse en una iglesia local.*

Madurar *es el proceso de desarrollarse como una expresión local única del cuerpo de Cristo con el tiempo. Mientras **madurar** podría verse simplemente como una extensión de **practicar**, hay mucho más que eso. **Madurar** requiere que nuestro equipo ejercite una intencionalidad que aún no se encuentra presente en **practicar**. Colectivamente, debemos hacer un profundo compromiso para convertirnos en una expresión más completa de esa identidad y propósito que hemos logrado discernir. Este compromiso contribuye a garantizar la salud y la sostenibilidad de nuestro proyecto, y también proporciona al contexto anfitrión mayores posibilidades de acceso al mismo.*

MADURAR – *desarrollarse como una expresión local única del cuerpo de Cristo*

La esencia de la dinámica de madurar es que ahora la iglesia está cobrando vida propia. La iglesia está en proceso de convertirse en una comunidad sostenible, que ya no depende de los sueños de sus fundadores y de las acciones del equipo original. Está creciendo como un *cuerpo* de Cristo, una compleja unidad de recién llegados y veteranos que andan juntos y proyectan una presencia pública en su entorno local. Con Jesús como la cabeza, los líderes de la comunidad diseñan estructuras y ritmos saludables que promuevan el desarrollo de cada miembro, mientras que permiten a cada uno desempeñar su parte en la misión y ministerio. También se toman medidas para administrar la expresión pública de la comunidad como una entidad distinta y colectiva que representa y tiene la *presencia* de Cristo.

A fin de avanzar en esta dinámica, el equipo de planta de iglesias debe pasar de crear chispas a alimentar el fuego - empoderar a más y más personas que individual y colectivamente encarnen a Cristo en su vocación, carácter y dones. El equipo ya no está sólo para liderar, nutrir y equipar a la comunidad, sino que desarrolla nuevos líderes y promueve una mayor apropiación y distribución de estas responsabilidades entre el cuerpo.

¿Por qué es importante *madurar* y qué se requiere?

¿Por qué *madurar* es tan crítico?

Las iglesias en proceso de madurez, cualquiera sea su forma, ayudan a iluminar y sostener el testimonio del Evangelio en cada área que habitan. A medida que cada iglesia local "crece" hacia la plena estatura de Cristo, es capaz de equipar más y más personas para pensar, actuar e interesarse como Jesús lo hacía.[43] Y a medida que estos miembros operan en armonía juntos, el cuerpo será capaz de moverse de manera constructiva como un organismo visible, sensible, que atiende tanto a sus propias necesidades como a las del contexto anfitrión.

La labor de desarrollo involucrada en la *madurez* de una iglesia también le permite ser una *señal* viva y una *muestra* de la renovación de todas las cosas que Dios está trayendo - lo que los escritores bíblicos llaman el Reino de Dios o la Nueva Creación. Las iglesias vibran intensamente como *señales* de ese Reino cuando expresan conductas tales como amarse con

generosidad, reunirse a orar y recordarle a cada uno de la historia de Dios y la parte de cada uno en ella, celebrando la cena del Señor y bautismos, y procurar el servicio compasivo y la justicia en el nombre de Jesús. Estas actividades (y muchas más) actúan como señales que apuntan hacia un destino - en nuestro caso el destino es ese Reino hacia el cual avanza la historia, donde la muerte será destruida junto con todos los poderes que resistan el reinado de amor de Dios.[44]

Las iglesias suelen dejar de ver la importancia de este ministerio público de apuntar a algo más allá que sí mismos. También suelen descuidar un aspecto aún más crítico de lo que significa "salir a la luz pública" - invitar a vecinos no cristianos locales a *probar* la realidad del Reino en medio del pueblo de Dios. Cuando las iglesias se hacen intencionalmente accesibles e incluyen a los no cristianos en la oración, en una comunidad de gracia y en otras prácticas y eventos donde el Espíritu de Dios y la vida de Cristo puedan ser experimentados, puede ser un testimonio muy convincente del poder del Evangelio para transformar vidas.

En estas formas y más, las iglesias en *madurez* crecen cada vez más como luz (señal) y sal (muestra), fortaleciendo así su testimonio profético en su entorno local. Esta es una gran razón para tomar el *madurar* en serio, pero aún hay otras buenas razones por lo que es tan importante invertir en esta dinámica. *Las iglesias en proceso de* madurez también son capaces de crecer en su capacidad de impactar su contexto como *agentes* del Reino. Su compromiso con el discipulado bajo Jesús permite que los frutos del Espíritu se derramen abundantemente en todas direcciones, transformando a las personas y enriqueciendo a los vecindarios y ciudades. Al buscar su *madurez*, el Espíritu es capaz de utilizar esa profundidad y energía para alimentar todo tipo de iniciativas que bendigan

---

43 Efesios 4:13.

44 I Corintios 15: 20-28.

el Reino y muestren la compasión y la justicia de Dios. Además, un compromiso a la *madurez* a menudo permite a las iglesias a desarrollar la fortaleza y la resistencia colectiva para sembrar nuevas iglesias misionales, tanto de cerca como de lejos.

Lo que madurar *requiere*

En Communitas no insistimos que nuestras iniciativas y proyectos misionales lleguen a parecerse a ninguna forma particular de iglesia en su proceso hacia la *madurez*. No tenemos un modelo preferido o ideal en mente. Más bien, confiamos a cada equipo la capacidad de discernir la forma más adecuada de iglesia para su contexto, a través de sus propias dinámicas de *integrar, iniciar,* y *practicar*. Sin embargo, cualquiera sea la forma que cobre una iglesia determinada, sus líderes continuamente necesitarán tomar medidas deliberadas para lograr que su comunidad siga creciendo hacia su potencial único.

Hemos utilizado conscientemente la palabra "deliberada" para describir el esfuerzo requerido para que una iglesia local *madure*. Ser deliberado significa hacer combinaciones intencionales, con seguimientos en múltiples frentes, para promover el desarrollo progresivo de la comunidad de fe. Esta iglesia "crece" al siguiente nivel, al igual que una persona podría madurar cuando él/ella toma medidas concretas para ayudarse en su propio crecimiento. El pastor y psicólogo Dr. Hud McWilliams, a menudo nos recuerda que los seres humanos necesitan más que buenas intenciones para crecer como personas. Su desarrollo es un producto de una acción deliberada donde la intención es puesta en funcionamiento al seguir los pasos hacia los objetivos de crecimiento, y está rodeada de relaciones y recursos que aseguran un buen seguimiento. *Madurar* a nivel humano requiere adentrarse en las metas de crecimiento y desafíos, con apoyo y rendición de cuentas para ayudar a mantener el rumbo. Elegir la pasividad o

dejar el crecimiento al azar, Hud alega, conduce casi invariablemente a un retraso del desarrollo.

Si los seres humanos requieren una actividad deliberada tal, para crecer como personas, ¿por qué deberíamos imaginar que sería diferente para los grupos de seres humanos (comunidades) que quieran crecer hasta la plena estatura de Cristo? En Communitas estamos convencidos de que nuestros proyectos e iglesias deben ser deliberados en su búsqueda de la *madurez*. Tal desarrollo no viene por accidente a nivel humano, ni va a caer del cielo para las iglesias que no vayan tras él.

En cualquier etapa, cada proyecto e iglesia - en su forma única - necesitará definir medidas que ayuden a desarrollar más su comunidad. ¡Esto aplica a los proyectos en sus primeras etapas de desarrollo, pero también a iglesias con un largo recorrido! *Madurar* en un entorno podría significar que la comunidad implemente un proceso de selección de ancianos para ampliar y profundizar la base del liderazgo de la iglesia. En otro entorno, podría significar que los líderes deban articular una ruta clara para que las personas se unan a la comunidad y se conviertan en actores comprometidos con su desarrollo. En otro escenario, puede significar que el liderazgo desarrolle asociaciones con otras iglesias y organizaciones locales, con mentalidad de Reino, que aumenten el impacto global de Cristo en su ciudad. Sea lo que sea que un equipo llegue a discernir que hará en un tiempo determinado, *madurar* requerirá intencionalidad y seguimiento a fin de desarrollar la capacidad de resistencia e impacto en su entorno local.

Como parte de ese discernimiento, todas las iglesias en proceso de *madurez*, ya sean jóvenes o con más experiencia, necesitarán hacer pausas periódicas, para obtener la perspectiva de dónde han venido, cómo están operando, y a dónde quieren ir. Una vez que los ritmos, sistemas y estructuras ministeriales están establecidos en una determinada etapa, es demasiado fácil caer en modo mantenimiento y operar en formas que ya no posicionen a la iglesia para un ministerio de impacto a largo plazo. Abordar la dinámica de *madurar* significa que los equipos de liderazgo deben hacerse espacios para reflexionar y salir de nuevo, de modo que sus comunidades sigan siendo ágiles para estar a la par de un futuro en constante cambio.

Durante el resto de este capítulo, queremos explorar cuatro áreas que son particularmente importantes para *madurar* cualquier comunidad de fe nueva o ya existente. Luego de años de ver expresiones de iglesias variadas emerger desde adentro de muchas culturas, reconocemos que esta área transicional, en la que una comunidad pasa de una forma de *madurez* simple a una más compleja, requiere intencionalidad en torno a: 1) mantener la visión al día, clara e inspiradora; 2) empoderar a cada miembro del cuerpo para hacer su parte; 3) desarrollar la profundidad y capacidad de la comunidad de liderazgo de la iglesia; y 4) discernir metas de progreso adecuadas que ayuden a que la comunidad *madure* hacia la etapa siguiente.

Mantener la visión actualizada, clara e inspiradora

Todas las iglesias y equipos plantadores deben revisar periódicamente su visión. Mencionamos esto aquí porque nos encontramos con tantos casos donde las comunidades permiten que su visión quede obsoleta o deje de ser visible por completo. Porque es mucho lo que se cierne sobre la claridad de la visión en términos de su contribución a la moral, planificación y mantenimiento de un grupo en su rumbo, las comunidades de fe deben garantizar que esa visión siga siendo pertinente y articulada en formas que sean inspiradoras y claras.

La visión debe tenerse en cuenta simultáneamente en dos niveles: a nivel general (macro) y a nivel específico (micro). Juntas, estas dos maneras de ver proveen una "percepción de profundidad", tanto como la visión humana necesita ambos ojos en funcionamiento para lograr un pleno campo de visión clara. Para que una iglesia o planta de iglesia mantenga la percepción de profundidad, necesitan cultivar una visión inspiradora general del sueño de Dios para el cuerpo de Cristo y también una visión fascinante de lo que sueñan que su comunidad podría llegar a convertirse para su entorno específico local. Ambos aspectos de la visión, la hipermetropía y miopía, disparan a la comunidad hacia adelante y permiten que el doble sueño se convierta en realidad, aquí y ahora. Exploremos cómo cada uno de éstos puede ser cultivado a lo largo del tiempo, comenzando con la visión macro, para luego abordar la visión micro.

A través de la historia y enseñanzas de las Escrituras, el Espíritu nos brinda una maravillosa y convincente visión de lo hermosa que la Iglesia de Dios está destinada a ser como Cuerpo de Cristo en el mundo. Encontramos que muchos de los que se inician en la siembra de iglesias son impulsados por el deseo de mejorar lo que ya existe, y no por el sueño de Dios para la novia. Ellos han desarrollado un sentido agudo de lo que no les gusta acerca de la iglesia en general o acerca de las iglesias que han experimentado. Como reacción, desarrollan una sed de inventar prácticamente cualquier tipo de comunidad alternativa que no tenga los fallos de esas iglesias. Esta postura reactiva no es mala en sí misma, pero en cierto punto necesita transformarse en una perspectiva de futuro de actitud positiva. En otras palabras, los pioneros necesitan invertir menos tiempo en la reactividad contra lo negativo, y más tiempo en cultivar un aprecio por lo que Dios declara que la iglesia puede ser.

Hasta el momento en esta guía has adquirido una mayor perspectiva de lo que la iglesia puede ser para tu contexto. Hemos desarrollado el siguiente ejercicio para ayudarte a mantener tus ojos fijos en una visión general y cautivante de lo que Dios ha llamado a la iglesia a ser.

Captando una visión cautivante para "La Iglesia Hermosa"

Tiempo: 2 horas en 2 partes
Materiales: Copias del Apéndice K, pizarra y marcadores, papel, hoja grande de papel, bolígrafo o lápices

Este ejercicio consiste de dos partes: Reflexión personal y Discusión de Equipo. Sugerimos completar la sección "reflexión personal" antes de la reunión con el equipo.

Reflexión Personal:

1. Lee el breve ensayo "La iglesia hermosa" del Dr. Wesley White en el Apéndice K subrayando las palabras, oraciones o conceptos que realmente cautivan tu corazón. Detecta tres puntos específicos en los que Wesley capture tu imaginación y resáltalos.

2. Identifica las palabras, oraciones o conceptos que has experimentado con un círculo. Toma nota de éstos en tu diario junto con cualquier otra experiencia que hayas tenido con la iglesia que haya sido alentadora y reconfortante.

3. En tu diario dibuja o indica una representación visual de tus experiencias positivas con la "Iglesia Hermosa." Agrega una palabra de acción o dos para cada una de las experiencias que has ilustrado.

4. Trae tu ilustración y apuntes para la discusión de grupo aquí debajo.

Discusión de Grupo:

1. Con tu equipo, tomen turnos para compartir sus puntos resaltados y los tres puntos que más les hayan gustado en el ensayo. Explica cómo "La Iglesia Hermosa" satisface tus esperanzas y expectativas o te sorprende de alguna manera. Comparte tus ilustraciones de la iglesia hermosa y las palabras de acción que has utilizado para describirlas. El facilitador escribe estas palabras en la pizarra.

2. Categoriza las palabras de acción en la pizarra con tantas categorías como sea necesario. Y luego elige tres palabras de acción que lleven a tu grupo a practicar "La Iglesia Hermosa." En una hoja de papel que sea lo suficientemente grande para que todos se reúnan alrededor, creen un dibujo de grupo o una colección de dibujos que ilustren cómo se ven estas tres acciones en su contexto, cómo van a reflejar "La Iglesia Hermosa."

¡En Communitas, amamos a la iglesia! Es la Novia de Cristo, y contamos con el privilegio de estar involucrados en el inicio de las comunidades con ese potencial de belleza e impacto en nuestro mundo. El ejercicio anterior te da una idea de por qué creemos que es tan sumamente importante para cada expresión del cuerpo de Cristo crecer en todo lo que Dios quiere para él. Los equipos de liderazgo, deben reconsiderar esa visión general periódicamente y con creatividad tenerla siempre a la vista en sus comunidades. Pero los equipos también deben deliberadamente reexaminar y reformular creativamente, ese otro aspecto de la visión que hemos mencionado anteriormente. La visión específica que han manifestado para su iglesia local en su entorno único. En el ajetreo de desarrollar sus ministerios internos y de responder a las muchas necesidades del contexto, muchas iglesias comúnmente experimentan "deriva de visión", lo que significa lentamente perder de vista su sueño original y apartarse de su rumbo. Esto puede tener como resultado no sólo la mala administración de los limitados recursos y energía de la iglesia, sino que también conduce a la baja moral dentro de la iglesia a medida que las personas se olvidan por qué están haciendo lo que están haciendo. Los equipos deben realinear periódicamente a la comunidad con el "sueño original", y creativamente replantear, e incluso redirigir ese sueño según el Espíritu lo guíe.

La siguiente historia de Remko Dekker, de Crossroads Leiden en los Países Bajos, ilustra la importancia de volver a visitar la visión única de la iglesia para facilitar la *madurez* de la comunidad de fe:

Un desafío de madurar que enfrentamos en este momento se relaciona a una pérdida de visión en la iglesia. A lo largo de los años, al haberse desarrollado la comunidad, *determinadas zonas parecen haber cobrado vida propia. Ya no están (conscientemente) vinculadas a "la comunidad que hemos soñado que una vez seríamos." Un sentimiento de rutina diaria se escabulle, llevando a las personas/ministerios a adoptar demasiado un modo de mantenimiento en su forma de operar. La fuga o deriva de visión es común en iglesias y organizaciones, pero se experimenta siempre más profundamente cuando se está en medio de ella. Puedes ver cómo lenta pero indudablemente se ha escabullido con el transcurso de los años.*

Por lo tanto, ahora creemos que es tiempo de volver a esa parte de nuestra identidad y reconectarnos con el sueño de quienes queremos ser. En los inicios de nuestro desarrollo como comunidad, le pedimos a cada equipo del ministerio traducir el documento Misión/Visión global a una misión/visión específica para su ministerio. Al reestructurar esa visión de quienes queremos ser, nuevamente le pedimos a todos nuestros equipos que reexaminaran la misión/visión y se reconectaran con ella, la reescribieran y volvieran a soñarla para su ministerio actual.

Como puedes ver en el recuento de Remko más arriba, una deriva de visión se ha "infiltrado" inadvertida y comenzó a afectar a todas las áreas del ministerio de tu iglesia. El equipo de liderazgo logró sabiamente diagnosticar esto como un problema, y ahora le toca a ellos ayudar a la comunidad a tomar medidas deliberadas para soñar de nuevo y volver a realinear los ministerios de la iglesia con esta visión renovada. Hemos proporcionado el siguiente ejercicio para que tu equipo o comunidad de liderazgo revisen y renueven su visión local, así como para que vuelvan a alinear los ministerios con la versión actualizada.

Reevaluando y renovando la visión y los valores de la comunidad

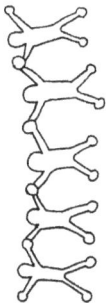

Tiempo: Retiro de medio día o día entero
*Materiales: Grandes hojas de papel, marcadores, copias de las declaraciones de visión y valores desarrollados en los ejercicios de aprendizaje **definiendo los Valores de la Iglesia** y **definiendo visión de la Iglesia** en el capítulo cinco*

1. Reúne a tu equipo de liderazgo y a los principales miembros de tu comunidad de liderazgo más amplia. Escribe el nombre o metáfora central que hayan adoptado para su iglesia o proyecto (desarrollado en el ejercicio de aprendizaje **eligiendo un nombre o metáfora central** en el capítulo 5) en una hoja grande de papel y cuélgalo en la pared. Como equipo, reflexionen sobre cómo el nombre de su comunidad habla del sueño que tienen para su iglesia en su entorno local. Capturen estos pensamientos sobre el papel.

2. Distribuyan las declaraciones de visión y valores elaboradas en los ejercicios de aprendizaje **definiendo los valores de la Iglesia** y **definiendo visión de la Iglesia** del capítulo 5. Los voluntarios leen las declaraciones ante el grupo.

3. Dialoguen sobre las siguientes preguntas dentro del equipo. Un voluntario registra sus respuestas en dos grandes hojas de papel, un papel para la visión y otro para los valores:
   • *¿Dónde se siente que la comunidad vive su visión y sus valores?*
   • *¿Dónde se siente que la comunidad está por debajo de los valores y la visión que han descrito?*
   • *Si encuentran que están por debajo en un área, ¿cómo cambiarían su visión, valores o prácticas para acomodar este déficit?*
   • *¿Qué oportunidades y necesidades pueden ver con mayor claridad ahora?*
   • *¿Hacia cuales tienen el sentir que el Espíritu los está guiando a ser respuesta?*
   • *¿Qué prácticas necesitan desarrollar para alcanzar su futuro anhelado?*

4. Coloca la hoja de valores en la pared a la izquierda de su nombre o metáfora central, y la hoja de visión a la derecha. Este es el "Mosaico de los Sueños" de tu equipo. Compara tu mosaico de los sueños con tu visión y declaraciones de valores originales.
   • *¿Qué ha cambiado?*
   • *¿Qué es aún cierto?*
   • *¿Qué vamos a hacer, si es necesario, acerca de las diferencias?*
   Decidan qué próximos pasos son necesarios.

Próximos Pasos OPCIONALES:

1. Elijan un grupo de trabajo que desarrollará y propondrá declaraciones de valor y visión modifica-das, en base al mosaico de los sueños. Fijen una fecha para que el grupo de trabajo presente la modificación de la declaración de la visión y valores al grupo mayor para revisión.

2. El grupo se reúne para aprobar la versión final.

Permitiendo a cada miembro de nuestra comunidad hacer su parte

Al compartir y demostrar las buenas nuevas, en un proceso discernido (*iniciar*), y vivir en nuestra identidad singular dada por Dios y su estilo de vida (*practicar*), hemos probablemente empezado a funcionar como un cuerpo local de Cristo más cohesionado. Más personas están encontrando su camino en nuestra comunidad y están curiosas por descubrir cómo pueden participar. En lugar de permitir que dichas personas floten en la periferia y ocasionalmente llenen un hueco aquí y allí, nuestro equipo necesita tomar medidas específicas para ayudar a estas personas interesadas a desempeñar un papel más duradero en el conjunto.

En el capítulo de *integrar* hemos hecho un ejercicio diseñado para amalgamar las pasiones y dones únicos de nuestro equipo con las necesidades del contexto (ver el ejercicio **concordar nuestras pasiones colectivas con las necesidades de la cultura**). Como parte de *madurar* de una forma simple a una más compleja, debemos expandir este tipo de procesos, de manera que toda persona interesada pueda expresar su vocación y "dones" exclusivos.[45]

Esto debe convertirse no sólo en una cuestión prioritaria en esta etapa de transición, sino en un valor perdurable a largo plazo. De lo contrario, el cuerpo local de Cristo se bloqueará en su desarrollo, no pudiendo crecer y funcionar de la manera en que Dios pretende.

Los líderes con sabiduría deberían cultivar el valor de "cada miembro un ministro" en las primeras etapas de su proyecto. Miriam Phillips, pastora ejecutiva en la iglesia Crossroads International, comparte acerca de cómo esta prioridad se convirtió en un valor duradero en su comunidad:

Cuando la iglesia Crossroads International de Ámsterdam fue fundada en el año 1987, Christian Associates [ahora Communitas] enfatizó enérgicamente la reproducción de planta de iglesias y el envío de evangelistas. El equipo inicial intencionalmente creó una cultura informal de mentoreo de liderazgo, y más adelante, un entrenamiento oficial en desarrollo de liderazgo. Estas medidas, junto con hacer una norma del invertir en el potencial que Dios le ha dado a cada miembro, establecieron un contexto dinámico y propositivo para el desarrollo de los dones. Esta cultura ha persistido a pesar de que su forma ha cambiado a lo largo de los años, pues la iglesia ha crecido de un pequeño grupo que se reunía en la sala de una casa a una comunidad con un promedio de 1.300 personas presentes en sus tres servicios dominicales.[46]

---

45 Definimos "dones" como lo define J. Robert Clinton: la suma de nuestras habilidades naturales, dones espirituales y aptitudes.

46 Miriam Phillips, "Releasing People into Their Divine Design," *Grow Where You're Planted*, Eds. Daniel Steigerwald y Kelly Crull (Portland: Christian Associates Press, 2013), 173-4.

Crossroads estableció una cultura de desarrollo en toda su comunidad, invirtiendo primero en líderes que a su vez invirtieron en el desarrollo de todos los miembros del cuerpo. Permanecer fiel a ese valor ha requerido que el equipo central de liderazgo invitara a más voces a la mesa, y desafiara a otros a asumir la responsabilidad de cultivar los diversos ministerios de la iglesia. Esta postura no es natural en líderes de una comunidad creciente. Por el contrario, los líderes principales tienden a mantener el control de muchos ministerios por demasiado tiempo, temiendo que las cosas se desmoronen si las sueltan. Esto inhibe el crecimiento de la iglesia y su capacidad de hacer discípulos. Un cuerpo pasivo de personas no podrá permanecer saludable por mucho tiempo, ni tampoco podrá hacerlo un cuerpo de iglesia. Como dice Miriam: "El método tradicional de reclutamiento de voluntarios a menudo depende demasiado de los líderes de la iglesia solamente. Y lo que es más, este método es muy poco eficaz con personas celosas que poseen un liderazgo jerárquico centralizado, y tienden a ser limitadas por la visión y pericia de gestión de los líderes. La noción de que la conexión entre voluntarios y tareas tiene que ser negociada por el liderazgo [exclusivamente] limita el alcance de lo que es posible".[47]

A medida que las iglesias *maduran*, los líderes necesitan dejar espacio para que otros líderes y voluntarios desarrollen responsablemente los ministerios de la iglesia. Esto, por supuesto, requerirá que la iglesia deliberadamente permita a las personas identificar y expresar su diseño dado por Dios. El ejercicio de aprendizaje **concordar nuestras pasiones colectivas con las necesidades de la cultura** en el capítulo tres, es una forma en que la iglesia podría hacer esto. Miriam comparte otra manera de ayudar a que esto suceda:

Escuchar la historia de la vida de una persona se ha convertido en una parte importante de la forma en que hacemos coaching y mentoreo. En cierto sentido, "exegetizamos" (literalmente, "leemos") la vida de una persona para escuchar lo que Dios está diciendo relacionado a dones y llamado. Esta tarea es similar a la forma en que podríamos hacer una exégesis de las Escrituras o de la cultura que nos rodea.

He visto muchas personas experimentar momentos de revelación al compartir sus historias en un pequeño grupo, especialmente cuando los temas aparecen en la propia historia de la persona que no lo había notado antes. Una líder que abogaba nuestro ministerio de diaconado en sus inicios, compartió que en la escuela primaria asistía a un club de niñas que ayudaba a ancianos con los mandados y las tareas domésticas. Un hombre que contó la historia de su amor por la aventura y por arreglar cosas cuando joven, se dio cuenta de que esto le había preparado para ayudar a los misioneros en el campo con reparaciones básicas en un viaje misionero de corto plazo. Las personas se dan cuenta de estas cosas cuando comparten sus historias de vida.

Cuando un grupo de personas comparten sus historias, y notamos una combinación única de dones, talentos y habilidades, que se alinean para crear una nueva oportunidad, hacemos lo que podemos para conectar los puntos relacionales y organizacionales e iniciar conversaciones sobre los próximos pasos a seguir. Vale la pena escuchar a la gente compartir sus historias de vida.[48]

Carlton Deal, pastor fundador de The Well (El Pozo de agua) en Bruselas, Bélgica, alienta a los líderes a desarrollar personas para ministrar tanto dentro de su comunidad eclesial, como también en el seno de sus mundos cotidianos:

La gente normal tiene trabajos o estudian y están dotados para servir, y quizás incluso para liderar. Este ha sido un

---

47 Ibid., 187.

48 Ibid., 186.

concepto fundamental para nosotros en nuestro desarrollo de liderazgo: ¿cómo podemos desarrollar los sistemas y estructuras de iglesia, de tal modo que la mayor cantidad de ministerio pueda desarrollarse con el menor número de personal de tiempo completo? Esto se trata también de misión - el ethos de nuestra comunidad era el de enviar [personas].

Dos versículos de Efesios tocaban nuestros corazones una y otra vez. Primero, Efesios 2:10, que dice, "Porque somos hechura de Dios, creados en Cristo Jesús para buenas obras, las cuales Dios dispuso de antemano a fin de que las pongamos en práctica." ¿Qué tal si pudiéramos ver a cada persona como una obra maestra, creada por Dios para ser una parte esencial de su plan cósmico para renovar, redimir y restaurar todas las cosas? Este versículo ha provisto el fundamento para nuestro desarrollo de liderazgo: buscar belleza y dones en cada persona.[49]

Lo que Miriam y Carlton están sugiriendo es que el equipo de liderazgo principal debe crear las conexiones y la energía que permiten que el cuerpo entero experimente la alegría de servir a Dios juntos. Este entorno le permite a la comunidad comportarse como un cuerpo coordinado en proceso de madurez, capaz para atender a sus propias necesidades internas, incluso mientras atiende a aquellos más allá de sí misma. La visión común de "cada miembro un ministro" que comparten es lo que mantiene esto unido. Miriam describe esta visión en términos de equipos sinérgicos:

Los equipos sinérgicos demuestran vanguardia en el desarrollo de dones, porque son equipos donde una amplia diversidad de dones están en servicio, pero hacia un objetivo compartido. Cada miembro tiene la humildad para valorar la contribución de todos los demás y la audacia para salir y experimentar con nuevas habilidades. La sinergia ocurre cuando todos los miembros del equipo alcanzan su potencial, mientras experimentan el apoyo del equipo. Los miembros del equipo confían el uno en el otro, no sólo en la relación, sino también para hacer su parte y llevar su carga para llegar a la meta.[50]

Esos equipos en los que los dones de cada miembro son respetados y empoderados, mientras todos los miembros del equipo trabajan hacia un objetivo común, son un ámbito ideal para descubrir dones y aprender a expresarlos bien. El equipo primario de liderazgo deberá colocar una alta prioridad a la búsqueda y desarrollo de líderes dotados para facilitar tales equipos. (En la próxima sección, proporcionaremos ejercicios sobre cómo hacerlo).

Al procurar empoderar a las personas, he aquí un consejo probado con el tiempo: Invertir en las personas, la mayoría de las cuales da de su tiempo más allá de sus exigentes agendas de familia/trabajo, requiere que *les usemos según sus llamados y dones, y no simplemente para llenar puestos vacíos que vemos como importantes.* Esto, por supuesto, no significa que cada acto de servicio por el bien del cuerpo debe ocurrir en torno a los dones de una persona - apropiarnos de nuestra comunidad significa que todos tenemos nuestra parte que cumplir en ocasionales "labores tediosas". Pero demasiado a menudo es *sólo* el trabajo tedioso que los líderes le piden hacer a los miembros del cuerpo.

Descubriendo nuestro diseño único

Entonces, ¿cómo ayudamos a las personas a expresar sus roles únicos en la iglesia? Tenemos que abordar otras dos preguntas antes, ya que nos

49 Carlton Deal, "Leadership and Organizational Development for Normal People," *Grow Where You're Planted*, Eds. Daniel Steigerwald y Kelly Crull (Portland: Christian Associates Press, 2013), 62, 65.

50 Miriam Phillips, "Releasing People into Their Divine Design," *Grow Where You're Planted*, 193.

proporcionarán la información que necesitamos para responder a la primera. La primera pregunta es: *¿cuáles son las pasiones y dones de la persona, y cómo han éstos comenzado a emerger en la comunidad?* Éstos pueden discernirse mediante una exploración deliberada de vocación que incluya el uso de entrevistas, herramientas de diagnóstico, y retroalimentación. Si la persona ha estado sirviendo a la comunidad desde hace ya algún tiempo, al equipo de liderazgo le puede resultar útil realizar una evaluación 360 utilizando los datos de quienes trabajan estrechamente con la persona.

La segunda pregunta que debemos contestar para obtener la información necesaria para empoderar a las personas en sus dones, no es tan explorada como la primera: *¿Cómo vive la persona sus dones en una manera tal que sea natural y satisfactoria para ella?* Dios ha diseñado a cada persona de forma única, y ese diseño es profundamente satisfactorio para la persona cuando puede expresarse. Vale la pena tomar el tiempo para explorar cómo las pasiones, talentos y experiencias de cada miembro encajan con la visión y ministerios de la iglesia - tanto actuales como potenciales. Además, debe prestarse atención a si el miembro tiene dones que principalmente encajen en el enfoque interno de la iglesia o en su visión externa. ¡Encontrar la "medida justa" para cada persona les permite florecer, resultando en una bendición maravillosa para el individuo y también en una victoria para el Reino!

La siguiente serie de ejercicios está diseñada para ayudar a tu equipo a explorar el concepto bíblico de llamado y a aplicarlo en el contexto de tu equipo. También está diseñada para equipar a tu equipo para poder ayudar a que los miembros de la comunidad más amplia descubran sus dones y pasiones, de modo que puedan encontrar formas satisfactorias de expresarlas.

Explorando el uso de LLAMADO del apóstol Pablo

Tiempo: 60-90 minutos
Materiales: Biblias, diarios, copias del Apéndice L, bolígrafos o lápices

1. Cada persona encuentra un compañero. Con tu compañero, Ora y pídele al Espíritu Santo que te guíe en esta sesión de estudio. Lee textos que utilicen una forma de la palabra griega *kletos* (pronunciado "klai-toss."): Mateo 22:14; Romanos 1:1, 6-7; 8:28; I Corintios. 1:1-2, 24; Judas 1:1; Apocalipsis 17:14 (disponibles en el apéndice L). Después de leer cada pasaje en voz alta, tacha "vocación" y escribe "KLETOS" en cada pasaje.

2. Vuelve a leer cada pasaje de las Escrituras, estudiando el contexto. Discutan sobre cómo cada uno traduciría, en sus propias palabras, el significado de *kletos* cada vez que se utiliza. Para comprender el significado, asegúrate de considerar el pasaje más amplio en el que se utiliza la palabra. Anota cada una de tus traducciones junto a *kletos* cada vez que aparece. Considerando tus traducciones de lo que significa *kletos* en cada pasaje, trabaja con tu compañero para crear su propia definición de esta palabra. (sugerencia: estamos *kletos* (llamados) a "ser" en lugar de "hacer" - el ministerio fluye de quiénes somos)

3. Reúnanse como equipo para discutir las definiciones de cada grupo. Responde a las siguientes preguntas:
    - *¿Cómo difieren tus definiciones de cómo las iglesias suelen utilizar la palabra "llamado"?*
    - *¿Cómo puede tu equipo incorporar un uso más preciso e integral de esta palabra para que los voluntarios puedan encontrar una mayor satisfacción en el servicio al Señor?*

4. Desarrolla tres principios rectores que le ayuden a tu comunidad a comprender el significado de "llamado/*kletos*." Anota estos principios rectores en tu diario.

    Ejemplos de principios rectores para *kletos*:
    - *Nuestra comunidad no presionará a las personas al voluntariado sólo porque necesitamos a alguien para llenar el puesto.*
    - *Entendemos que todos estamos llamados a seguir el camino de Jesús, no a un trabajo específico en la organización. Por tanto, encontraremos a alguien que se ajuste a cada puesto dentro de nuestra comunidad.*

Discerniendo la identidad única de tus miembros de equipo

Tiempo: Depende del tamaño del grupo. Permite 30 minutos por persona
Materiales: Hojas para escribir, fichas de anotación, bolígrafos o lápices

Recomendamos que este ejercicio sea practicado primero entre su equipo de liderazgo. A continuación, reúne los líderes de equipo de tu ministerio y pequeños grupos, y facilita el ejercicio con ellos. Idealmente, todos los líderes de sus "equipos sinérgicos" podrán hacer el mismo ejercicio con sus respectivos equipos.

1. Comiencen con una oración, pidiendo a Dios que guíe la imaginación de cada persona dentro del grupo. Otorga 15 minutos de silencio para el equipo. Durante este tiempo, cada persona reflexiona en un momento en que se sintieron satisfechos con lo que estaban haciendo. (Si esto no ha sucedido nunca para ellos, quizás haya alguien que admiran que pueden utilizar para este ejercicio - ¿qué es lo que hacen que me parece tan inspirador?).

2. Escribe esta historia del evento o actividad en una hoja de papel, describiendo tanto como sea posible. Anota aquellas actividades o formas de ser/liderar/trabajar, según corresponda, que sean de particular satisfacción.

3. Tomen turnos para contar sus historias de satisfacción. Un voluntario cuenta su historia al equipo. Cuando haya terminado, el grupo tendrá un minuto de silencio dedicado a la oración, pidiéndole a Dios que les ayude a dar comentarios positivos acerca de los dones de esta persona, ilustrados en su historia o como hayan logrado observarlos. Las personas en el grupo pueden hacer preguntas aclaratorias.

4. Cada miembro del grupo escribirá el nombre del miembro del equipo en la parte superior de una tarjeta de anotaciones, añadiendo tres o cuatro ideas u observaciones sobre los dones de la persona, y luego se las dan. El miembro del equipo lee en voz alta los aportes de afirmación y reconocimiento que haya recibido. El facilitador reafirma lo que se ha compartido.

5. Repetir hasta que todos hayan compartido y recibido aportes.

Descubriendo tus preferencias vocacionales

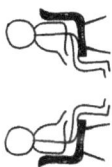

Tiempo: 60 minutos
Materiales: Copias del Apéndice M, cartulina, papel, marcadores de diferentes colores, bolígrafos o lápices

Como en el ejercicio anterior, recomendamos que este ejercicio sea practicado primero entre su equipo de liderazgo. Idealmente, todos los líderes de sus "equipos sinérgicos" podrán hacer el mismo ejercicio con sus respectivos equipos. Por último, considera la posibilidad de utilizar este ejercicio con tus grupos pequeños y otros equipos ministeriales. Este ejercicio consiste en dos partes: reflexiones personales y discusiones con un compañero.

Reflexión personal:

1. Contempla tu vida laboral, incluyendo trabajos remunerados, trabajos voluntarios, y el trabajo que has realizado dentro de tu unidad familiar, observando cada uno en una línea de tiempo. Esta puede ser una línea recta, una espiral, o un círculo. Puede parecerse a una cordillera o un océano, o lo que te agrade. Agrega una representación visual de cada trabajo en tu vida laboral en orden cronológico, como se señaló anteriormente.

2. Cerca de cada trabajo anota tus deberes y las cosas por las que eras responsable. Escribe las actividades que no disfrutabas por debajo de la línea, y las actividades que sí disfrutabas por encima de la línea. Busca temáticas: ¿Qué te gusta hacer y cómo? ¿Qué hay en cada labor particular que te encanta o detestas? Anota tus temáticas.

3. Ve al Apéndice M: Preferencias vocacionales y estudia cada preferencia. Destaca las tres que parezcan más atractivas. Compáralas con lo que observas en tu vida laboral. Cuando comparas tu experiencia en el trabajo con las Preferencias vocacionales, ¿qué descubres sobre ti mismo?

4. Ahora considera la retroalimentación que has recibido en el anterior ejercicio de aprendizaje **discerniendo la identidad única de tus miembros de equipo**. ¿Cómo podrían estos trozos de auto-conocimiento ayudarte a servir al cuerpo de Cristo con mayor plenitud y autenticidad? ¿Qué te gustaría hacer para servir en tu iglesia y vecindario?

Discusión con un compañero:

1. Encuentra un compañero y explícale qué has aprendido acerca de ti mismo y cómo te sentirías más auténtico sirviendo en la iglesia o vecindario. Cuéntale qué dones y preferencias apoyan tu deseo.

2. Cambien roles y escucha qué ha descubierto de sí mismo tu compañero.

3. Toma unos minutos para escribir un párrafo que describa cómo sería tu trabajo *ideal*.

4. Escucha mientras tu compañero lee su párrafo, y luego has preguntas y brinda aportes de apoyo. Lee tu párrafo a tu compañero, y luego éste te hará preguntas y brindará aportes de apoyo.

Descubriendo los Dones que Edifican el Cuerpo de Cristo

Otro aspecto de la búsqueda de que todos los miembros del cuerpo de Cristo se vuelquen a su vocación singular, dones, y experiencia, se encuentra en las instrucciones del apóstol Pablo en el capítulo 4 de su carta a los Efesios. Hacia la mitad de ese capítulo, en los versículos 7-13, Pablo afirma que Dios ha dado cinco dones primarios, esenciales para la edificación del cuerpo de Cristo - apóstoles, profetas, evangelistas, pastores y maestros:

Pero a cada uno de nosotros se nos ha dado gracia en la medida en que Cristo ha repartido los dones. Por eso dice: Cuando ascendió a lo alto, se llevó consigo a los cautivos y dio dones a los hombres...Él mismo constituyó a unos, apóstoles; a otros, profetas; a otros, evangelistas; y a otros, pastores y maestros, a fin de capacitar al pueblo de Dios para la obra de servicio, para edificar el cuerpo de Cristo. De este modo, todos llegaremos a la unidad de la fe y del conocimiento del Hijo de Dios, a una humanidad perfecta que se conforme a la plena estatura de Cristo. - Efesios 4:7-8,11-13

En primer lugar, observa que en el versículo 7 estos dones (literalmente "gracia") han sido repartidos entre todo el cuerpo - "a cada uno de nosotros" - no sólo entre aquellos que están dotados de liderazgo. En segundo lugar, se da el paquete completo de cinco dones para el equipamiento de la iglesia, para que pueda madurar "a la plena estatura de Cristo." En otras palabras, *necesitamos todos estos dones para ver los cuerpos locales elevarse a la plena estatura de Cristo.*

Hemos descubierto que comprender estos dones en nuestras vidas nos puede ayudar a desarrollarlos y utilizarlos de manera que edifiquen y equipen a la iglesia. Las siguientes definiciones elaboradas por Alan Hirsch ofrecen una perspectiva sobre cómo estos dones operan en la comunidad.

Los **APÓSTOLES** extienden el evangelio. Como "enviados", se aseguran de que la fe se transmita de un contexto a otro y de una generación a la siguiente. Siempre están pensando en el futuro, derribando barreras, estableciendo la iglesia en nuevos contextos, desarrollando líderes, y estableciendo redes trans-locales. Pero, si te centras exclusivamente en la iniciación de nuevas ideas y en una rápida expansión, puedes dejar a las personas y organizaciones heridos. Las funciones del pastoreo y la enseñanza son necesarias para asegurar el bienestar de las personas en lugar de ser simplemente atendidas.

Los **PROFETAS** conocen la voluntad de Dios. Están particularmente en sintonía con Dios y su verdad para hoy. Ellos traen y desafían las presuposiciones dominantes que heredamos de la cultura. Insisten en que la comunidad debe obedecer lo que Dios ha mandado. Cuestionan el statu quo. Sin los otros tipos de líderes en su sitio, los profetas pueden convertirse en activistas beligerantes o, paradójicamente, desconectarse de la imperfección de la realidad y convertirse en místicos.

Los **EVANGELISTAS** reclutan. Estos contagiosos comunicadores del mensaje del evangelio reclutan a otros para la causa. Invitan a dar una respuesta personal a la redención de Dios en Cristo, y también llevan a los creyentes a emprender la misión mayor, haciendo crecer la iglesia. Los evangelistas pueden estar tan concentrados en llegar a aquellos que están fuera de la iglesia, que descuidan el ayudar a madurar y fortalecer aquellos que están dentro.

Los **PASTORES** nutren y protegen. Siendo cuidadores de la comunidad, se centran en la protección y la madurez espiritual del rebaño de Dios, cultivando una red de relaciones capaces de amar, que sean espiritualmente maduras. De este modo producen y desarrollan discípulos. Los pastores pueden valorar la estabilidad en detrimento de la misión. También pueden fomentar una dependencia malsana entre la iglesia y ellos mismos.

Los **MAESTROS** comprenden y explican. Siendo los comunicadores de la verdad y la sabiduría de Dios, ellos ayudan a otros a permanecer bíblicamente arraigados para discernir mejor la voluntad de Dios, guiando a otros hacia la sabiduría, ayudando a que la comunidad permanezca fiel a la Palabra de Cristo, y construyendo una doctrina transferible. Sin el aporte de las demás funciones, los profesores pueden caer en el dogmatismo o en el intelectualismo puro. Puede que no vea los aspectos personales o misionales del ministerio de la iglesia.[51]

Como estos dones son un aspecto tan importante del proceso de *madurez* de la iglesia local, ofrecemos los siguientes ejercicios para ayudar a que tu comunidad los comprenda y active.

---

51 Alan Hirsch, "What Is APEST?" http://theforgottenways. org/apest/. (Accedido mayo 11, 2016).

Descubriendo tus dones

Tiempo: 90 minutos
Materiales: Biblia, cinco hojas de papel grandes, marcadores, bolígrafos o lápices

1. Cada miembro del equipo lee las descripciones de dones por Alan Hirsch aquí arriba, y subraya las palabras o oraciones que le parezcan significativas. Traza un círculo alrededor de las dos descripciones que mejor te describen.

2. Un voluntario lee Efesios 4:1-16 en voz alta. Presta especial atención a los cinco dones en el versículo 11.

3. Coloca cinco grandes hojas de papel en las paredes alrededor del salón, cada una con un don diferente escrito en la parte superior. Los participantes recorren el salón pasando por cada hoja, añadiendo sus propias palabras de acción, oraciones o imágenes que describen ese don.

4. Cinco voluntarios, uno por cada don, leen al grupo las descripciones colectivas de cada don. El facilitador dirige la discusión, incentivando preguntas restantes acerca de los dones, añadiendo palabras u oraciones a las hojas para aclarar aquello que sea necesario.

5. Cada miembro del equipo repasa cada una de las cinco hojas, leyendo las descriptores e imágenes de cada don, y en oración considera cuán bien cada don le describe. Después de considerar los cinco dones, cada miembro firma en la parte inferior de las dos hojas que representan los dones que mejor le describan, trazando un círculo al rededor de su nombre en la hoja que siente representa su don más prominente.

6. Reunidos como equipo, los miembros se turnan para compartir sus dones, cómo las imágenes o descriptores con los que más se identifican, y cómo ven que esos dones operarían en sus vidas. Después que cada persona comparte, el facilitador inicia una breve discusión permitiendo que otros miembros del equipo comenten y afirmen el/los dones de cada uno. Los miembros del equipo anotan sus dones en sus diarios, junto con cualquier descriptor o imagen que sea útil. El facilitador se queda con las cinco hojas de dones para utilizarlas en ejercicios posteriores.

Creando una atmósfera de colaboración de dones en el liderazgo

Tiempo: 90 minutos
*Materiales: papel, pizarra y marcadores, la hoja de dones del ejercicio de aprendizaje **Descubriendo tus dones**, bolígrafos o lápices*

1. Como equipo, consideren una pregunta ministerial clave que estén actualmente enfrentando. El facilitador escribe la pregunta en la pizarra. Ejemplos: ¿Cómo incluimos a nuestros amigos no cristianos en nuestra comunidad? ¿Deberíamos tener una reunión dominical semanal? Es tiempo para arrendar un local?

2. Reúnanse en cinco grupos, según sus dones más sobresalientes. Distribuye las hojas de dones en sus respectivos grupos. Cada grupo revisa las palabras y las imágenes en su hoja de dones y luego presenta una respuesta a la pregunta sobre la pizarra desde el punto de vista de sus dones.

3. Cuando se le solicite, cada grupo presenta su respuesta al equipo.

4. Cuando todos los grupos hayan compartido, compartan lo siguiente como equipo:
   - *¿Qué similitudes hay en las respuestas de nuestros grupos? ¿Qué diferencias hay?*
   - *¿Cómo afectan las diferencias en nuestras perspectivas a las posibles soluciones a nuestras preguntas ministeriales actuales?*
   - *¿Qué pasos podemos tomar para asegurar que las cinco perspectivas de los dones se integren a nuestro proceso de toma de decisiones? Ejemplos: Invitar a aquellos fuera del liderazgo, que tengan dones claros en otras áreas, a aportar en la toma de decisiones. Pídele a los miembros del equipo que se pongan sus respectivos "sombreros" de los cinco dones durante una fase de discernimiento. Reúnanse en grupos, según los dones, durante el período de toma de decisiones, para desarrollar y comparar esa perspectiva de dones más a fondo sobre temas específicos.*

Trayendo equilibrio de dones a tu equipo

Tiempo: 90 minutos
*Materiales: hojas de dones del ejercicio de aprendizaje **Descubriendo tus dones**, copias del Apéndice N, bolígrafos o lápices*

1. Cada miembro del equipo lee la selección de *La Revolución Permanente* en el Apéndice N, subrayando lo que parezca significativo.

2. Como equipo tomen turnos para compartir lo que hayan subrayado. Discutan sobre palabras u oraciones en el pasaje que parezcan importantes. El facilitador las escribe en la pizarra.

3. Reúnanse en cinco grupos, según sus dones más sobresalientes. El facilitador distribuye las hojas de dones en sus respectivos grupos. Ahora hecha una mirada a los cinco grupos en el salón. ¿Que dones están subrepresentados en tu equipo? ¿Cuáles están sobrerepresentados?

4. Utilizando los descriptores e imágenes en la hoja de dones junto con la lectura de *La Revolución Permanente*, discutan en su grupo sobre los peligros potenciales asociados con la baja representación o la sobre representación de los dones de su grupo en el equipo. Hagan una lista de pocos pasos simples que puedan tomar para disminuir ese peligro.

5. Vuelvan a reunirse como equipo. Los grupos se turnan para compartir sus respuestas. Cuando todos los grupos hayan compartido, utiliza las siguientes preguntas para discutir lo que han aprendido sobre la combinación de dones de tu equipo:
   - *¿Cómo están los dones representados por igual en nuestro equipo?*
   - *¿Qué dones están sub o sobre representados en nuestro equipo y qué potencialidades y peligros plantea esto?*
   - *Si hay un desequilibrio considerable de dones en nuestro equipo, ¿cuáles son dos o tres acciones que podemos tomar para promover el equilibrio en nuestro equipo? Ejemplos: Incorporar las perspectivas de dones a nuestro proceso de toma de decisiones. Invitar a un voluntario para convertirse en un experto en dones para ayudarnos a comprender mejor la dinámica del equipo. Consideremos los dones de una persona al momento de reclutar un nuevo miembro para el equipo.*

Desarrollando la profundidad y capacidad de la comunidad de liderazgo de la iglesia

En esta sección abordamos la cuestión del liderazgo en a iglesia. Discutiremos qué es liderar y el don de liderazgo, y consideraremos cómo identificar y desarrollar líderes. Por último, describiremos cómo implementar las estructuras de liderazgo en su Iglesia, para continuar con su *madurez* en los años venideros.

otra en su equipo o en su comunidad de fe. También somos conscientes de que para algunas personas esto puede traer a la mente recuerdos de experiencias dolorosas. Con estas posibilidades en mente, ofrecemos dos ejercicios para comenzar, que les ayuden a sentirse menos abrumados en sus prácticas de liderazgo.

Explorando el liderazgo

Antes de adentrarnos en este tema, queremos reconocer que la palabra "liderazgo" puede tener una amplia gama de significados de una persona a

Este primer ejercicio está diseñado para estimular el aprendizaje en tu equipo de trabajo sobre el tema de liderazgo, pero también para ayudarte a llegar a una definición de la palabra "liderazgo" en sí misma.

Explorando el significado de liderazgo

Tiempo: 2 horas, mas tiempo de leer un libro, blogs o ver una película
Materiales: Copias del Apéndice O, pizarra blanca y marcadores

1. Cada miembro del equipo elige un libro diferente para leer sobre liderazgo (ver el Apéndice O: Libros de Liderazgo como ideas, pero siéntete libre de desarrollar una lista adecuada para tu entorno). Si no te agrada leer libros, entonces encuentra una manera de explorar el liderazgo por otros medios. Por ejemplo: leer blogs, entrevista líderes ejemplares mediante "Preguntas Abiertas", observa y toma notas de películas como *Invictus, Calgary*, o *La Misión*, etc.

2. Prepara un breve resumen de tu libro, película, blog, etc., poniendo de relieve los elementos más importantes, incluyendo la definición de liderazgo del autor. Cada persona aporta sus conclusiones sobre el liderazgo a través de una presentación de viñetas al grupo. El facilitador escribe en la pizarra las palabras o oraciones que aparecen en las presentaciones. El Grupo puede solicitar al presentador aclarar dudas si es necesario.

3. Una vez que cada persona haya presentado, el grupo compara y contrasta las ideas que se han presentado, buscando similitudes y diferencias. Utiliza las siguientes instrucciones para facilitar la discusión:
   - *¿Cuáles son las dos ideas más valiosas o percepciones que podríamos poner en práctica?*
   - *¿Cuáles ideas no se aplican a nuestra situación?*
   - *¿Qué otras preguntas tenemos?*

4. Utilizando la información obtenida en el paso 3, el facilitador dirige al grupo de trabajo para formular una breve definición de liderazgo (no más de un párrafo) que sea aceptable para el equipo.

Este ejercicio está diseñado para ayudar a cada uno de los miembros del equipo a procesar experiencias dolorosas o negativas relacionadas con personas en cargos de autoridad. Si has sido herido por un líder, o si has luchado con el concepto de liderazgo a causa de malos ejemplos, entonces el siguiente ejercicio reflexivo es para ti. Ten en cuenta, sin embargo, que este ejercicio podría desenterrar emociones en ti que podrían requerir consejería externa para procesarlas.

Más allá del cinismo o el dolor relacionado a líderes

Tiempo: 60 minutos
Materiales: Diario, bolígrafo o lápiz

1. Lee el extracto a continuación, subrayando las ideas que capten tu interés.

   Muchos han sido heridos o desilusionados por un mal liderazgo, y algunos por un liderazgo que bien podría ser llamado pecaminoso. Historias abundan de líderes cristianos que han sucumbido al orgullo, a la ambición de poder, tentación sexual, irregularidades financieras, narcisismo – añade cual fue tu veneno. Demasiadas personas han experimentado un tipo de líder dominante - una persona que sacia su voz, o que limita su influencia. Pensamos en particular en cómo a menudo es difícil para las mujeres en la iglesia y las personas sin privilegios. Muchas mujeres y hombres, por diversas razones, cargan con dolor o resentimiento de quienes les han hecho mal, o que se han aprovechado de ellos en el pasado.

   Tal vez has sido herido o enfurecido por tu experiencia de liderazgo en el pasado. Dios quiere ayudarte a procesarlo, para darte su perspectiva sobre el liderazgo, así como debe ser practicado en la iglesia - teniendo en cuenta que los líderes son seres humanos caídos también. Reconocemos tu dolor, y esperamos que la comunidad de Communitas y su modo de vivir el liderazgo pueda ser de sanidad para tu alma. Te invitamos a expresarte, a llamarnos la atención si adviertes o experimentas desigualdades.

   El autor de Hebreos ofrece al cuerpo de Cristo este suave empujoncito: "Obedezcan a sus dirigentes y sométanse a ellos, pues cuidan de ustedes como quienes tienen que rendir cuentas. Obedézcanlos a fin de que ellos cumplan su tarea con alegría y sin quejarse, pues el quejarse no les trae ningún provecho." - Hebreos 13:17

   Dios desea que confíes y respetes a aquellos llamados a liderarte. Esto puede requerir perdón de tu parte. Pero también puede que tengas que asumir la responsabilidad de determinadas conductas y actitudes que sean una carga innecesaria para los que fueron colocados en tu vida como líderes. Ninguno de nosotros quiere ser responsable de drenar el gozo de nuestros dirigentes, o de alguna manera menoscabar su eficacia en el crecimiento de la iglesia. Y cuando llevemos asuntos no resueltas del pasado, éstos inevitablemente se permearán a nuestro propio liderazgo y afectará negativamente a aquellos a quienes dirigimos.[52]

2. Comparte lo que hayas subrayado con tu mentor y explica por qué es importante para ti. Si este texto crea tensión o resistencia en tu alma, has una pausa ahora e identifica tus emociones en papel.

---

52 Extractado del material desarrollado por Dan Steigerwald en septiembre de 2011, para la formación "Matriz" de Communitas en línea.

3. En oración pídele a Dios que eche luz sobre el por qué te sientes así. Pídele a Dios que te guíe hacia una sanidad. Anota en tu diario lo que escuchas decir al Espíritu Santo.

4. Has un plan para hablar con alguien acerca de su dolor. Puedes decidir consultar a un terapeuta. Encuentra un compañero de oración para apoyarte en tu proceso. Crea un plan de rendición de cuentas con tu mentor para procesar tu tensión, dolor y/o resistencia.

Es útil obtener una perspectiva general sobre el liderazgo. Confiamos en que de haber sido necesario, ya hayas comenzado a tratar el dolor de experiencias pasadas que hacen difícil creer que el liderazgo puede ser ejercido en forma saludable. Ahora queremos dirigir nuestra atención al liderazgo en el cuerpo de Cristo. Como verás más abajo, en Communitas creemos que cualquiera puede ejercer liderazgo. Al mismo tiempo, también consideramos que el liderazgo es un don espiritual que Dios da a algunas personas para ayudar al desarrollo del cuerpo de Cristo.

En Romanos 12 el Apóstol Pablo sugiere que el liderazgo es un don dado por Dios:

[6] *"Tenemos dones diferentes, según la gracia que se nos ha dado. Si el don de alguien es el de profecía, que lo use en proporción con su fe;* [7] *si es el de prestar un servicio, que lo preste; si es el de enseñar, que enseñe;* [8] *si es el de animar a otros, que los anime; si es el de socorrer a los necesitados, que dé con generosidad; si es el de dirigir, que dirija con esmero; si es el de mostrar compasión, que lo haga con alegría."* - Romanos 12:6-8

En este pasaje dirija con esmero remite a dos palabras del griego. W.E. Vine y Colin Brown explican que estas palabras en el primer siglo significan una habilidad o llamando a estar ante otros, "brindando cuidado, orientación, protección y apoyo".[53] de Vine y Brown, podríamos concluir que un don espiritual de liderazgo implica *una habilidad o*

llamando para ir delante de los demás con un corazón que busca el bienestar de la comunidad, representando sus valores y facilitando su crecimiento y desarrollo.

En la Biblia el Apóstol Pablo no es el único que llama nuestra atención a esta capacidad especial para liderar al pueblo de Dios. Vemos el liderazgo evidenciado a lo largo de toda la narrativa de las Escrituras. En el Antiguo Testamento vemos el liderazgo ejercido por los patriarcas, jueces, profetas, sacerdotes y reyes, así como por militares. Vemos a Dios utilizar como instrumento a hombres y mujeres en las principales funciones de supervisión nacionales, como con José, Deborah, Daniel, Ester, Nehemías, y otros. En el largo relato de la historia de Israel, vemos muchos ejemplos de malos dirigentes contrarrestados por muchas historias de buen liderazgo.

En el Nuevo Testamento vemos el nacimiento del cuerpo de Cristo, la Iglesia, bajo la dirección o el liderazgo de Jesús. Y, con el tiempo, vemos el surgimiento de muchos grupos locales de creyentes, con determinados líderes llamados y escogidos para administrar su desarrollo en las distintas ciudades del Imperio Romano. El testimonio de "cristianos" (Hechos 11:26) a lo largo y ancho del imperio romano es que el Jesús resurrecto es verdaderamente el Señor - Líder Supremo - no César o cualquier otra potencia. Y aquellos que supervisan las iglesias locales están llamados a ayudar a sus "ovejas" a seguir a este Rey, de modo que ningún individuo o líder de la iglesia exista fuera de su sometimiento al liderazgo de Jesús. Esta realidad fundamental de Jesús como líder supremo, por encima de todo debe impactar cada aspecto de la forma en que entendemos y conducimos el liderazgo como cristianos.

---

53 Richard Rardin, *The Servant's Guide to Leadership* (Canada: Selah Publishing, 2001), 40-41.

Mirando al Nuevo Testamento con mayor profundidad, vemos que emerge un patrón de liderazgo de la iglesia local, que involucra el empoderamiento de supervisores o "ancianos". Esta forma de liderazgo se basa en el modelo judío, donde los hombres sabios y experimentados supervisaron los asuntos políticos y religiosos de Israel (ej. En la era del Nuevo Testamento tales ancianos eran dirigentes de la sinagoga judía). Todas las iglesias del Nuevo Testamento parecen haber adoptado esta pauta y fueron supervisadas o pastoreadas por un equipo designado de ancianos.[54] Por ejemplo, en Hechos 14:23 leemos:

"En cada iglesia nombraron ancianos y, con oración y ayuno, los encomendaron al Señor, en quien habían creído."

Observa que aquí Pablo y Bernabé nombraron ancianos en cada iglesia. Estos ancianos operaban como una pluralidad de iguales, pero también parecían nombrar un líder de cabecera en particular, que era "el primero entre iguales" (ej. Santiago, quien permaneció prominentemente como líder de cabecera en Jerusalén). En Communitas respaldamos el liderazgo de cabecera siempre dentro del marco de un liderazgo compartido, y permitimos que cada equipo determine cómo se va a estructurar su equipo de liderazgo a largo plazo. Las configuraciones compartidas, bajo cualquier estructura que un equipo o iglesia escoja, permiten la expresión de una diversidad de orientaciones de liderazgo (Efesios 4:11). También proporcionan una salvaguardia para proteger a los líderes de comportamientos que puedan ser destructivos para ellos y para quienes lideran.

La Biblia sugiere que Dios dota a ciertas personas con la capacidad de liderar a otros. Este don, al igual que los numerosos dones que Dios otorga, es necesario para permitir que el cuerpo de Cristo florezca. Es un don particularmente importante ya que los líderes proporcionan gran parte de la energía primaria y habilidades necesarias para mover a los grupos hacia sus sueños de dimensiones Divinas.

Identificando y desarrollando líderes

Al usar el término "liderazgo" en los procesos de madurez de las comunidades de fe, podemos distinguir entre lo que significa ejercer liderazgo y lo que significa funcionar como un líder. Muchos sostienen que el liderazgo en su nivel más básico es simplemente la influencia, y estamos de acuerdo con eso. El Dr. J. Robert Clinton diría que cualquiera en el cuerpo de Cristo puede ejercer liderazgo, porque cualquier persona puede participar en lo que él llama un "acto de liderazgo." Un acto de liderazgo, como Clinton lo ve, "se produce cuando una determinada persona influye en un grupo, en términos de acciones de comportamiento o de percepción, de tal modo que el grupo actúe o piense diferente".[55]

Un Acto de Liderazgo tiene los cuatro componentes siguientes:

1. Un **influenciador** - esto puede ser una de varias personas.
2. Los **seguidores** - persona o personas que estén siendo influenciadas.
3. **Influencia** - el comportamiento y percepción que conduce al cambio.
4. Un **cambio** - la manera diferente en que el grupo percibe y se comporta.

---

54 Alexander Strauch, *Biblical Eldership: An Urgent Call to Restore Biblical Church Leadership* (Littleton: Lewis & Roth, 1995), 121-124.

55 J. Robert Clinton, *Leadership Emergence Theory* (Altadena: Barnabas Resources, 1989), 34.

Cualquier persona en el cuerpo de Cristo puede participar en estas acciones, porque todos tenemos la capacidad, en un momento dado, de influir en los demás. Estas acciones ocurren a nuestro alrededor cada día. En el hogar, los distintos miembros de la familia influyen en el comportamiento o la acción de la familia. En el lugar de trabajo, las acciones de influencia y liderazgo ocurren ya sea que los individuos tengan una posición establecida de liderazgo o responsabilidad como si no. En la iglesia local, diferentes miembros aplican acciones de influencia, al influir en aquellos dentro de ésta, consciente o inconscientemente, para comportarse o percibir las cuestiones de una manera particular.[56]

Según Clinton, sólo porque una persona emplee diversas acciones de liderazgo, no significa que la persona sea un "líder". Sólo aquellos que *frecuentemente y persistentemente* emplean acciones de liderazgo (influencia) pueden ser clasificados como líderes. En otras palabras, en contraste con quienes emplean acciones de liderazgo aisladas u ocasionales, un líder es alguien que *sistemáticamente* emplea acciones de liderazgo que apoyen los propósitos de Dios para el grupo. Por lo tanto, para determinar aquellos que sí son líderes, debemos plantearnos algunas preguntas, tales como:

• ¿Quién está constantemente ayudando al grupo a avanzar hacia su futuro preferido (visión)?
• ¿Quién está constantemente inspirando y movilizando a las personas a vivir en forma coherente con los valores del grupo?
• ¿Quién está constantemente creando o administrando el impulso que conduce al crecimiento de la comunidad, tanto cualitativa como cuantitativamente?

• ¿Quién está constantemente ayudando al grupo a responder de manera oportuna a las necesidades y oportunidades que Dios les ha dado?

Estas son el tipo de acciones repetitivas que comúnmente se encuentran entre aquellos que están dotados para el liderazgo.

La frecuencia e influencia del liderazgo, expresada a través de las acciones anteriormente mencionadas, son uno de los indicadores más fuertes para identificar aquellos que están dotados para liderar. Pero hay otros indicadores útiles. Clinton se utiliza comúnmente la sigla "F.D.E." para resaltar las tres características adicionales que considera cruciales para la identificación y selección de líderes:

1. Fidelidad
2. Disponibilidad
3. Enseñanza[57]

Por lo tanto, al considerar a los líderes debemos también preguntarnos:

• ¿Quién observamos que es fiel, o quien es el que constantemente emprende lo que siente de parte de Dios, o lo que otros le piden?
• ¿Quién vemos que también es capaz de tomarse el tiempo para aprender y hacer lo que se debe hacer?
• Y ¿quién, además de poseer estos rasgos, también demuestra una actitud de aprendizaje, no orgulloso o excesivamente confiado en sus capacidades, pero siempre abierto a aprender y a descubrir dónde la gracia, la habilidad y la sabiduría pueden unirse en favor del Reino?

---

56 Ibid., 34-35, con alguna colaboración de Dr. Paul Leavenworth de Convergence Group (www.theconvergencegroup.org).

57 Brian Newman, Ex Director de Communitas Europa, popularizó este criterio en Communitas, que tomó de su mentor, el Dr. J. Robert Clinton, autor de *The Making of a Leader* (Colorado Springs: Navpress, 1988).

En la manera de Dios de hacer las cosas, por supuesto, vemos que el don para liderar es sólo un aspecto de un buen liderazgo. La calidad y el carácter de los líderes son afirmados por las Escrituras como criterios de mayor peso que de el de ser capaces de liderar y equipar a grupos para alcanzar su visión. Los investigadores de muchos miles de líderes (por ej. Kouzes y Posner, J. Robert Clinton, Max DePree, etc.) comparten la afirmación de que el carácter del líder y la manera en la que los líderes lideran son incluso más importantes que el ejercicio de las competencias que mueven a las comunidades hacia delante.

Como podemos ver, el buen liderazgo implica el uso del poder, la posición y la influencia en formas que honren a Cristo y lo coloquen a Él y a los intereses del grupo por encima de nuestras propias agendas. Otra manera de hacer esto es la siguiente: los líderes de Dios deben constantemente realizar acciones de servicio, compasión y discernimiento para el bien del grupo y la gloria de Dios. Deben edificar a aquellos bajo su cuidado (Efesios 4:11-16), e influir en el pueblo de Dios para amar y servir a Cristo con mayor profundidad y pasión.

En las filas de Communitas, hemos sido bendecidos con muchos de estos líderes - hombres y mujeres - comenzando con nuestro fundador, Linus Morris. El Dr. Wesley White, a quien nos hemos referido anteriormente en este capítulo, y su esposa Cindy son un ejemplo de un liderazgo humilde que honra a Dios. Mike Kurtyka, quien ha trabajado con ellos durante más de una década, comenta lo siguiente:

He visto un liderazgo de servicio modelado por Wes y Cindy White en nuestros muchos años de ministrar juntos en nuestra iglesia Mosaic, en Glasgow, y ahora en un nuevo proyecto, Upper Room Church (Iglesia de los Aposentos Altos). Mientras que la hospitalidad es algo de valor a nuestras familias y todos abrimos nuestras casas con regularidad,

ellos tienen una capacidad única para amar a otros.

Nuestros hermanos y hermanas iraníes que conforman el núcleo de Upper Room, han abrazado la fe en Jesús, la comunidad cristiana, y el servirse el uno al otro, porque Wes y Cindy les supieron amar bien, demostrándoles estas cosas con sencillez. Imagina 50-60 personas que llegan cada viernes a un apartamento de tres habitaciones (tamaño europeo) para comer, cantar, estudiar la Palabra de Dios y orar. No es poca cosa, y a menudo Wes y Cindy se quedan hasta tarde limpiando, y se levantan temprano, para finalizar la limpieza (por no mencionar la colaboración de su hijo Aiden). Recientemente, Wes visitó a un miembro de Upper Room, que acababa de regresar del hospital. El Hermano M sorprendió a Wes pidiéndole Biblias para la reunión del miércoles. Wes gentilmente corrigió al Hermano M que había querido decir el viernes. Insistiendo en que era miércoles, el Hermano M desde su teléfono le mostró una foto de diez personas reunidas en su departamento en una reunión de Upper Room que él había comenzado los miércoles. ¡Realmente el liderazgo sacrificial se estaba replicando, pues el Hermano M vive con $50 dólares por semana!

Me siento privilegiado y honrado de poder presenciar su liderazgo de servicio que fluye de su contagioso amor por Cristo. Hay poder en el nombre de Jesús y ellos están dando testimonio de Su nombre al servir y amar bien.

Para Communitas es una prioridad identificar, capacitar, empoderar y apoyar a individuos con el don de liderazgo para que puedan llegar a esta cualidad de carácter. Wes y Cindy, como cualquiera de nosotros, tienen sus luchas día a día y no son perfectos, pero la búsqueda por mantenerse auténticos y seguir *madurando* como personas es una que vale la pena perseguir.

El siguiente ejercicio te ayudará a imaginar las características de un líder que vale la pena seguir.

Describiendo los tipos de líderes que nos alegra seguir

Tiempo: 75 minutos
Materiales: Hojas de papel grandes, marcadores

1. Con un compañero, revisa la distinción que hace Clinton entre quienes practican acciones de liderazgo ocasionalmente y quienes lo hacen constantemente. ¿En qué difieren estos dos? Nombra las diferencias que observas.

2. Nombra tres o cuatro de los líderes más talentosos que hayas conocido. ¿Qué características positivas y negativas adviertes en sus vidas? ¿Cuáles supones eran sus valores? Nombra dos o tres.

3. En una hoja grande de papel con tu pareja dibuja un símbolo de un líder a escala real (quizás desees trazar su contorno sobre el papel). Dentro de tu símbolo escribe los valores que consideras importantes en un líder con quien te sentirías confiado trabajando. Incluye los rasgos del carácter que nombraste en el paso dos.

4. Reúnanse como equipo. Cada pareja comparte su imagen y sus valores con todo el equipo. Después que cada pareja haya compartido, el facilitador lidera al equipo para crear una colección de rasgos del carácter y valores del líder ideal.

Es bueno tener la imagen del líder ideal al que todos podemos aspirar. En la realidad, sin embargo, dichas personas no existen - sólo aquellas en crecimiento hacia el ideal. Crecer como líder es un proceso continuo de toda la vida. Y, como se mencionó anteriormente en este capítulo, el crecimiento se logra mejor mediante una acción deliberada, rodeada por relaciones de apoyo.

Por lo tanto, al identificar y levantar a líderes potenciales, necesitarás ser intencional para desarrollar sus habilidades de liderazgo. El desarrollo de líderes es una inversión consciente de tu tiempo y energía en tu situación particular, permitiendo que el contexto y la cultura perfilen el proceso. El desarrollo del liderazgo puede ocurrir en entornos informales "sobre la marcha" o mediante programas oficiales. Leer un libro juntos, iniciar un grupo de estudio del liderazgo bajo Cristo, ofrecer oportunidades para seguir de cerca a líderes actuales o liderar un pequeño grupo, podrían ser medios para desarrollar líderes. Te animamos a buscar y utilizar un método que se adapte a tu contexto y a las personas. Al Dyck habla de un programa de desarrollo de liderazgo que recientemente ha aplicado en Madrid, España:

En una iglesia llena de gente 20 años más joven que yo, vi la necesidad de un desarrollo de liderazgo. Observando a mi alrededor, vi a jóvenes liderando grupos pequeños, liderando ministerios a los desamparados, liderando la adoración, pero con pocos mentores alrededor para edificarlos. Decidí hacer un curso de seis meses denominado In Step Leader Development *que les ayudaría a participar intencionalmente en su propio crecimiento como líderes.*

Gabriella era una de las jóvenes líderes que invité a participar en el primer curso. Activa en nuestro ministerio a los desamparados, vino al curso con deseos de aprender. Cada dos semanas, ella y un pequeño grupo de otros líderes se reunían durante dos horas para examinar sus historias, valores, fortalezas y dones como líderes. A través de estudios bíblicos y otras lecturas, hemos obtenido un sólido fundamento bíblico para el liderazgo. Gabriella pasó a encabezar el ministerio de alcance a los desamparados y me ayudo a facilitar el siguiente curso para un nuevo grupo de líderes.

Una gran variedad de recursos está disponible para ayudarle a tu equipo a obtener conocimientos, estructuras y modelos para el desarrollo de liderazgo. El estudio de liderazgo desde el ejercicio de aprendizaje **Explorando el Significado del Liderazgo** es un buen lugar para comenzar. Para mayor exploración, Communitas ofrece un programa de desarrollo de liderazgo integral a través de su conjunto de aprendizaje FUEL. Forge (La Fragua), la Red de Formación en Misiones, ofrece un módulo de liderazgo misional como parte de su formación. Otras recomendaciones incluyen *El Desafío del Liderazgo* por Kouzes y Posner, *En El Nombre de Jesús* por Henri Nouwen, y Modelo de Liderazgo Situacional, desarrollado por Ken Blanchard, et al.

Por último, vale volver a recalcar que cualquier plan de desarrollo de liderazgo debe estar adaptado a las necesidades particulares de las personas en tu contexto. No existe un método universal para desarrollar a las personas que Dios te ha dado. Las preguntas siguientes pretenden ayudarte a formular un plan de desarrollo de liderazgo que sea adecuado para ti y tu equipo:

- *¿Nuestro proceso de desarrollo será más informal "sobre la marcha" o más programático?*
- *¿Qué currículo o materiales utilizaremos para desarrollar tanto la competencia como el carácter de nuestros líderes potenciales?*

- *¿El proceso de desarrollo se llevará a cabo en grupo o uno-a-uno con cada persona?*
- *¿Qué es aquello a lo que queremos invitar a cada persona a hacer, y cómo se lo comunicaremos?*
- *¿Qué compromiso estamos pidiendo de cada líder potencial?*
- *¿Qué esperamos de los líderes potenciales después de su desarrollo?... si es que esperamos algo...*
- *¿Quién de nuestro equipo será responsable de cada líder potencial?*

Implementando estructuras de liderazgo adecuadas

Además de identificar y desarrollar líderes, es esencial que cada iglesia madura establezca una estructura de liderazgo para supervisar el cuerpo. Como lo dice Carlton Deal, pastor fundador de The Well en Bruselas, Bélgica: "la madurez de la iglesia misional es aquella que ha pensado detenidamente en su estructura de liderazgo e implementa un modelo de liderazgo con fundamento bíblico y relevante a la cultura. Europa necesita más de este tipo de iglesias".[58]

En el camino hacia la siembra de iglesias, los líderes acabarán encontrándose con la necesidad de desarrollar una estructura de liderazgo o forma de gobierno más permanente para sus comunidades en formación. Remko Dekker, uno de los fundadores de Crossroads, en Leyden, comparte cómo su equipo de liderazgo ha llegado recientemente a este punto en su viaje:

En Crossroads Leyden, estamos convencidos de que nuestros próximos pasos de madurez incluyen averiguar cómo

---

58 Carlton Deal, "Leadership and Organizational Development for Normal People," *Grow Where You're Planted*, 61.

fortalecer un alto liderazgo a largo plazo para llevar a la iglesia hacia la próxima etapa de desarrollo. Estamos firmemente convencidos de que necesitamos individuos dotados para "equipar a los santos para el ministerio" a largo plazo. Desde el principio hemos incluido a personas en nuestra toma de decisiones y actividades, y los hemos invitado a apropiarse del desarrollo de la iglesia. Hemos notado que cuando las personas se apropian de la visión y de quienes queremos ser como pueblo (nuestra identidad), más delegamos el ministerio y más somos ministrados como colectivo. Este "delegar" comienza pequeño (como lo hacen la mayoría de los proyectos), y crece a medida que descubrimos los dones, competencias y el carácter de las personas que Dios nos pone en el camino. sin embargo, hemos pasado de delegar tareas, a delegar ministerios. ¡Y ahora estamos en el proceso de delegar el proyecto!

Para nosotros este [fortalecimiento del liderazgo de largo plazo] implica invitar a las personas a ser parte de un consejo de ancianos que tiene la autoridad final en materias de liderazgo para la iglesia. Estos ancianos pueden llevar la iglesia más allá de sus líderes fundadores, y ayudar a discernir su propio sentido de lo que la iglesia necesita para el futuro. Consideramos que un modelo de liderazgo de ancianos ofrece los controles y equilibrios necesarios hacia una comunidad saludable y autosuficiente. ¡Nos entusiasma especialmente ver líderes mujeres que toman su lugar! En nuestra experiencia, un equipo mixto es más fuerte y más sabio; y es un mejor reflejo de los que la comunidad desea ser.

Remko y su equipo de líderes están trabajando actualmente para desarrollar una forma de gobierno o estructura de ancianos para servir y sostener a su iglesia en el futuro. En la experiencia de Communitas muchas iglesias nuevas o en formación eligen una estructura de ancianos para el liderazgo de la iglesia, pues parece ser más coherente con la enseñanza del Nuevo Testamento.

Como sugiere la historia de Remko, recomendamos un abordaje lento y deliberado para desarrollar una estructura de gobierno de iglesia. Las decisiones sobre las estructuras de liderazgo tendrán impacto a largo plazo (positiva o negativamente) en el futuro de la salud y la sostenibilidad de una comunidad de fe. Los siguientes ejercicios de aprendizaje están diseñados para ayudar a tu equipo a examinar las Escrituras para entender las funciones y las calificaciones de "ancianos" o "supervisores" en la iglesia.

Descubriendo las funciones de los supervisores en la iglesia

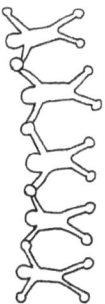

Tiempo: 90 minutos
Materiales: Biblias, lápices o bolígrafos, pizarra blanca y marcadores, notas adhesivas

1. En grupos de cuatro o menos, revisen los siguientes textos de las Escrituras que describen las funciones que los principales lideres fueron llamados a ejercer para servir a las Iglesias locales: I Timoteo 5:17; 1 Pedro 5:2-3; Hechos 15:28; Santiago 5:14; Hechos 20:28-31; Hebreos 13:7, 17. A medida que lean cada texto, observen la función o el rol que los líderes de la iglesia están llamados a ejercer.

2. Haz una lista de cada función en una nota adhesiva. Utiliza una sola palabra o frase para describir cada función y, a continuación, escribe una breve frase o dos describiendo lo que piensas que significa

3. Discutan en sus grupos: ¿Sobre qué funciones tiene preguntas? ¿Hay otras funciones que agregarías (de ser así, ¿qué textos de la Biblia demandan esa función en particular)?

4. Vuelvan a reunirse como equipo. Los grupos se turnan para compartir las funciones que anotaron, colocan cada nota adhesiva en la pizarra, y leen su definición en voz alta. Después que los grupos hayan compartido, el facilitador organiza las notas adhesivas por similitud de funciones.

5. Cuando todos los grupos hayan compartido sus notas, el facilitador lidera al equipo para discutir las preguntas de los compañeros con respecto a cualquiera de las funciones y, a continuación, para elaborar una definición breve de cada función. El facilitador escribe cada definición en la pizarra. Anota las funciones y definiciones en tu diario. El facilitador las anota para referencia futura.

Examinando las características de los supervisores en la iglesia

Tiempo: 90 minutos
Materiales: Biblias, lápices o bolígrafos, pizarra blanca y marcadores, notas adhesivas

1. En grupos de cuatro o menos, revisen los siguientes textos bíblicos, resaltando las *características de los supervisores en la iglesia*: I Timoteo 3:2-7; Tito 1:6-9; I Pedro 5:1-4. A medida que lees cada texto, ten en cuenta las características de los líderes de la iglesia.

2. Has una lista de cada característica en una nota adhesiva. Utiliza una sola palabra o frase que describa cada característica, a continuación, escribe una breve frase o dos describiendo lo que piensas que significa.

3. Discutan en sus grupos: ¿Sobre qué características tienes preguntas? ¿Hay otras características que agregarías (de ser así, ¿qué textos de la Biblia demandan esa característica)?

4. Vuelvan a reunirse como equipo. Los grupos se turnan para compartir las características que anotaron, colocan cada nota adhesiva en la pizarra, y leen su definición en voz alta. A medida que los grupos comparten, el facilitador organiza las notas adhesivas por la similitud de característica.

5. Cuando todos los grupos hayan compartido sus notas, el facilitador lidera al equipo para discutir las preguntas de los compañeros respecto de cualquiera de las características y desarrollar luego una breve definición de cada una. El facilitador escribe cada definición en la pizarra. Anota las características y definiciones en tu diario. El facilitador las anota para referencia futura.

Como se puede ver en los anteriores ejercicios, las características y responsabilidades de los ancianos son sustanciales. Nombrar una o más personas con el rol de supervisor o anciano tiene consecuencias a largo plazo para la iglesia local. Seleccionar la(s) persona(s) indicadas para este rol es importante. Sugerimos que trabajes con un coach o mentor maduro durante el proceso inicial de selección de candidatos.

El siguiente ejercicio está pensado para despertar tu imaginación a pensar creativamente sobre posibles supervisores en tu iglesia. Cada individuo en tu equipo de liderazgo puede llevar el ejercicio a un mentor de confianza, y usar esto para procesar el trabajo del equipo sobre las funciones y las características de los supervisores. Esto proporcionará un sabio aporte externo de reflexiones iniciales sobre quienes podrían ocupar estos importantes roles. Sin embargo, la eventual selección de supervisores será parte de un proceso a más largo plazo que trataremos más adelante.

Incitando tu imaginación en busca de supervisores potenciales en tu iglesia

Tiempo: 2 horas
*Materiales: Diario, papel, bolígrafo o lápiz, documentos que contengan los resultados de los siguientes ejercicios de aprendizaje: **Descubrir las funciones de los supervisores en la iglesia** y **Examinar los requisitos de los supervisores en la Iglesia***

1. Revisa el trabajo del equipo sobre las funciones de liderazgo del anterior ejercicio de aprendizaje, **Descubriendo las funciones de los supervisores en la Iglesia**. Describe cada función a tu mentor. ¿Qué preguntas tienes sobre cualquiera de las funciones? Discute esto con tu mentor. Has una lista en tu diario de las cinco funciones más esenciales para tu iglesia en esta etapa actual.

2. Repasa la lista de características de supervisores del ejercicio anterior, **Examinando las características de los supervisores en la Iglesia**. Describe cada característica a tu mentor. ¿Qué preguntas tienes sobre cualquiera de las características? Discute esto con tu mentor.

3. Considera quien en tu comunidad tiene estas características, y ya está influyendo en otros bajo el lineamiento de las funciones de liderazgo priorizadas en el paso uno. Haz una lista de candidatos idóneos (¡considera sus dones!) Cuéntale a tu mentor por qué has seleccionado a esos candidatos. Comparte con tu mentor cualquier pregunta o preocupación que puedas tener acerca de cualquiera de los candidatos.

4. Comprométete a una temporada de oración por los candidatos y por un discernimiento continuado para seguir adelante.

Mientras los ejercicios anteriores proporcionan una base importante para la comprensión de las estructuras de liderazgo, el trabajo real de su desarrollo es más complejo y va más allá del alcance de este libro. Te recomendamos formar un grupo de trabajo para estudiar y orientar decisiones de estructura de liderazgo. Este grupo de trabajo debería llevar a cabo un estudio en profundidad del sistema de gobierno de la Iglesia y guiar la labor práctica de desarrollar estructuras de liderazgo y de decidir cómo seleccionar y aprobar supervisores.

Un buen primer paso para su grupo de trabajo sería leer y discutir juntos un libro como *Eldership and the Mission of God*, por J.R. Briggs y Bob Hyatt. O para profundizar en estructuras de gobierno distintas de una "pluralidad de ancianos", recomendamos *Perspectives on Church Government*, por Chad Owen Brand y R. Stanton Norman. Estos libros y otros similares ayudarán a profundizar tu comprensión colectiva de diversos modelos de gobierno con el fin de formular la estructura apropiada para tu iglesia en su contexto particular.

Más adelante en el camino, tu grupo de trabajo, junto con los miembros de la comunidad más amplia de fe, deberán consolidar un conjunto de principios con los cuales tus "supervisores" o "ancianos" gobiernen el cuerpo. Juntos, probablemente tendrán que enfrentarse a preguntas tales como:

- ¿Qué tipo de modelo de gobierno queremos adoptar?
- ¿Crearemos una "junta de ancianos"? ¿Alguna otra cosa? ¿Cuál es su rol y rango de autoridad en la iglesia?
- ¿Cuántos ancianos o supervisores debemos tener en nuestra iglesia o proyecto?
- ¿Cómo equipo de liderazgo e iglesia, seleccionaremos y aprobaremos los candidatos a anciano o supervisor?

- ¿Cuánto tiempo servirán los ancianos o supervisores? ¿Es el nombramiento de anciano o supervisor un compromiso de por vida o por un plazo limitado?
- ¿Con qué frecuencia deberían nuestros ancianos o supervisores reunirse y con qué propósito?
- ¿Cómo removeríamos a un anciano o supervisor, y cuáles serían las condiciones que harían de esto algo necesario?

Cómo discernir las metas de progreso adecuadas para la etapa actual

A lo largo de este capítulo hemos presentado algunos elementos que son fundamentales para la *madurez* de cualquier cuerpo local de Cristo: afirmar la visión, empoderar al cuerpo, y desarrollar la capacidad y profundidad del liderazgo. Hemos seleccionado estos en particular porque consideramos que son lugares comunes de partida para cualquier comunidad de fe que desea crecer. Puedes haber notado, sin embargo, que hemos sido cuidadosos de evitar prescribir cómo debería verse el viaje de *madurez* de cualquier iglesia. Con todo, la pregunta sigue siendo, ¿cómo sabemos que, como Iglesia en proceso de *madurez*, estamos "avanzando en la dirección correcta", que nuestra comunidad está tomando decisiones sabias y sensatas en el presente, y haciendo planes sensatos para nuestro futuro?

A través de largos años de observar a las iglesias recorrer las dinámicas de *integrar* e *iniciar*, *practicar* y *madurar*, hemos observado una serie de características que parecen ser esenciales para la *madurez* de cualquier iglesia local. En Communitas llamamos a estas características, los "distintivos de una iglesia hacia la madurez."[59] En nuestro estudio de las Escrituras y de la iglesia, históricamente y en nuestra época actual, hemos identificado doce de esas características. No sugerimos que doce sea algún número perfecto o que nuestra lista esté completa. Tampoco procuramos clasificar cualquier distintivo por orden de importancia. Esta colección de distintivos es simplemente *uno* de los medios por los cuales las iglesias podrían ser más deliberadas en discernir metas de progreso adecuadas a sus circunstancias y etapa de desarrollo únicas.

Te invitamos a ver los rasgos distintivos como elementos en un tablero, no como doce obligaciones más para tu equipo. Son como los indicadores y las luces en el panel de instrumentos de tu coche. ¡Es prudente prestar atención a tu velocidad, indicador de combustible, temperatura del motor, y especialmente a las luces de mantenimiento! Pero tampoco es bueno pasar demasiado tiempo viendo el tablero. Su trabajo como equipo es mantener los ojos mirando hacia adelante por el parabrisas, concentrados en el camino hacia el destino. Mantén el enfoque en la visión de tu comunidad, y has una pausa ocasional para verificar las necesidades de tu "vehículo". No pases demasiado tiempo mirando el tablero, o corres el riesgo de salirte de la carretera!

Los ejercicios que siguen están diseñados para ayudar a tu equipo a interactuar con los doce distintivos que brindan una visión general de las múltiples facetas de la *madurez*. Son herramientas que les ayudan a discernir por sí mismos qué distintivos desean utilizar para ayudar a la *madurez* de su comunidad particular. El segundo ejercicio ayudará al equipo a explorar cómo integrar uno de los distintivos en la planificación de equipo y fijación de metas. Queremos que practiquen esto porque encontramos que cuando los equipos establecen sus propios objetivos de crecimiento, ¡suelen alcanzarlos!

---

59 Un distintivo se define como "una característica, rasgo o atributo diferenciador." Miriam Webster Dictionary, http://mw4.merriam-webster.com/wdictionary/hallmark (Accedido el 27 marzo 2015). Luego de años de procesar con cientos de plantadores y líderes de iglesias, Communitas ha llegado a nuestros doce distintivos, y produjo el libro ya referenciado llamado *Grow Where You're Planted!* Mediante historias de la vida real de comunidades viviendo cada distintivo, el libro muestra el significado y valor de éstos como marcadores de discernimiento que ayudan a los equipos a establecer objetivos de crecimiento.

Comprendiendo y priorizando los distintivos de una iglesia en proceso de madurez

Tiempo: 90 minutos
Materiales: Copias del Apéndice P, bolígrafos y lápices

1. Con un compañero, revisa los distintivos y sus descripciones en el Apéndice P. Después de haberlos examinado, discutan sobre estas preguntas:
    *   *¿Qué necesita aclaración?*
    *   *¿Qué falta?*
    *   *¿Qué preguntas tengo?*
    Anota en tu diario lo que no comprendas.

2. Añade cualquier elemento que falte en tu lista de distintivos. Evalúa donde se encuentra tu comunidad con cada uno de los distintivos. Escribe un número del "1" al "10" en el margen, junto a cada distintivo, siendo el 10 "ya lo tenemos" y el 1 "necesitamos mucha ayuda."

3. Revisa con tu compañero cómo has calificado la lista de distintivos, en función de hacia donde presientes que Dios está guiando a la comunidad en general. Has un círculo en torno a los dos distintivos que sientes son los más importantes para el desarrollo de la comunidad en esta etapa.

4. Has una cita con tu mentor o líder para discutir los elementos faltantes o aquellos que no entiendes.

Encontramos que en cualquier etapa, tal vez sólo de uno a tres distintivos sean "problemas actuales" para un grupo o una iglesia. Cuáles sean pertinentes dependerá de factores tales como el tamaño único del grupo, entorno, visión, recursos y etapa de desarrollo. El siguiente ejercicio está diseñado para ayudar a tu equipo a discernir qué características podrían ser más relevantes para ustedes, mientras que les anima a establecer metas que permitan a su comunidad avanzar donde importa más. Si tienen un equipo más amplio de liderazgo, podrían ser capaces de implementar planes de acción para tres a cuatro distintivos al mismo tiempo. Sin embargo, la norma sería centrarse en sus dos distintivos principales.

Utilizando los distintivos para establecer metas de progreso

Tiempo: 90 minutos, más el tiempo para implementar los planes en contexto
*Materiales: Copias del Apéndice P, trabajos finalizados del ejercicio anterior **Comprendiendo y priorizando los distintivos de una iglesia en proceso de madurez**, pizarra y marcadores, hojas grandes de papel, marcadores, bolígrafos o lápices*

1. Cada miembro del equipo presenta los dos distintivos que sintieron eran los más importantes para el desarrollo de la iglesia desde el ejercicio **Comprendiendo y priorizando los distintivos de una iglesia en proceso de madurez** más arriba. El equipo analiza cada sugerencia, anotándolas en la pizarra, y decide a qué dos distintivos le dará prioridad para la comunidad. Colectivamente, revisen las descripciones de los dos distintivos que han escogido, lean la referencia de las Escrituras, y resalten lo que parece más importante para ustedes.

2. En pequeños grupos de cuatro o menos. Cada grupo recibe una hoja grande de papel y marcadores. Discutan sobre los dos distintivos seleccionados mediante estas preguntas de evaluación:

- *¿Qué está en juego si no tomamos acción sobre estos distintivos?*
- *¿Qué soñamos hacer que ayudará a nuestra comunidad a crecer hacia la madurez de estos distintivos?*

En la hoja grande de papel, hagan una lista de sus primeras tres o cuatro acciones para cada distintivo.

3. Discutan en sus pequeños grupos: Si tuviéramos 1000 dólares para invertir en la implementación de acciones para cada distintivo, ¿cómo dividiríamos el dinero? Escriban montos específicos junto a cada acción de la lista de más arriba, teniendo en mente que el total invertido no puede exceder los 1000 dólares.

4. Reúnanse como equipo para una discusión. Cada grupo coloca su hoja en la pared y, a continuación, presenta sus propuestas sobre cómo deberían ser invertidos los 1000 dólares en acciones para cada distintivo. Cuando todos los grupos hayan compartido, el facilitador dirige al equipo para revisar juntos las propuestas de inversión. Utiliza las siguientes preguntas para iniciar el debate:
    - *¿Dónde hay acuerdo en prioridades? ¿Dónde hay diferencias?*
    - *¿Donde existen similitudes entre nuestras acciones? ¿Dónde hay diferencias?*
    - *¿Dónde son las propuestas individuales de inversión similares? ¿Dónde difieren?*

5. El facilitador continúa el debate formulando la siguiente pregunta:

    Después de considerar todas estas acciones y propuestas de inversión, si realmente tuviéramos 1000 dólares para invertir en cada distintivo, ¿qué tres acciones tomaríamos para cada uno?

    Permite tiempo para que el equipo discuta y negocie. Registra las propuestas finales - las acciones y los montos de inversión - para cada distintivo en una hoja grande de papel. Conserva esta versión final. Contiene información significativa de las metas de progreso para tu comunidad de fe. Si lo deseas, puedes continuar trabajando sobre estas propuestas en las futuras reuniones del equipo, incluso hasta aplicarlas si las finanzas lo permiten. Consulta los siguientes pasos adicionales:

Próximos pasos opcionales:

1. El facilitador lleva al equipo a revisar las propuestas para el crecimiento en cada uno de los distintivos seleccionados por el equipo, como están redactados en el ejercicio: ***Utilizando los distintivos para establecer metas de progreso***. ¿Son las metas, acciones e inversión para el crecimiento aún apropiadas? Actualízalas según sea necesario.

2. Discutan sobre la viabilidad financiera de la ejecución de una o ambas propuestas:
    - *¿Están disponibles los fondos para una o ambas propuestas?*
    - *Si no, ¿vamos a recaudar los fondos que necesitamos? ¿Cómo?*
    - *Sobre la base de los fondos disponibles, qué propuesta vamos a implementar primero?*

3. Invita a los miembros del equipo a ser el "paladín" responsable de cada acción en la propuesta (Nota: debería haber tres acciones para cada distintivo propuesto, por lo que tendrás tres "paladines" por propuesta). Acordar una fecha para que cada paladín presente un plan simple para llevar a cabo su acción.

   Ejemplo: una simple acción para crecer en el distintivo "enraizado en las Escrituras" podría ser comprar Biblias para los miembros de la iglesia que no pueden adquirirlas. El plan para apoyar esa acción puede ser: "Investigar el costo y disponibilidad de diez biblias en holandés y cuatro biblias en francés. ¿Es posible adquirirlas todas dentro de mi presupuesto?"

4. El líder de equipo recopila los planes de acción en la fecha acordada. Una vez que los planes han sido presentados, el líder del equipo evalúa cada plan y sugiere los cambios necesarios. El paladín de cada acción a continuación implementa el plan e informa de su progreso en los intervalos establecidos por el líder del equipo.

Concluyendo este capítulo nos gustaría recordarles una vez más la definición de la dinámica de *madurar*: desarrollarse como una expresión local única del cuerpo de Cristo. Lo hacemos porque es demasiado fácil quedar atrapados en problemas de visión, liderazgo, y una multitud de otros aspectos importantes, pero secundarios de la vida de una iglesia, que descuidan la verdad central que debe llevarnos hacia adelante: la Iglesia es la manera de Dios de continuar encarnándose a sí mismo en el mundo. Como plantadores de iglesias misionales estamos plenamente convencidos de que cada iglesia local es, en un modo profundo y misterioso, la encarnación de Cristo en un lugar específico. Esa verdad central es la razón por la cual es esencial que cada comunidad de fe lidie por discernir lo que "crecer" significa para ella.

En el curso de este capítulo hemos introducido conceptos y te hemos llevado a través de una serie de ejercicios de aprendizaje que vemos simplemente como un buen punto de partida para ese proceso de discernimiento. Respecto de la dinámica *madurar* estamos convencidos de que una cosa es clara: no es una cuestión de *si* nosotros, la iglesia, debemos crecer, sino de *cómo*. ¿Cómo, como cuerpo local de Cristo, *maduraremos* para convertirnos en "La Iglesia Hermosa" en nuestros vecindarios? Esta es una de las preguntas de discernimiento más importantes que cualquier liderazgo de iglesia o equipo plantador pueda hacerse.

Y, sin embargo, *madurar* el cuerpo de Cristo es tanto más que lo que hemos intentado describir en este capítulo. Implica gozo y plenitud, pero también lucha y angustia y desorden, al igual que criar hijos, perseverar en el matrimonio, o hacer amistades que se mantengan a largo plazo. Implica estar siempre aprendiendo y ser adaptables a los cambiantes paisajes culturales y teológicos. Pero ante todo, *madurar* implica confiar en Jesús, quien es el verdadero constructor de la Iglesia.

Resumen: *Como hemos visto en este capítulo, madurar es el proceso de desarrollar a lo largo del tiempo una expresión local única del cuerpo de Cristo. Mucho más que una simple extensión de* **practicar**, **madurar** *se requiere intencionalmente en cuatro áreas específicas. La primera área es mantener nuestra visión actualizada, clara e inspiradora. La visión ocurre en dos niveles: macro y micro. Nuestra visión macro es para una visión general inspiradora de la Iglesia Hermosa. Nuestra visión micro es para el sueño de Dios para nosotros como Su pueblo en nuestro entorno local específico. La segunda área de intencionalidad es capacitar y empoderar a cada miembro del cuerpo para desempeñar la parte que les corresponde de acuerdo con su llamado y dones. El ejercicio de los dones y el llamamiento puede estar al servicio de las necesidades internas de la iglesia, o puede ser vivir el llamamiento mayor de la iglesia en el mundo.*

La tercera área de intencionalidad en nuestra **madurez** *está en el desarrollo de la profundidad y la capacidad de liderazgo de nuestra iglesia. Hemos explorado las características de un liderazgo como el de Cristo, y cómo podríamos identificar y potenciar a los líderes actuales y aquellos potenciales. Además, hemos explorado brevemente cómo empezar a moverse más allá de los líderes individuales que realizan acciones de liderazgo individuales hacia el desarrollo de un liderazgo o estructura de gobierno. El aspecto final de* **madurar** *que hemos cubierto se refiere al desarrollo de metas de progreso adecuadas para nuestra comunidad de fe. Utilizando los distintivos de una iglesia en proceso de madurez, hemos visto cómo utilizar las metas de progreso como indicadores del tablero de a bordo de un vehículo, que monitorean la salud de nuestra iglesia al fijar nuestra mirada en el futuro y en avanzar en la misión juntos.*

(M) **¡PLANÉALO!**

Ve a tu Plan de Acción Misional en el Apéndice A. Ve a la sección *Madurar*, que se encuentra bajo *Estrategia*. Repasa con tu equipo las preguntas que allí encuentras, a la luz de todo tu trabajo en los ejercicios de este capítulo. Anota tres aspectos de *madurar* a los que se comprometerán como un equipo. Por último, ve a la sección de *Liderazgo* bajo *Proyecto*. Ahora que has aprendido tanto sobre liderazgo, ¿cómo responderás a las preguntas que encuentras allí? ¿Hay otros asuntos más urgentes del liderazgo que necesitas abordar? ¡Siéntete libre de escribir tus planes allí en su lugar!

Mis Pensamientos sobre la dinámica *madurar*:

¿Cuáles son las preguntas que todavía tienes sobre madurar?

¿Qué te ha sido útil en este capítulo?

¿Qué partes fueron más difíciles de comprender y por qué?

¿Qué debe ser abordado que no está aquí?

¿Qué pensamiento te llevas de este capítulo?

PARTE CUATRO – EXPANDIR: EXTENDIENDO NUESTROS HORIZONTES

A medida que nuestra iglesia o proyecto avanza en el proceso de practicar *y* madurar, *comenzamos a ser conscientes de nuestra visión compartida y a crecer hacia la comunidad de fe que Dios quiere que seamos. Experimentamos una forma de vida de Jesús compartida y nos potenciamos mutuamente para ejercer nuestros dones para edificar al Cuerpo de Cristo. Sin embargo, al hacer esto debemos ser conscientes de que el Cuerpo de Cristo no se limita a nuestro pequeño círculo. ¡El deseo de Dios es que todo el mundo escuche las buenas nuevas! Entonces, ¿siendo un pequeño grupo de discípulos en un área particular, cómo podemos ser parte de esta gran obra? Aquí es donde entran las dinámicas de* interconectar *y* expandir. *Estas dinámicas describen actividades que promueven la multiplicación de iniciativas misionales y nuevas expresiones de Iglesia dentro y fuera de nuestra ciudad. ¡Echemos un vistazo a algunas prácticas de las dinámicas de* interconectar *y* expandir *que nos ayuden a asociarnos con otros para sembrar una vida nueva en todas partes!*

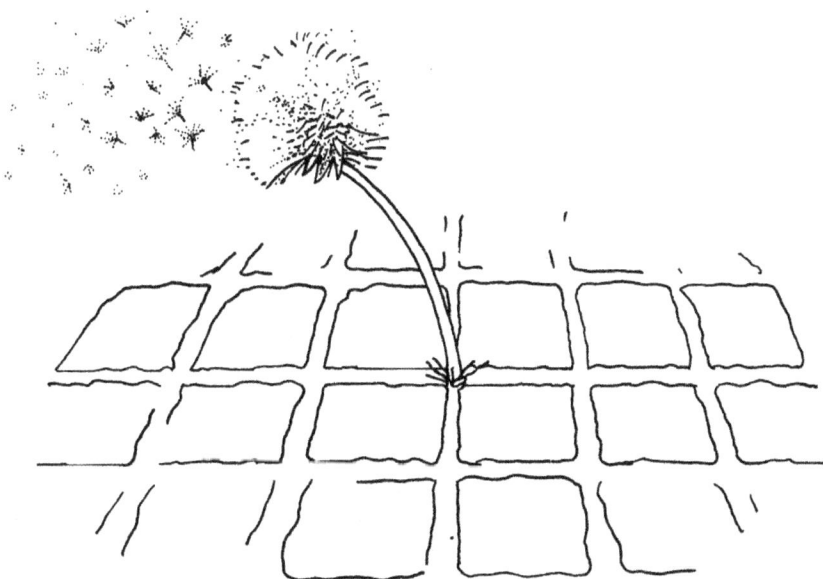

Capítulo 7 – *Interconectar* y *expandir* – multiplicar la vida en todas partes

¡Esta aventura sin duda te ha llevado por muchos caminos que jamás habrías imaginado! Tu equipo e iglesia han encontrado tantas personas y lugares interesantes en tu ciudad, y como una expresión única del cuerpo de Cristo están aprendiendo cómo sabia y paciente- mente representar el evangelio. Pero además, puede que estén experimentando "dolores de crecimiento", mientras hacen lo mejor que pueden por seguir a Jesús y madurar hacia el sueño que Dios ha puesto en sus corazones. Todas estas experiencias son dignas de celebrar, incluso esas etapas cuando el viaje parece sombrío y es difícil encontrar el camino. En este último capítulo analizaremos lo que podría significar para nosotros continuar la aventura saliendo en fe a desempeñar nuestro papel en la creación de nuevas iniciativas y planta de iglesias. Las actividades detrás de las dinámicas de interconectar *y* expandir *permiten que la bendición del Reino se derrame en todas direcciones, con nuevas comunidades centradas en Cristo surgiendo en nuestra ciudad y más allá.*

INTERCONECTAR y EXPANDIR – *cultivar ámbitos locales que multipliquen iniciativas misionales e iglesias*

Lo que las dinámicas de *interconectar* y *expandir* significan y por qué son importantes

Participar con otras iglesias, redes y ministerios trae una variedad de bendiciones a nuestra iglesia. Al trabajar con otros grupos, experimentamos una rendición de cuentas colectiva y un mayor acceso a recursos. Encontramos un lugar para aportar los dones e identidad particulares de nuestra iglesia para el impacto del Reino y el bien común. Y a menudo el discipulado del pueblo de Dios se ve refor- zado por las diferentes perspectivas y conexiones.

Conectarse y colaborar con otros grupos cristianos fortalece las últimas dos dinámicas del enfoque de siembra de iglesias de Communitas, *interconectar* y *expandir*. Es similar a lo que hacen los equipos misioneros al *integrarse* en su contexto y participar con grupos más allá de sí mismos, y al *iniciar* una respuesta coordinada que siembra el Evangelio. Las dinámicas de *interconectar* y *expandir*, sin embargo, implican más que conectar nuestro proyecto o iglesia con grandes redes y recursos externos para sembrar el *shalom* de Dios. La colaboración detrás del *interconectar* y *expandir* implica una prioridad específica de *la multiplicación de nuevas iniciativas misionales e iglesias*.

En otras palabras, en el desarrollo de estas dos dinámicas, no estamos principalmente apuntando a objetivos como "multiplicar discípulos" o "multiplicar comunidades de aprendizaje", o incluso "multiplicar movimientos misionales." En Communitas somos conscientes de que estos objetivos son absolutamente vitales y que hay que ser intencional en participar con otros para lograr alcanzarlos en nuestra ciudad y más allá. Pero nuestra meta final es más enfocada. El llamado de Communitas es mover toda esta fructífera red de grupos para establecer iglesias que directa o indirectamente reproduzcan nuevas iglesias. Tomamos ventaja de entornos generales de multiplicación para la labor específica de cultivar la multiplicación de iglesias - iniciar comunidades de fe en una variedad de expresiones apropiadas a su contexto, que crezcan hasta ser lo que Dios pretende que sean.

A medida que la iglesia local va tomando impulso en las dinámicas de *integrar*, *iniciar*, *practicar* y *madurar*, su visión y capacidad de aportar a este tipo particular de multiplicación también crecerá. El grado con el cual una iglesia o comunidad de fe determinada sea capaz de participar en *interconectar* y en *expandir* dependerá, por supuesto, tanto de su capacidad singular de liderazgo y cómo de cuán firmemente cada uno de los dones esté representado en el

equipo principal (en particular el don apostólico). No obstante, consideramos que incluso en las primeras etapas de la formación de una comunidad, los equipos de plantadores de iglesias deben considerar cómo poder ayudar a incubar nuevos líderes de equipo y participar en la multiplicación de iglesias, por todas partes. Communitas no admite el mito de que los proyectos deben esperar hasta que se alcance viabilidad, antes de verse involucrados, en algún punto el proceso de sembrar nuevas iglesias.

A diferencia del modo en que hemos abordado cada una de las cuatro primeras dinámicas, hemos decidido poner nuestra conversación de estas dos juntas en un solo capítulo. Hemos hecho esto porque el *interconectar* y *expandir*, son dos dinámicas diferentes, principalmente en su ámbito de aplicación. *Interconectar* implica crear o apoyar entornos locales o intra-urbanos para multiplicar iniciativas misionales e iglesias, mientras que *expandir* implica participar en entornos inter-urbanos e internacionales que promuevan la siembra de iglesias. Dada su similitud, las estamos cubriendo juntas en este capítulo final de esta guía.

Las siguientes descripciones pueden ayudar a aclarar la diferencia entre *interconectar* y *expandir*:

> *Interconectar* incluye aquellas acciones en nuestra ciudad que crean o apoyan entornos para la multiplicación intencional de nuevas iniciativas de planta de iglesias. Estos entornos idealmente se cultivan tanto dentro de la propia Iglesia local como dentro de las "redes apostólicas" afines, con quienes la Iglesia participa en toda la ciudad.[60]

---

60 Definimos "redes apostólicas" como una matrix colaborativa e interconectada de pioneros y entrepreneurs que se relacionan y comparten recursos para asegurar la expansión, recursos, y protección del cuerpo de Cristo y otras expresiones enfocados en el Reino de Dios.

Los equipos de liderazgo tratan de aprovechar los recursos internos y externos a fin de que ellos y sus socios claves puedan proporcionar pasantías, capacitación, coaching, mentoreo y ámbitos para la experimentación, que lleve a la multiplicación de nuevas expresiones de iglesia. Al interconectar en este modo dual, el liderazgo de la Iglesia demuestra una perspectiva aguda pero humilde de desprendimiento, que pone una importancia suprema en la agenda de Jesús para la ciudad.

Expandir implica intencionalmente desarrollar conexiones y redes que abarcan más, vayan más allá de un proyecto o de la iglesia de la ciudad anfitriona. Los equipos de liderazgo colaboran y comparten recursos entre ciudades, naciones y continentes para sembrar nuevas iniciativas y expresiones de la iglesia misional. Con el desarrollo de esta dinámica, la iglesia en proceso de madurez se ve claramente a sí misma a la luz de su potencial y de su contribución real al cuerpo de Cristo global en misión.

Para ayudar a tu equipo a comprender estas dos dinámicas en la práctica, hemos diseñado el siguiente ejercicio, que incluye el ejemplo de una iglesia de Communitas con un largo historial de reproducirse. Tras el ejercicio, iremos a las Escrituras para considerar el elemento esencial que respalda las dinámicas de *interconectar y expandir* - Colaboración. Veremos, después cómo nuestro equipo y nuestra comunidad de fe podrían participar en alimentar el impulso para la multiplicación de nuevas iniciativas e iglesias misionales en nuestra ciudad y más allá.

Comprendiendo y aplicando las dinámicas de interconectar y expandir

Tiempo: 2 horas
Materiales: Pizarra blanca, marcadores, notas adhesivas, bolígrafos o lápices

1. Los miembros del equipo leen la historia siguiente. Subraya las partes de la historia que ejemplifican las actitudes y acciones que se refieren a la práctica de *interconectar y expandir* según tú lo entiendes.

    La iglesia "New Community" (Comunidad Nueva) se inició en la de iglesias cuando el pastor fundador, Rob Fairbanks, cayó en cuenta de que no podían seguir con el miedo de que "si hacemos esto, nos dolerá", y debían lanzarse a la perspectiva de "ya es hora de saltar o nunca lo haremos". En esa misma década, la iglesia había sido parte de la siembra de seis iglesias. Rob describe ese momento de este modo:

    "Llegué a una encrucijada decisiva a los diez años, en donde me di cuenta de que tendría que tomar el suficiente valor para hacer algo [para avanzar hacia el sueño de ser una iglesia plantadora] o tendría que renunciar al sueño y dejar de hablar de ello. La visión que había lanzado era simplemente incompatible con la realidad de nuestras acciones.

    El gran cambio llegó en un retiro de verano del personal, en el que hicimos lo que todo el personal de iglesia hace, "hacer planes". Es curioso cómo en las iglesias ocurre tanta planeación sin tantos resultados. En ese momento la iglesia tenía tres empleados: yo mismo, el hombre que ayudó a iniciar la iglesia, Scott Cruz y nuestro pastor de jóvenes, Steve Hart. Al final del retiro tomé a cada uno de ellos por aparte, y les dije que íbamos a enviarlos a sembrar iglesias, y que tenían un año para buscar la claridad de Dios sobre donde sembrar. En retrospectiva, nuestra charla se dio más como una situación de rehenes hostiles. En cierto modo, dio la impresión de que les estaba diciendo: "vas a perder tu trabajo, entonces, ¿por qué no hacer planes para ir a hacer algo increíble?" En retrospectiva, mi propuesta fue algo autocrática y no muy meditada. Sin embargo, sabía que este era el momento. No podíamos esperar más. Para ser justos, le informé a ambos que no tenían que irse en un año, sino que simplemente tenían que encontrar un lugar, y recién ahí descifraríamos un plan de avance.

Scott casi instantáneamente me informó con una sonrisa incómoda y con firmeza que él simplemente no iría. Estoy seguro de que Steve debe haberse sentido asustado también, pero en su inexperiencia juvenil y entusiasmo, no desaprovechó la oportunidad. A los pocos meses, Steve me informó que sentía que Dios le había revelado su voluntad. Yo estaba súper emocionado, por lo que nos sumergimos en la conversación. Steve me dijo que sentía que Dios lo había llamado a "Browne's Addition", que está a una distancia muy corta de donde "New Community" estaba reunido. Tengo que admitir que retrocedí. Soy muy competitivo, y el éxito de "New Community" vino con mucho esfuerzo y trabajo arduo. A menudo digo en broma que nuestra iglesia fue "un éxito de 10 años de trasnochar". Sembrar una iglesia no es fácil. Un misionero veterano que conozco llama a la siembra de iglesias los 'Juegos X del ministerio Cristiano." Honestamente, me sentí amenazado. Pensé, "ve a buscar tu propia maldita gente. Vas a matar a nuestra iglesia." Antes de leer esto tal vez pensabas que Rob es una persona verdaderamente espiritual. Bien, me alegro de que el mito se haya acabado. En fin, el hecho es que amaba a Steve. Siempre he pensado que él es uno de los jóvenes líderes verdaderamente ungidos - al menos de los que he conocido. Su revelación me dio la impresión de que todos en nuestra iglesia se irían con él. Es más, Steve me caía tan bien que yo mismo quería irme con él.

Lo que me ayudó fue el sabio consejo de un colega pastor, Joe Wittwer. Él ya había sembrado varias iglesias desde la suya y me aconsejó adoptar un enfoque del Reino. Estaba tan convencido de esto, que se veía capaz de sembrar una nueva iglesia en su edificio, porque los dones de la nueva comunidad serían tan diferentes de la suya, que ambas comunidades podrían prosperar, alcanzando a todo un nuevo grupo de personas. Jesús nos alentaba a buscar Su Reino primero. Joe encarnaba esto para mí. Dicho esto, empezamos a hacer un plan para iniciar una nueva comunidad, muy cerca de donde estábamos."[61]

"Solía creer que uno necesitaba llegar a cierto tamaño para reproducirse", comparte Rob. "New Community" se embarcó en su primera siembra de iglesia sólo después de haber crecido a unas 500 personas. Ahora, mi experiencia me enseña que se trata más acerca de la búsqueda de líderes interesados en sembrar e invertir en ellos de lo que se trata del tamaño y el impulso. Las iglesias pueden estar involucrados en la siembra mucho antes de lo que solía pensar".

"New Community" no sólo ha enviado sus propios líderes para iniciar iglesias, sino que ha participado en alianzas del Reino con otras iglesias y organizaciones, incluyendo Whitworth College y Communitas, con el fin de sembrar el shalom de Dios. Estas redes apostólicas han servido como estanques de pesca para aquellos que se sienten movidos a sembrar iglesias en la ciudad y más allá.

---

61 Russ Davis, "Creating Multiplication Movements," *Grow Where You're Planted*, Eds. Daniel Steigerwald y Kelly Crull (Portland: Christian Associates Press, 2013), 237-239.

Una red apostólica específica en la que "New Community" desempeñó un papel importante en su desarrollo durante los últimos diez años es "Ecclesia Spokane." Lo que comenzó como un encuentro de almuerzos regulares de sembradores y pastores que deseaban conexiones con otros líderes locales, con el estímulo de Rob, llegó a ser una comunidad de líderes pioneros. Estos líderes no sólo comparten sus vidas constantemente, sino que hacen planes juntos para ver cómo la bondad de Dios puede ser esparcida en Spokane. A menudo interactúan a través de las mejores prácticas para dar comienzo a iniciativas misionales e iglesias, y ahora los que facilitan el desarrollo de Ecclesia esperan que el grupo pueda continuar a ser no sólo una comunidad de plantadores y de pastores, sino un continuo catalizador para sembrar iglesias.

La historia continúa. Al momento de escribir este texto, Communitas, "New Community" de Spokane, y un grupo de plantadores de iglesias rural mexicano, están explorando la oportunidad de llevar un plantador de iglesias de México a "New Community", para una formación en ministerio urbano. La esperanza es que al finalizar la formación, el sembrador podrá regresar a México e iniciar la primera planta del grupo de una iglesia en un centro urbano.[62]

2. En grupos de cuatro o menos, compartan lo que hayan subrayado. Marquen los comportamientos que claramente sean actividades relacionadas a la dinámica de *interconectar* con una 'I', y aquellos que sean claramente actividades de *expandir* con una "E."

3. Comparen y contrasten el comportamiento de su iglesia con lo que han percibido en la historia anterior. Discutan sobre las siguientes preguntas, primero con un enfoque en actividades relacionadas con *interconectar* y luego con un enfoque en actividades de *expandir*:
   - *¿Qué preguntas tienes sobre las dinámicas de* interconectar *y* expandir?
   - *¿Cómo podrían los comportamientos y actitudes específicos encontrados en la historia también aplicarse a las dinámicas de* interconectar/expandir *de tu iglesia?*
   - *¿Qué es único de la práctica de* interconectar/expandir *de tu iglesia o proyecto actualmente?*
   - *¿Cuál sería tu práctica ideal de* interconectar/expandir? *Elabora algunas acciones específicas que tu equipo podría deliberadamente tomar para* interconectarse/expandirse. *Es bueno ser imaginativo o tentativo acerca de tus ideas, pues las estarás actualizando más adelante.*
   Desde tu lista de ideas selecciona dos acciones para interconectar *y una para* expandir. *Escribe cada acción en una nota adhesiva.*

4. Reunidos como equipo, los grupos se turnarán para colocar sus notas adhesivas en la pizarra y presentar sus acciones. El facilitador organiza las notas adhesivas en dos grupos: uno para acciones relacionadas con *interconectar* y el segundo para *expandir*. Después de que cada grupo haya compartido, seleccionen dos o tres acciones para *interconectar* que desean asumir como equipo, así como una acción de *expandir*. Hagan un plan simple para implementar estas acciones y programar un tiempo para evaluar sus acciones y resultados.

---

62 Este recuento se basa en una entrevista con Rob Fairbanks.

Interconectar y *expandir* describen una participación discernida en la multiplicación de nuevas iniciativas misionales e iglesias. En el caso de la iglesia "New Community", vemos que las iglesias locales a veces crean la dinámica de *interconectar* dentro de la misma iglesia. Sin embargo, Communitas encuentra que el nacimiento de nuevas expresiones de iglesia más comúnmente demanda la energía colaborativa de varios grupos. Incluso "New Community", aunque tenga un fuerte líder apostólico como cabeza, pudo ver la sabiduría y la ventaja que hay en acudir a una red más amplia para fomentar la nueva planta de iglesias. Lo más importante es tomar las medidas para *interconectar* y *expandir* que tengan más sentido para ustedes. El resto del capítulo está diseñado para ayudarles a ese fin.

El llamado a colaborar para el impacto del Reino

Aunque interconectar y *expandir* se centran principalmente en la creación de nuevas expresiones de iglesia, también protegen al pueblo de Dios de un peligro inherente a cualquier grupo de personas apasionadas: limitar sus actividades y ámbito de relaciones a un círculo familiar. Todos nosotros preferimos operar dentro del silo familiar de nuestra iglesia, denominación, o lo que sea que definimos como nuestra tribu principal. Y ahí radica el problema. Con el tiempo, podemos quedar empapados en el agua de nuestra semejanza. Incluso, podemos empezar a pensar que somos más como una élite o de avanzada en comparación a otros grupos o redes. Pensamos que tenemos todo lo que necesitamos al interior - liderazgo eficaz, finanzas, libros, etc. - para seguir aprendiendo lo que debemos aprender. A veces incluso vamos tan lejos como hasta prácticamente adorar a los líderes populares.

La caída en este aislamiento a menudo sucede de forma inconsciente, pero puede llevar a nuestra comunidad a limitar casi todo contacto con otros grupos que siguen al mismo Jesús simplemente porque sus formas son desconocidas o extrañas para nosotros. Lamentablemente, esta mentalidad separatista acaba limitando la necesaria contribución de nuestro grupo al enriquecimiento del trabajo colectivo de Dios en nuestra ciudad y más allá. Más aún, puede truncar nuestra *madurez*.

En la ciudad de Corinto, el apóstol Pablo en su día tuvo que abordar esa segmentación del cuerpo local de Cristo en diferentes facciones, a menudo rivales. ¡Este mal no es exclusivo de nuestra era! En su primera carta a los Corintios, Pablo reprende enérgicamente a la iglesia de Corinto por separarse en grupos uniformes bajo líderes Apostólicos como Apolos, Cefas, y Pablo mismo.

Al comienzo de 1 Corintios, Pablo menciona al menos cuatro facciones de cristianos que operaban en Corinto. Aquí hay un punto importante que con frecuencia se pasa por alto en relación a la exhortación de Pablo: Pablo no está castigando a los Corintios por dividirse en facciones específicas. El no dice, "dejen de organizarse en grupos distintos." Si bien Pablo no valida esto de forma explícita en el pasaje, puede ser saludable que grupos, organizaciones, denominaciones, etc. se diferencien, creando su propio estilo tribal, cultura, distintivos teológicos y enfoques de discipulado. También, los grupos suelen surgir con un líder clave o dos que se vuelven prominentes, lo que es bastante normal. Lo que más enfureció a Pablo acerca de la situación en Corinto, en cambio, fue que cada facción estaba olvidando una realidad clave: todos debían estar trabajando bajo el estandarte común de Jesús, procurando demostrar y proclamar el mismo Reino bajo Cristo. Pablo los exhorta con firmeza: "¿Está dividido Cristo? ¿Acaso Pablo fue crucificado por ustedes? ¿O es que fueron bautizados en el nombre de Pablo?" (1 Corintios 1:13)

En los capítulos tres y cuatro de 1 Corintios, Pablo exhorta a los cristianos a que dejen de compararse unos a otros (3:3-4; 4:6-7) y, sobre todo, a que dejen de jactarse de sus líderes y de la superioridad de su grupo frente a los otros grupos Cristianos en la ciudad (3:5-7, 18-23; 4:6-7). Como colectivo -todos ellos unidos- representan el campo de Dios. Pablo, Apolo y Cefas tienen cada uno su propia parte en el cultivo de ese campo, como lo tienen cada uno de los Corintios. En su argumento, Pablo también recurre a otra metáfora para subrayar cuán importante es que todas las facciones trabajen juntas para construir una estructura sagrada y viva - el pueblo de Dios como un "templo":

16 "¿No saben que ustedes son templo de Dios y que el Espíritu de

*Dios habita en ustedes? 17 Si alguno destruye el templo de Dios, él mismo será destruido por Dios; porque el templo de Dios es sagrado, y **ustedes** son ese templo." - I Cor. 3:16-17 (énfasis añadido)*

Lamentablemente, unidad de propósito sigue siendo bastante infrecuente entre los diversos grupos de cristianos. Los esfuerzos humildes, pacientes y perseverantes unifican a estos grupos para lograr buenos propósitos para el Reino. Aunque sabemos que es un trabajo arduo, también sabemos que, por Cristo, vale la pena. El siguiente ejercicio te ayudará a desarrollar un "pacto de colaboración", una herramienta simple para mantener el enfoque en la gran obra de Dios en tu ciudad y en el mundo.

Creando un pacto de colaboración

Tiempo: 2 horas
Materiales: Biblias, hojas, bolígrafo o lápiz

1. Reúnanse en pequeños grupos de cuatro o menos. Cada persona lee 1 Corintios 1-4 y escribe una reflexión de un párrafo sobre colaboración en base a la exhortación de Pablo en el pasaje. Dar 20 a 30 minutos para este paso.

   Ejemplo:

   Como un equipo de liderazgo nos rendiremos cuentas el uno al otro, para mantener a Jesús y al Reino a la vista en todos nuestros procesos de toma de decisiones. Nos esforzaremos por honrar y respetar a nuestros hermanos y hermanas que operan en nuestra ciudad en el nombre de Jesús, y nos resistiremos a albergar un espíritu competitivo carente de cooperación. Al mismo tiempo, asumiremos nuestra vocación y llevaremos a nuestra comunidad a su expresión única, y al mismo tiempo buscaremos apoyar a nuestros socios de iglesias y de redes, que tengan unos valores y visión complementarios a los nuestros. Apreciamos al cuerpo de Cristo en su multiforme belleza en nuestra ciudad, y aceptamos que este mosaico de unidad, bajo Jesús nos ayuda a acercarnos a la unidad que Jesús describe en Juan 17:20-21. También reconocemos que no tenemos que convenir en cada punto con los demás para poder trabajar fructíferamente y con astucia junto a ellos.

2. Cuando se solicite, cada persona pasará su hoja a la izquierda y recibirá la hoja de su derecha. Los participantes leen las hojas recibidas, haciendo comentarios y añadiendo pensamientos. Repitan el proceso cada cinco minutos hasta que hayan leído la hoja de cada persona y reciban nuevamente la propia. Lee lo que se ha añadido a tu párrafo.

3. Utilizando una hoja de papel grande, trabajen juntos para combinar las reflexiones individuales en un solo "pacto de colaboración" para el grupo pequeño. A continuación, escriban una lista de tres a cinco acciones que podrían tomar para hacerlo una realidad.

    Ejemplo:

    Cómo viviremos:
    - Vamos a separar un tiempo de retiro intencional al menos una vez al año para orar y discernir concretamente cómo Jesús nos quiere involucrados en la multiplicación de nuevas iniciativas misionales e iglesias en nuestra ciudad y más allá.
    - Vamos a comparar y contrastar los dones y llamados en nuestro equipo de liderazgo, y decidir quién es el mejor candidato para mantener nuestros ojos apostólicos hacia afuera. Y vamos a empoderar a este líder para mantener nuestra participación activa en la siembra de iglesias y otras iniciativas, asignándole momentos específicos para compartir la visión y oportunidades tanto con nuestro equipo de liderazgo como con nuestra iglesia.
    - Acudiremos a Communitas y a Forge como redes apostólicas, y procuraremos identificar líderes locales, iglesias y ministerios que tengan una pasión específica por ver comenzar nuevas expresiones de iglesia en nuestra ciudad.

4. Reunidos como equipo, un representante de cada grupo leerá su pacto de colaboración y acciones del grupo.

5. Después de que cada grupo haya compartido su trabajo, el facilitador reunirá a tres miembros del equipo para resumir un pacto de colaboración, incluyendo la teoría y la acción. Establezcan una fecha para revisar los resultados del equipo.

Veamos ahora cómo podemos encausar una perspectiva del Reino y una actitud de colaboración hacia el nacimiento de nuevas iniciativas misionales e iglesias.

Alimentando el impulso para la multiplicación

Los equipos de liderazgo necesitan discernir regularmente cómo sus comunidades de fe podrían influir en la gran obra de Dios, dentro y fuera de sus respectivas ciudades. ¡Si de verdad seguimos a Jesús, no hay forma de escapar al llamado a colaborar para la ganancia del Reino! En estos esfuerzos para el Reino, el Espíritu puede sorprendernos en lo que es capaz de hacer para engendrar nuevas expresiones de iglesia. Todas nuestras actividades relacionadas a las dinámicas de *interconectar* y a *expandir* tienen en mente la meta esperanzadora de la multiplicación de iniciativas misionales e iglesias adecuadas al contexto.

El llamado apostólico de Communitas como organización implica emprender este propósito con gran pasión. Sin embargo, somos conscientes de que nuestros equipos de proyecto pueden no albergar el mismo fervor inquebrantable por ver nuevas iglesias multiplicarse. Cada equipo tendrá que descifrar sus propios motivos por los que debería participar en sembrar nuevas iglesias en su ciudad y más allá. Con la ayuda de esta guía esperamos que tu equipo no sólo se haya aferrado al sueño de una "Iglesia Hermosa", sino que haya comenzado a imaginar cómo muchas iglesias hermosas podían bendecir a Dios y cambiar vidas en todo el mundo. En nuestra experiencia, la mayoría de las iglesias que participan en sembrar iglesias encuentran que la experiencia es generativa en su propia comunidad. Con estos buenos elementos en mente, veamos brevemente las características de reproducción de iglesias y luego exploremos maneras prácticas para participar con otros en el establecimiento de nuevas iniciativas misionales e iglesias.

Identificando características de reproducción de iglesias

Robert Vajko, un sembrador de iglesias con largo tiempo en Francia, ha estudiado la reproducción de iglesias de diversas denominaciones que operan en Francia. Su investigación ha revelado las catorce características incluidas en la lista a continuación. No tenemos espacio en este libro para desarrollar cada característica, ni tampoco necesariamente abogamos por algunas de ellas. Sin embargo, incluimos la

lista como un catalizador para el debate en su equipo de liderazgo.

Características de las iglesias francesas que se reprodujeron:
1. Una visión de reproducción
2. Dispuestas a asumir riesgos
3. Un espíritu de entrega
4. Están ellas mismas creciendo como iglesia
5. Saben cómo sembrar iglesias hijas
6. Sensibles al Espíritu de Dios
7. Las finanzas no son algo central
8. Se preocupan por la formación de sembradores de iglesias
9. Multiplicación del liderato de base
10. Visión Paulina
11. Se procuran áreas receptoras
12. El objetivo son poblaciones homogéneas
13. Se fomenta la creatividad
14. Principios claros[63]

Es interesante observar que, además de estas características, Vajko descubrió también que "las iglesias que forman parte de una comunidad de iglesias tienden a multiplicarse más que las iglesias independientes. No es de sorprender que mi estudio en reproducción de iglesias mostró que la mayoría de ellas formaban parte de un movimiento que alienta la reproducción."[64]

Sam Metcalf, autor de *Beyond the Local Church*, lo dice de la siguiente manera: "Sembrar iglesias nunca garantizará que un movimiento dará resultado, pero generar movimientos saludables, siempre resultará en nuevas expresiones de iglesia".[65] En Communitas

---

63 Craig Ott y Gene Wilson, *Global Church Planting* (Grand Rapids: Baker Academic, 2011), 293.
64 Cita de Ott and Wilson, *Global Church Planting*, 299.
65 Sam Metcalf, *Beyond the Local Church: How Apostolic Movements Can Change the World* (Downers Grove: InterVarsity Press, 2015), 80.

creemos que este movimiento incluye ministerios, seminarios, otras entidades sin fines de lucro, y negocios conducidos por cristianos que forman amplias alianzas con las iglesias para multiplicar iglesias. Esta puede ser incluso la forma preferida para iniciar iglesias, ya que estas amplias coaliciones tienden a dar a los líderes de equipos de sembrar iglesias una exposición a un mayor número de ideas, dones y recursos. Además, incluir a los líderes de equipo en una comunidad de sembradores de iglesias en la ciudad (como Ecclesia Spokane, mencionada anteriormente en el capítulo) puede enriquecer el desarrollo de iglesias quizás más profundamente que cualquier otro enfoque.

Aprovechando las redes apostólicas

En Communitas creemos que una variedad de asociaciones son necesarias para ver una multiplicación de iglesias encarnacionales, que hagan nuevos y mejores discípulos. Pero también reconocemos la sabiduría de intencionalmente aprovechar la energía reproductiva de las redes apostólicas a lo largo de la vida de la iglesia. Estos tipos particulares de redes tienden a estar repletas de emprendedores que toman riesgos (en otras palabras, del tipo apostólico, profético y evangelístico), y puede ser una de las mejores maneras de ayudar a las comunidades de fe a involucrarse en la multiplicación de nuevas iniciativas misionales e iglesias. *Ser estratégicamente selectivo de esta forma es particularmente importante para los equipos que luchan para encontrar una representación adecuada del don apostólico dentro de su núcleo de liderazgo en cualquier etapa.*

Un ejemplo de una red apostólica que se está convirtiendo en un agente catalizador para la activación de las dinámicas de *interconectar* y *expandir* en un número de diferentes países, es la red de formación en misión, Forge (http://forgeinternational.com/).

Communitas está bendecida por su asociación con Forge a nivel global. Como el nombre lo sugiere (Forjar), esta red procura forjar alianzas entre iglesias, seminarios, denominaciones y grupos pioneros, etc., con el fin de crear ambientes para capacitar y multiplicar misioneros y comunidades misionales. Forge entrena a misioneros locales de manera eficaz hacia la multiplicación de comunidades misionales, que pueden estar o no conectadas a iglesias existentes. Communitas puede ofrecer más coaching, capacitación y apoyo a estas comunidades misionales a medida que apuntan a convertirse en iglesias sostenibles y reproducibles. A veces el personal o las iglesias de Communitas también inician centros de formación de Forge en nuevas ciudades, para catalizar movimientos misionales locales. Como ejemplo de esto en la práctica, el principal autor de esta guía, Dan Steigerwald, inició uno de estos centros en Portland, Oregon, hace varios años, y está viendo de primera mano cómo una red local puede ser un semillero para la incubación de sembradores de iglesias.

Cultivando nuestros dones para interconectar y expandir

Otra forma en que tu equipo puede alentar una postura reproductiva, es ser una voz e influencia continua para las personas en tu medio con dones apostólicos, proféticos, evangelísticos (ver las definiciones de Alan Hirsch de estos dones en el capítulo 6 de esta guía). Veamos la forma en que los dones comúnmente encuentran su expresión en la vida de las iglesias que tienen éxito en la reproducción de nuevas iglesias. A pesar de que no utilizan el alcance completo del lenguaje de dones de esta guía, Craig Ott y Gene Wilson, en su libro, *Global Church Planting* (2011), se adentran en cómo estos dones normalmente se expresan en la vida de las iglesias que de hecho se reprodujeron (ver la figura 4):

Figura 4

Dones espirituales claves para las fases de desarrollo[66]

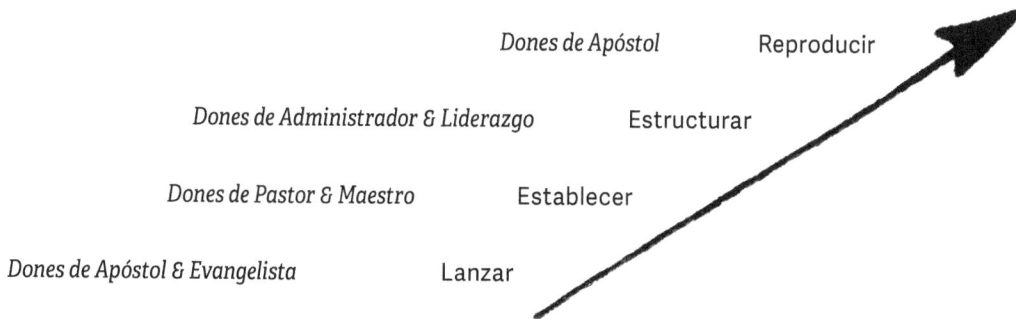

Dones de Apóstol   Reproducir

Dones de Administrador & Liderazgo   Estructurar

Dones de Pastor & Maestro   Establecer

Dones de Apóstol & Evangelista   Lanzar

---

66 Ott and Wilson, *Global Church Planting*, 164. (Imagen utilizada con autorización).

Observa en el diagrama que los dones apostólicos y evangelísticos comúnmente son operativos al inicio ("Lanzar"), y luego disminuyen su protagonismo hasta cierta etapa de desarrollo más adelante, que los autores etiquetan "Reproducir". Aunque el don profético no está representado en este paradigma, el diagrama de arriba muestra una forma bastante común en se que ve el desarrollo de una iglesia nueva. Los dones con enfoque hacia afuera (Apostólico, Profético, Evangelístico) y los dones con enfoque hacia adentro (Pastores y Maestros) se expresan a lo largo de la vida de una iglesia, pero no durante las mismas etapas. Como muestra el diagrama, después de la fase de lanzamiento, la energía hacia afuera normalmente disminuye y es seguida por un largo período hacia adentro, comprendido por las fases de establecimiento y estructuración. Con el tiempo - mucho después de que la iglesia haya alcanzado una viabilidad- esta fase de estructuración da paso a una nueva fase hacia afuera, donde la energía de reproducción es de alguna manera resucitada.

Por más bien que se vea el diagrama de arriba sobre papel, en realidad pocas iglesias logran recuperar esa energía inicial (Apóstol, Profeta, Evangelista) una vez que ésta disminuye en las fases intermedias. En esa larga etapa dedicada al desarrollo y la estructuración interna (¡un trabajo bueno e importante!), los líderes de la iglesia fallan en que consistentemente creen que su comunidad no es lo suficientemente fuerte o hábil para soportar un nuevo nacimiento aún. Esa creencia, si no se controla, puede no sólo neutralizar la capacidad reproductiva de una iglesia a largo plazo, sino que puede también alimentar temores de que incluso asociarse con otros para sembrar nuevas iglesias sería demasiado agotador de emprender.

En su estudio de sembrar iglesias en todo el mundo, Ott y Wilson ofrecen esta advertencia sobre la disminución de la energía hacia afuera, a medida que las nuevas iglesias se establecen:

> "a menudo, para cuando la iglesia ha madurado al punto de considerar la reproducción, los miembros están cansados y desean descansar y disfrutar de los frutos de su trabajo... Muchos tendrán la impresión de que hay trabajo suficiente sosteniendo los avances que se han realizado durante la vida joven de la iglesia. Estas preocupaciones y fatiga son absolutamente comprensibles, pero pueden conducir al estancamiento y letargo espiritual si se convierten en un espíritu dominante."[67]

---

67 Ibid., 292-293.

Cuando los miembros están tan cansados de los altibajos de sembrar iglesias, reinyectar la energía hacia afuera en una etapa posterior del proceso de madurez de la iglesia, requiere un gran esfuerzo de oración, visión y finura por parte del liderazgo. Quizás esta es la razón por la cual pocas iglesias se reproducen.

Creemos que esta descripción de cuatro etapas (figura 4) puede ser, de hecho, demasiado restrictiva como modelo a seguir para el desarrollo natural de la iglesia y su reproducción. En primer lugar, estamos sugiriendo que el desarrollo de la iglesia no tiene por qué considerarse como un proceso lineal, con la reproducción como la culminación tras años y años de *madurez* de la iglesia madre. En la experiencia de Communitas podemos encontrar un buen número de iglesias jóvenes que activan la energía reproductiva incluso mientras construyen sus propias comunidades de fe. Por ejemplo, al sembrar iniciativas misionales que practiquen *comunión, comunidad* y *misión* (la base de los elementos de "iglesia", tal como se describe en la introducción), una nueva iglesia en formación *puede* generar nuevas expresiones que *pueden* desembocar ellas mismas en nuevas iglesias. La historia que leímos en el capítulo uno acerca de la reproducción de iglesias en España es testimonio de esta posibilidad.

En segundo lugar, creemos que es posible mantener una activación equilibrada de dones a lo largo de la vida de la iglesia. A través del ejercicio en el capítulo anterior **Creando una atmósfera de colaboración de dones en el liderazgo**, tu equipo encontró una manera de integrar los dones en el proceso regular de toma de decisiones. Esto, junto con otras acciones intencionales, puede ayudar a la iglesia a reproducirse, o como mínimo, a permanecer comprometida con otros fuera de la iglesia, para multiplicar nuevas iniciativas misionales e iglesias.

Por último, es importante tener en cuenta que este equilibrio de dones que edifican al interior (Pastor-Maestro) con dones emprendedores al exterior (Apóstol-Profeta-Evangelista) está raramente a salvo de los conflictos sustanciales entre los miembros del equipo de liderazgo. Pocos disfrutamos del conflicto; de hecho, la mayoría de nosotros trata de evitarlo. Pero desde la perspectiva estratégica de Communitas, resolver este conflicto permitiendo que una facción domine a la otra, no es la solución. Enfrentar la tensión, en lugar de tratar de erradicarla es la mejor aproximación.

Innovando donde el Espíritu guíe

Cuando se trata de multiplicar nuevas iglesias, necesitamos aprender de la sabiduría y la experiencia, pero también estar abiertos a innovar donde el Espíritu esté guiando. A veces Dios lleva a los equipos a reproducir iglesias en formas muy poco comunes. En Polonia, por ejemplo, Paul Haenze y su red están presenciando los inicios de lo que podría convertirse en un movimiento de sembrar iglesias que está creciendo desde los refugios para indigentes. Pablo nos relata la historia:

Durante la última década, Dios le ha permitido a Daniel Wolkiewicz recorrer un camino que nunca imaginó recorrería. Su denominación lo mandó a sembrar una iglesia en una ciudad de 40.000 personas en el sur de Polonia, pero a pesar de sus mejores esfuerzos, esto no se logró. Pero en algún lugar del camino, Dios reveló otro camino hacia el sueño de Daniel de sembrar iglesias. Con la sorprendente provisión de un gran edificio vacante, Daniel y su familia fueron capaces de comenzar un ministerio para las personas sin hogar, que ha crecido hasta llegar a ser uno de los más grandes de su tipo en Polonia. Sus centros ministeriales ahora albergan cientos de personas cada día, sirviendo más de medio millón de comidas calientes cada año, y brindando capacitación laboral para decenas de personas a la vez.

CAPITULO 7

Durante el establecimiento del primer centro ministerial, Daniel estableció un proceso de formación espiritual para sus huéspedes. Al discipular intencionalmente a las personas, con el tiempo Daniel ha logrado levantar a los líderes y los recursos necesarios para multiplicar muchos centros ministeriales. En el camino, Daniel se dio cuenta de que estos centros podrían ser oportunidades ideales para iniciar nuevas iglesias. Dios le permitió probar esta visión, y hoy varias nuevas iglesias están creciendo en estos centros. Irónicamente, la iglesia que nació de ese primer centro de indigentes, ha sembrado una iglesia en la misma comunidad a la que Daniel fue enviado originalmente para sembrar una, 15 años atrás.

Daniel ha recientemente adoptado un nuevo enfoque de CityTeam International. Actualmente le está enseñando a hombres y mujeres sin hogar un enfoque simple para iniciar iglesias en nuevas zonas. Estos voluntarios se están preparando para entrar en las localidades y pueblos circundantes. Su deseo es ver que las iglesias se multipliquen en su región. Es increíble ver la forma en que Dios ha llamado e instruido a Daniel como instrumento para sembrar iglesias en una forma tan poco convencional.

Muchos equipos encuentran maneras de hacer que nuevas iglesias nazcan de forma orgánica, que demandan mucho menos de lo que solemos pensar que es necesario para la multiplicación de iglesias. Diversas redes de "iglesias simples" y redes de iglesias caseras, por ejemplo, incitan a la multiplicación de otras comunidades. Tienden a ser formas de iglesia más flexibles, de menor en complejidad, y no requieren los sistemas de organización y liderazgo que otras formas de iglesia puedan necesitar.

En algunos casos, como vimos con New Community en Spokane, iglesias individuales pueden ser capaces de crear la dinámica de *interconectar* dentro del círculo de su propia comunidad de fe. A menudo esto se hace mediante el reclutamiento y preparación de un líder pionero o dos para iniciar y multiplicar varias comunidades misionales o pequeños grupos.

Esencialmente, la iglesia anfitriona crea un entorno para que emprendedores sean mentoreados, se les dé recursos, y sean enviados a experimentar. Con el tiempo, esos líderes de cabecera forman equipos y operan series de grupos que pueden escindirse para formar nuevas iglesias. En el relato de Troy Cady de Communitas en Madrid, España, podemos ver el poder de este tipo de planta, donde la iglesia Mountainview contribuyó a fomentar el nacimiento de Oasis, que a su vez ayudó al nacimiento de Decoupage, y ahora al de una nueva iniciativa misional, *Poieme Collectiva*, fuera de Madrid, en la ciudad de Valencia.

Muchas iglesias jóvenes no logran ver que ellas mismas pueden ser el mejor incubador de nuevos sembradores de iglesias. Las iglesias más grandes suelen ser las únicas que ofrecen pasantías para potenciales sembradores, y demasiado a menudo, éstas se centran en que los pasantes aprendan a administrar una iglesia integralmente en lugar de obtener las habilidades y perspectivas necesarias para sembrar pionera. ¡¿Qué mejor lugar para que líderes aún "verdes" aprendan sobre sembrar que en el espacio impredecible y liminal de una nueva planta de iglesias?!

Demasiadas iglesias establecidas se *interconectan* localmente, quedándose en la "manera fácil" de sembrar iglesias. Intencionalmente envían un grupo de sus miembros a "asentarse" en un área, como si la reproducción se tratara principalmente de clonar la iglesia madre. A un nivel pragmático, esto puede ayudar a cumplir con el trabajo, y sin duda funciona estupendamente en algunos casos. Sin embargo, con demasiada frecuencia, este enfoque de sembrar sofoca la capacidad de la nueva iglesia para hacer discípulos, ya que, comúnmente, al establecerse saltea o se aborda sólo superficialmente al trabajo de *integrar, iniciar, y practicar*. Pero, si se hace con estas otras dinámicas activadas, el envío de un nutrido grupo, para habitar un área, desde una o más iglesias locales visibles, puede funcionar sin comprometer el discipulado y la sensibilidad al contexto.

Todo esto para decir que hay muchas formas de *interconectar* y *expandir* en aras de multiplicar las iniciativas e iglesias misionales. Alentamos a los equipos a buscar la guía del Espíritu Santo, mientras juntos buscan discernir su propia forma(s) de participar en el establecimiento de nuevas expresiones de iglesia. La métrica del éxito es la fidelidad en hacer aquello a lo que como equipo de liderazgo sientan que Dios les está llamando. Aunque hay muchas maneras de iniciar nuevas iglesias, de una cosa estamos muy seguros: la multiplicación de nuevas expresiones de iglesia raramente sucede por accidente. Requiere prácticas deliberadas que vale la pena cultivar en las primeras fases de un proyecto o desarrollo de iglesia.

Como se mencionó anteriormente, una importante práctica es asociarse con entidades locales para la multiplicación. Hemos diseñado el siguiente ejercicio en varias partes para ayudar a tu equipo a iniciar el camino de búsqueda de colaboradores locales.

Encontrando colaboradores locales para ayudar a multiplicar iniciativas misionales e iglesias

Tiempo: 5 sesiones, 60-90 minutos cada una, más un tiempo adicional para implementar los pasos de acción
Materiales: Según se requiera en cada parte del ejercicio

Este ejercicio te guiará a través de una serie de pasos, incluyendo investigación por fuera, reuniones con colaboradores potenciales, y trabajar dentro del equipo para dar inicio a asociaciones beneficiosas.

Parte 1: Preparación individual
Tiempo: 60 minutos

Cada miembro del equipo prepara una lista de cuatro a cinco posibles colaboradores locales, mediante una investigación, en línea o en persona, de redes locales posibles, conexiones personales, organizaciones e iglesias. Presta especial atención a las redes apostólicas.

Parte 2: Preparación del equipo
Tiempo: 60 minutos
Materiales: Copias de tu pacto de colaboración *en el ejercicio de aprendizaje anterior de este capítulo, pizarra y marcadores*

1. Lean en voz alta su pacto de colaboración.

2. Cada miembro del equipo presenta su lista de posibles colaboradores al grupo más grande y escribe los nombres en la pizarra. A través de discernimiento y discusión, el equipo decide sobre unas posibles asociaciones para comenzar con nuevas iniciativas misionales e iglesias.

3. Pares del equipo se ofrecerán para visitar a los posibles colaboradores de la lista. Determinen una fecha cuando su equipo se reunirá para evaluar los resultados.

Parte 3: Entrevistas de a dos
Tiempo: 60 minutos por entrevista

Dos del equipo se reúnen con su colaborador potencial asignado.

1. Prepárense para la entrevista. Tomen tiempo para orar, recordar qué es lo que están esperando sacar de esta conversación, y preparen las preguntas que quieren hacerle al futuro colaborador. Posibles preguntas incluyen:
   - *¿Cómo ves a Dios obrando en tu área de influencia?*
   - *¿Qué tipo de resultados esperas de tu trabajo y organización?*
   - *¿Dónde sientes que se encuentran tus mayores fortalezas?*
   - *¿Qué es lo que falta para alcanzar tus resultados, y cómo una colaboración puede ayudar al progreso de tu trabajo?*
   - *Puede que también desees revisar el Apéndice D: Hacer preguntas abiertas antes de tu visita.*

2. Reúnete con tu colaborador potencial. En la conversación:
   - Enfócate en ser un oyente activo, haciendo preguntas que demuestren tu interés y también afirma las cosas buenas que escuches. Recuérdate a ti mismo ser lento para analizar, y no llegar a conclusiones acerca de su ministerio.
   - Comparte tu interés en colaborar y algunas ideas iniciales de lo que te gustaría que sucediera al trabajar juntos. Considera compartir tu pacto de colaboración. Después de compartir, invita a que la persona comente sobre cómo piensa que pueden trabajar juntos.

3. Revisa tu entrevista. Cuando una conexión se ve prometedora para colaborar, evalúa las perspectivas a la luz de los siguientes criterios:
   - *¿En qué medida estamos en sintonía sobre la identidad de grupo (llamado/misión, visión, valores, teología, etc.)?*
   - *¿Qué objetivos o propósitos tenemos en común que permitirán enfocar nuestro trabajo juntos?*
   - *¿Hasta qué punto tenemos buena química relacional como colaboradores potenciales, y quién más es clave para esta asociación con quien deberíamos reunirnos?*
   - *¿Cómo las competencias y dones de nuestro grupo complementan las de este colaborador potencial, y de puede ser cada uno de nosotros responsable en términos de asociarnos para multiplicar las iniciativas misionales e iglesias?*

4. Envía un informe con tus resultados y recomendaciones a los miembros de tu equipo por correo electrónico.

Parte 4: Discernimiento de equipo

Tiempo: 90 minutos
Materiales: Pizarra blanca y marcadores

1. Mientras el equipo se reúne, cada pareja comparte los resultados de su visita con su colaborador potencial asignado, junto con sus recomendaciones. El facilitador registra los resultados en la pizarra. Después que cada pareja haya compartido, tómense unos minutos en oración por el colaborador potencial y pidiendo a Dios sabiduría para discernir sobre oportunidades de colaboración.

2. Después de que todos hayan compartido, pregúntense en qué medida las posibles asociaciones parecen "adecuadas y buenas para nosotros y el Espíritu Santo." - ¿Qué nos está diciendo nuestra oración y discernimiento, o cómo nos está impulsando Dios?

3. Como equipo, seleccionen uno o dos posibles colaboradores para comenzar con nuevas iniciativas misionales e iglesias. Designen al menos dos miembros de su equipo, incluyendo quizás al líder de cabecera, para reunirse con estos colaboradores y discutir planes de colaboración. Los detalles deberían incluir:
    *   *¿Hacia qué resultados o metas van a trabajar juntos?*
    *   *¿Cómo desarrollarán relaciones funcionales con el socio? ¿Cómo abordarán los asuntos de liderazgo, conflicto, responsabilidad y confianza?*
    *   *¿Quién será responsable de la colaboración?*

4. Establezcan una fecha de reunión para la parte 5 de este ejercicio.

Parte 5: Próximas acciones

Tiempo: 60 minutos

1. El equipo se reúne para escuchar las conclusiones de quienes hicieron visitas. Describan cómo su equipo puede cooperar con cada colaborador.

2. En oración, decidan con quién se asociará tu equipo.

3. El equipo designa un líder de cabecera para la asociación, que reclutará un equipo según sea necesario, y creará un plan de acción que detalle los pasos que se deben dar para cooperar con el colaborador

4. Implementa el plan con tu compañero y ve informando al equipo según sea necesario.

Aventura Dinámica

Permanecer en el camino mediante el coaching

Reconocemos que lo que estamos fomentando en este capítulo es muy difícil. Cuando todo tipo de complejidades te golpean como equipo, que tan solo está tratando de iniciar su propio proyecto, es realmente difícil prestar seria atención a la multiplicación de nuevas iglesias. Para ayudarles a participar deliberadamente y con seriedad en las dinámicas de *interconectar* y en *expandir*, les recomendamos conectarse regularmente con un coach estratégico, preferentemente con uno que sea un sembrador de iglesias experimentado. Si tienen un único líder de cabecera, anímenlo a procurar un coach. En caso de no tener un líder de equipo, decidan a quién de su equipo le gustaría reunirse regularmente con ese coach.

Hemos incluido a continuación un grupo representativo de preguntas que un coach estratégico podría hacer para ayudar a tu equipo de liderazgo a mantener una multiplicación a la vista. Puede ser útil para tu equipo mantener estas preguntas a la mano, incluso en las primeras etapas del proyecto. Para cerrar este capítulo, hemos desarrollado un ejercicio en torno a estas preguntas para ayudar a tu equipo a comprender mejor las dinámicas de *interconectar* y *expandir* y para estimularte a agregar acciones más específicas de *interconectar* y de *expandir* al pacto de colaboración único para la etapa que sigue.

Estimulando más acciones para profundizar en nuestras dinámicas de interconectar y expandir

Tiempo: 2 horas
Materiales: grandes hojas de papel, marcadores, cinta adhesiva, hojas para escribir, lápices o bolígrafos, el Pacto de Colaboración de tu equipo

Antes de este ejercicio, escribe las preguntas de INTERCONECTAR y EXPANDIR, aquí debajo, sobre hojas grandes de papel - una hoja para las preguntas de INTERCONECTAR y la otra para EXPANDIR. Exhíbelas sobre la pared.

1. Lee al grupo las preguntas a continuación. Estas son preguntas que un coach experimentado podría procesar con un equipo o iglesia que desea *interconectarse y expandirse*.

INTERCONECTAR
- ¿Cómo estás creando entornos que desarrollan tanto a líderes que construyen la fortaleza interna de la iglesia como a líderes que llevan al cuerpo a participar en la multiplicación de iniciativas misionales e iglesias?
- ¿Dónde estás cultivando tu presencia (por ejemplo, una densidad de grupos o iniciativas misionales) entre un grupo de personas o área en la ciudad que podrían llevar a una nueva planta de iglesias?
- ¿A quién puedes acercarte, que pueda ser coach regular de tu equipo, que tenga experiencia en sembrar iglesias y que sea coach regular de diversos equipos de sembradores de iglesias?
- ¿En qué procesos de capacitación, pasantías y experimentación misional estás involucrado, para evitar la tendencia natural de replegarse al interior de la iglesia (ej. una residencia con Forge)?
- ¿En qué iniciativas locales de compasión y justicia estás activo, que puedan "despertar" a líderes que potencialmente podrían encabezar sembrar iglesia?

Expandir

- ¿Qué se necesitaría para establecer una asociación mundial o para "adoptar una ciudad" para crear una comunidad de aprendizaje intercultural que fomente sembrar iglesias? ¿Qué recursos, personas y financiación estás asignando a sembrar iglesias?
- ¿A quienes te está dando Dios, o a quienes tienes cerca que podrías desafiar a servir en la multiplicación de iniciativas e iglesias interculturalmente, más allá de tu ciudad o país, y cómo estás cultivando a esas personas?
- ¿Cuál es tu inversión en otras iglesias de tus redes más allá de tu ciudad? ¿Cuáles de estas iglesias desean ser más misionales y enfocadas en sembrar iglesias?
- ¿Cuál es tu inversión en otras iglesias de tus redes más allá de tu ciudad? ¿Cuáles de estas iglesias desean ser más misionales y enfocadas en sembrar iglesias?

2. El equipo se reúne en dos grupos de trabajo: uno se ocupará de las preguntas de INTERCONECTAR, el otro examinará las preguntas de EXPANDIR. Cada grupo decide sobre dos preguntas de su lista que le gustaría abordar.

3. Para cada pregunta, debatan y tomen nota de sus respuestas a las siguientes preguntas:
   - *¿Qué es lo que estamos haciendo actualmente para abordar esta pregunta?*
   - *¿Qué deberíamos empezar a hacer para abordar esta pregunta?*
   - *¿Qué debemos dejar de hacer que nos permita abordar esta pregunta?*
   Escriban una breve respuesta grupal a cada pregunta.

4. Reúnanse como equipo para compartir sus respuestas a las dinámicas de *interconectar* y *expandir*. Desarrollen las acciones que tomarán en el próximo año para abordar esas preguntas adecuadamente. Agreguen estas acciones a su pacto de colaboración.

   Como paso opcional, consideren la posibilidad de nombrar dos "abogadores" - uno para actividades de *interconectar* y uno para actividades de *expandir* – que lideren la carga y se aseguren de que el equipo logre *interconectarse* y *expandirse* en el próximo año.

Creemos que a medida que tu comunidad comience a asociarse con otros, dentro y fuera de la ciudad, encontrarás que *interconectarse* y *expandirse* será gratificante y provechoso en formas que pueden sorprenderte. Aunque en este capítulo hemos destacado cómo estas acciones fomentarán la multiplicación de nuevas iglesias, tenemos también la experiencia de muchas otras bendiciones en el proceso: diversidad, recursos, compañerismo, rendición de cuentas,

aliento y apoyo. A la luz de estos grandes beneficios, alentamos firmemente a tu equipo, independientemente de su tamaño o de su madurez, a apoyarse en estas dinámicas de *interconectarse* y *expandirse* en formas que sean apropiadas para ustedes.

Al llegar al final de este capítulo, permítenos resaltar una vez más que para cualquier equipo, proyecto, o iglesia, la fidelidad a Dios es la medida más importante del éxito. Sabemos que *interconectarse* y *expandirse* jamás deben considerarse como una prescripción rígida, como una talla única, sino más bien como el resultado de un discernimiento fructífero. Los ejercicios de aprendizaje a lo largo de este capítulo te han llevado a desarrollar varias acciones para *interconectarse* y *expandirse como iglesia*. Estas prácticas están destinadas a ser una bendición, no una carga. Te animamos a aplicarlas.

Resumen: *En este capítulo final del libro hemos examinado cómo nuestro proyecto o iglesia puede comenzar el proceso de iniciar nuevas iniciativas misionales e iglesias mediante las dinámicas de* interconectar *y* expandir. *Al igual que con la* madurez, interconectar *y* expandir *requieren una gran cantidad de intencionalidad. Mantener activas a aquellas personas con los dones de apóstol, profeta y evangelista durante todo el ciclo de vida de la iglesia, asegurará que el impulso de empujar hacia afuera esté siempre presente en nuestra comunidad de fe. Esto nos desafiará a ser conscientes de las oportunidades ministeriales "allí afuera", incluso mientras discipulamos a aquellos que ya se encuentran dentro de nuestra iglesia. Hemos visto a través del ejemplo de la iglesia New Community en Spokane, que no existe un "tiempo" para multiplicar, sino que la multiplicación emana de la visión, la intención, y el desarrollo de líderes junto con la guía del Espíritu Santo.*

Les hemos dado algunos consejos prácticos y ejercicios para que no sólo comiencen a interconectar *y* expandir, *sino también para que mantengan una postura multiplicadora a largo plazo. Crear un pacto de colaboración es un buen comienzo. Un paso más para desarrollar su pacto de colaboración es conectarse con otras iglesias, organizaciones y redes apostólicas para descubrir potenciales colaboradores del ministerio y discernir cómo el Espíritu les lleva a esa colaboración. Por último, como ocurre con todas las dinámicas de siembra misional de iglesias, el* interconectar *y* expandir *deben alinearse con el diseño exclusivo de Dios para su cuerpo de Cristo local.*

(M) ¡PLANEALO!

Ve a tu Plan de Acción Misional es el Apéndice A. Ve a la sección *Pacto de colaboración* y escribe la última versión del equipo del ejercicio de aprendizaje **Creando un pacto de colaboración**. A continuación, ve a la sección *Interconectar* bajo *estrategia* y revisa con tu equipo las preguntas que allí se encuentran. ¿A qué actividades de *interconectar* se ha comprometido tu equipo en tu pacto de colaboración? ¿Qué acciones de interconectar has desarrollado en el ejercicio de aprendizaje **Estimulando más acciones para profundizar en nuestras dinámicas de interconectar y expandir**? Escribe tres respuestas en el espacio provisto. Repite el proceso para la sección *Expandir* de tu PAM (Plan de Acción Misional).

Mis Pensamientos sobre las dinámicas *interconectar* y *expandir*:

¿Qué preguntas tienes aún sobre interconectar y expandir?

¿Qué te ha sido útil en este capítulo?

¿Qué partes fueron más difíciles de comprender y por qué?

¿Qué debe ser abordado que no está aquí?

¿Qué pensamiento te llevas de este capítulo?

EPÍLOGO

¡Felicitaciones! ¡has llegado a la página final de esta guía! Dondequiera que te encuentres en este momento, te ofrecemos estas palabras de aliento: *¡Abraza esta Aventura Dinámica a la que Dios* te ha llamado! Lánzate hacia la aventura indómita e impredecible que es la de sembrar iglesias misionales.

A medida que sigues a Dios en contexto, el camino dará giros inesperados. A la vuelta de cada esquina, habrá algo nuevo. A veces habrá grandes alegrías imprevistas. Otras veces habrá desafíos profundos. Puede que debas escalar cerros que parecerán más altos con cada paso. Puede que tus compañeros de viaje vayan y vengan. Pero en medio de todo esto ten la tranquilidad de saber que Dios te ha puesto en este camino, y sabe lo que nos espera adelante. Confía en él para tu viaje, recordando siempre que la fidelidad a Dios es la principal medida de éxito.

Al mismo tiempo, utiliza las herramientas que te hemos dado - el PAM, los tres elementos de una iglesia, los doce distintivos, y especialmente las seis dinámicas - para obtener una lectura de tu ubicación y para ayudarte a determinar el siguiente paso en la aventura. A veces un GPS puede ser tu mejor amigo en medio del caos de una ciudad congestionada. ¡Presionar el botón de "encuentra mi ubicación" puede ser de gran ayuda! Nuestra esperanza es que esta guía cumpla esta función para ti.

Te recomendamos que mantengas este libro a mano y te invitamos a utilizarlo de la manera que mejor sirva a tu misión. A medida que el proyecto o iglesia avanza a través de las diferentes etapas, revisa los capítulos correspondientes. Utiliza los ejercicios de aprendizaje para volver a despertar tu imaginación. Adáptalos y experimenta con ellos para que se amolden al contexto de tu equipo y contexto.

Por último, ya sea que estés apenas comenzando a *integrarte* e *iniciar* en un nuevo contexto, que estés ayudando a tu iglesia a *practicar* y *madurar*, o que estés en el proceso de *interconectar* y *expandir*, ¡te alentamos a seguir adelante! Sigue porque el mundo necesita conocer a Jesús.

En Communitas creemos que muchas personas llegan a conocer a Jesús al tener un primer encuentro con Él en las iglesias que piensan, actúan y se preocupan por el prójimo como Él. El Reino necesita todas las variedades, todas las formas, y todas las expresiones de iglesia para todo tipo de personas. Por lo tanto, sea cual sea tu contexto, sea cual sea tu misión específica, sigue adelante. Sigue adelante para que tu querida familia, amigos, y vecinos puedan encontrar a Jesús en La Iglesia Hermosa.

"Al que puede hacer muchísimo más que todo lo que podamos imaginarnos o pedir, por el poder que obra eficazmente en nosotros, ¡a él sea la gloria en la iglesia y en Cristo Jesús por todas las generaciones, por los siglos de los siglos! Amen." – Efesios 3:20-21

¡Una *Aventura Dinámica* siempre es más enriquecedora cuando se vive junto a los demás! Nuestra esperanza es que puedas estudiar este material junto a un grupo de soñadores en tu comunidad, misioneros o sembradores de iglesias, que quieran marcar la diferencia en tu ciudad con las buenas nuevas de Jesús. Te invitamos a ser parte de la comunidad global de formación, en la página web www.thedynamicadventure.com, donde podrás encontrar una colección cada vez mayor de material, entrenamiento, videos y coaching. ¡En thedynamicadventure.com encontrarás un gran lugar para conectarte con otros aventureros para compartir aquellas historias y mejores prácticas de tu propia *Aventura Dinámica*!

APÉNDICES

Apéndice A

(M) El Plan de Acción Misional (PAM)

INFORMACIÓN DEL PROYECTO

Nombre del Proyecto:

Líder de Equipo del Proyecto:

Miembros del Equipo del Proyecto:

Sitio web del Proyecto:

Introducción:

El Plan de Acción Misional (PAM) es una herramienta diseñada para ayudar a que tu proyecto florezca. La finalidad del PAM es guiarte a través de una serie de conceptos y prácticas importantes para ayudar a aportar claridad y enfoque a tus actividades actuales y planes futuros. Encontramos que detenerse periódicamente para preguntarnos, "¿qué estamos haciendo y por qué?" es de gran ayuda para la mayoría de los equipos sembradores de iglesias. Con esto en mente, recuerda que el PAM está destinado a servirte a ti - no tú a él. No está diseñado para ser un administrador de tareas rígido e inflexible. Es un lugar para que *tu* equipo tome nota de *sus* ideas para *su* proyecto en *su* contexto. Tómense el tiempo para pensar y soñar juntos como equipo y, a continuación, tomen nota de sus ideas e intenciones aquí debajo.

El PAM es también una gran herramienta para desencadenar interacción con tu coach. Al escribir tus ideas e intenciones, tu coach puede tener una mejor idea de lo que tu equipo espera lograr. Desde allí puede ayudarte a evaluar tus metas y ayudar a garantizar que tus actividades y acciones estén alineadas con éstas.

Introducciones:

Tu PAM es un documento vivo. Está pensado para cambiar con el tiempo a medida que el proyecto crece y cambia. Este es un documento impreso diseñado para ayudar a que tu equipo obtenga sus ideas iniciales e intenciones "sobre papel". A medida que tus ideas toman forma y tus pasos de acción se tornan más claros, te animamos a colaborar con tu coach para desarrollar una versión electrónica que se puede editar y compartir más fácilmente. Y es importante que revises su PAM periódicamente para mantenerlo al día. Una copia electrónica compartible es probablemente la mejor manera de hacer esto.

Mantén tus respuestas breves y al punto. Las respuestas breves harán que tus planes sean factibles. Las respuestas largas son a menudo más difíciles de aplicar, de modo que el PAM no debería exceder de tres páginas. Toma el tiempo que necesites para procesar este paso bien con tu equipo. Algunas respuestas pueden ser fáciles para ti y para otros no. Esto es de esperar, así que tómate todo el tiempo que necesites. Sea cual sea tu proceso, esperamos que encuentres útil este ejercicio.

DECLARACIÓN DE VISIÓN

¿Cuál es la visión para el proyecto o la iglesia? Escríbela aquí. Una declaración breve, realista, pero basada en la fe es mejor con no más de 3 a 5 oraciones.

ESTRATEGIA

¿Qué quieres ver realizado en el próximo año o dos — y cómo? Para ayudarte a procesar tu estrategia hemos incluido las seis dinámicas de nuestro enfoque de sembrar iglesias misionales. Utiliza las indicaciones para pensar en actividades simples, alcanzables para cada dinámica que corresponda a tu situación actual. Si aún no has alcanzado algunas de las dinámicas, utiliza esta sección para soñar sobre papel. Intenta dar respuestas cortas y concretas.

Integrar – ¿Cómo se está tu equipo *integrando* y construyendo relaciones claves en su contexto? ¿Qué está funcionando a presente? ¿Qué no está funcionando? ¿Qué te gustaría hacer?

1.
2.
3.

Iniciar – ¿Cómo está tu equipo encarnando y proclamando el evangelio en su contexto? ¿Qué está funcionando a presente? ¿Qué no está funcionando? ¿Qué te gustaría hacer? ¿Cuál ha sido el resultado del proceso de discernimiento de tu equipo?

1.
2.
3.

Practicar – ¿Cuál es la identidad (visión y valores) y estilo de vida que están practicando juntos, a los que deseas invitar a otros? ¿Han procesado esto juntos? ¿Qué está funcionando a presente? ¿Qué no está funcionando? ¿Qué necesitan cambiar o comenzar a hacer para ver un discipulado?

1.
2.
3.

Madurar – ¿Cómo se están organizando como pueblo para que el cuerpo se empodere para hacer más y mejores discípulos? ¿Cómo trabajarán hacia una sustentabilidad? ¿Qué está funcionando a presente? ¿Qué no está funcionando? ¿Qué necesitan cambiar o comenzar a hacer para ver discipulado, salud y sustentabilidad?

1.
2.
3.

Interconectar – ¿Cómo están creando un entorno para la multiplicación de nuevas iniciativas o iglesias a lo largo de su área local y ciudad? ¿Qué personas o redes conoces con las que te puedes conectar para ese propósito? ¿Qué está funcionando a presente? ¿Qué no está funcionando? ¿Qué necesitan comenzar a hacer para ver que sembrar iglesias suceda localmente?

1.
2.
3.

Expandir – ¿Cómo están alimentando a los movimientos misionales y el desarrollo de nuevas iglesias o iniciativas más allá de su ciudad? ¿Qué personas o redes conoces con las que te puedes conectar para ese propósito? ¿Qué está funcionando a presente? ¿Qué no está funcionando? ¿Qué necesitan comenzar a hacer para ver que sembrar iglesias suceda trans local?

1.
2.
3.

Conceptos "básicos" de iglesia
¿Cómo pretendes expresar las tres funciones básicas en tu comunidad de fe?

Comunión
¿Cómo se relacionará tu comunidad de fe a Dios como cuerpo? ¿Qué están haciendo ahora? ¿Qué les gustaría hacer? ¿Qué forma cobrará?

1.
2.
3.

Comunidad
¿Cómo se relacionan las personas entre sí en tu comunidad de fe? ¿Cómo profundizarán esas relaciones para encarnar el evangelio de gracia juntos? ¿Qué están haciendo ahora? ¿Qué les gustaría hacer? ¿Qué forma cobrará?

1.
2.
3.

Misión

¿Cómo se relacionará su comunidad de fe a la comunidad anfitriona? ¿Qué propósito redentor procurarán en su ciudad? ¿Qué están haciendo ahora? ¿Qué les gustaría hacer? ¿Qué forma cobrará?

1.
2.
3.

Proyecto

Un proyecto saludable de Communitas debe llegar a un punto donde se lidere a sí mismo y se sostenga financieramente. Incluso si se encuentra en una etapa muy temprana en la vida del proyecto, es bueno tener algunos objetivos. ¿Cuáles son los próximos pasos de su proyecto para el liderazgo y la sostenibilidad?

Liderazgo

¿Cómo estamos identificando y desarrollando líderes? ¿Qué está funcionando a presente? ¿Qué no está funcionando? ¿Cómo se vería el desarrollar líderes de una buena manera?

1.
2.
3.

Sostenibilidad financiera

¿Somos finalmente sostenibles? ¿Cómo sabremos que necesitamos para ser sostenibles? ¿Qué sistemas necesitaremos para asegurar la sustentabilidad? ¿Qué está funcionando a presente? ¿Qué no está funcionando? ¿Qué forma cobra una sustentabilidad financiera para nosotros?

1.
2.
3.

Pacto de colaboración

¿Cómo aprenderá tu equipo a *interconectarse* y a *expandirse*? Escribe un párrafo que capte los mensajes claves de cómo tu equipo colaborará con otros para multiplicar iniciativas misionales e iglesias dentro y fuera de la ciudad.

METAS Y OBJETIVOS

¿Cuáles son tus metas y objetivos para el próximo año? A menudo, el trabajo que has hecho en las secciones anteriores te dará algunas pistas importantes. Por favor enumera seis.

Aquí es donde el PAM se torna más específico. Te animamos a utilizar números y fechas, así las cosas se tornarán medibles. Hemos incluido algunos ejemplos. Has una lista de tus objetivos en orden de importancia. Has tus declaraciones breves y claras y limítalas a lo que esperas lograr en los próximos 12 meses.

Ejemplos de metas:

1. Tener 3 reuniones de visión para el 15 de julio 2018, con una asistencia aproximada de 20 personas.

2. Organizar dos eventos sociales al mes por el resto de este año.

3. Comenzar un curso Alpha para el 31 de abril con 10 personas.

4. Reclutar un miembro de equipo adicional que pueda ayudar en las áreas de música y adoración.

Las metas de nuestro equipo

1.

2.

3.

4.

5.

6.

¡Gracias por tu arduo trabajo! ¡Que Dios afirme el trabajo de tus manos!

Apéndice B

El "ministerio de *peripateo*"

Otra práctica útil de inmersión y escucha es lo que el Dr. Wesley White de Communitas denomina el "*ministerio de Peripateo.*" *Peripateo* es una palabra griega usada a menudo por los escritores del Nuevo Testamento para describir el movimiento a través de las rutinas de la vida diaria, que literalmente significa "caminar" (*pateo*) "alrededor" (*peri-*). Vemos una forma de la palabra utilizada, por ejemplo, en Colosenses 4:5 - "Usen su inteligencia para tratar como se debe (peripateite) a los que no confían en Cristo." (TLA). En los primeros años de la planta de la Iglesia Mosaico en Glasgow, Escocia, Wes y su equipo misionero instituyeron el "ministerio de paseo" como un ritmo regular para el equipo de liderazgo. Los miembros de su equipo núcleo salían a caminar, individualmente o de dos en dos, por las calles y parques del área durante una hora o dos. Durante el paseo, cada persona buscaba estar atenta en oración a toda la información sensorial que llegara. Podría ser que conversaran con algún vecino, o que ingresaran a algunas tiendas locales, empresas o centros comunitarios, siempre en constante oración y pidiendo a Dios que les ayudara a prestar atención a las cosas importantes que de otro modo no podrían ver.

Mientras caminaba una mañana, Wes dice que su corazón se sentía ligero pero pleno, y comenzó a cantar en voz alta. Un hombre de edad avanzada atraído por el inusual canto en público, se dirigió en dirección de Wes y lo siguió con una mirada curiosa en su rostro. En cierto punto Wes percibió la presencia de este hombre, y se detuvo para conversar. Cuando el hombre le preguntó a Wes por qué estaba cantando, le explicó que era desbordamiento del gozo de su corazón, que surgió de pasear y orar por la ciudad y por las personas con las que se cruzaba. El hombre estaba visiblemente conmovido al oír que Wes y su grupo se dedicaban a esa actividad tan solícita por el bien de otros. Dios había tocado a alguien de forma inesperada porque se hizo el espacio para pasear en el nombre de Cristo.

Otra versión de este ministerio del paseo podría implicar un equipo que investigue la ciudad y desarrolle una especie de mapa espiritual, para ser utilizado como una peregrinación de oración regular del grupo. Los paseos de oración, en cualquiera de sus formas, ayudan a los equipos a mantener sus oídos abierto para discernir y también para añadir a su creciente base de conocimiento acerca de su ciudad.

Considera las siguientes preguntas a medida que desarrollas tu propia práctica de *Peripateo*:

- *¿Con cuánta frecuencia practicará nuestro equipo caminatas de oración?*
- *¿Quién participará?*
- *¿De qué manera "cubriremos" el vecindario con nuestras caminatas de oración?*
- *¿Qué rutas tomaremos?*
- *¿Dónde se encuentran en tu vecindario lo puntos centrales, parques, cafés y otros lugares de interés dónde la gente se reúna?*
- *¿A quiénes conocimos en nuestras caminatas de oración, y qué sentimos que Dios nos está diciendo en cada uno de esos encuentros?*
- *¿Qué sentimos que Dios está diciéndonos respecto de nuestro entorno, y qué indicadores históricos nos ayudan a comprender esta zona desde una perspectiva espiritual?*
- *¿Qué necesidades vemos en nuestro vecindario como resultado de nuestras caminatas de oración?*
- *¿ Qué del vecindario celebramos, como resultado de nuestras caminatas de oración (ej. qué ventajas o señales de shalom son evidentes)?*
- *¿Dónde estamos registrando y compartiendo los hallazgos de nuestras caminatas?*

Apéndice C

Conducir un ejercicio de exégesis de vecindario

Vamos a tomar tiempo para observar y aprender un poco acerca de una parte de nuestra ciudad. Mientras caminamos, observamos y escuchamos en grupos de 2-4 personas, las siguientes preguntas nos ayudarán a ver y a experimentar nuestra ciudad de nuevas maneras. También nos ayudarán a comprender mejor y a tener una mayor capacidad de respuesta en los vecindarios y grupos sociales en esta área en particular. Terminaremos por reflexionar sobre lo que pueda significar buscar el *shalom* de estos lugares (Jeremías 29:7).

1. Estando en el punto de partida, ¿qué ves cuando miras en cada dirección? ¿Qué escuchas o sientes? ¿Qué actividades adviertes?

A medida que comienzas a pasear...

2. ¿Qué adviertes acerca de los jardines delanteros o entradas a cada una de las casas o apartamentos?
3. ¿Se siente este vecindario o parte de la ciudad como un lugar cuidado?
4. ¿Cuántas casas, apartamentos, o edificios en venta ves? ¿Qué señales de transitoriedad puedes observar?
5. ¿Qué adviertes en los parques? ¿Son lugares acogedores? ¿Quienes están allí?
6. ¿Observas iglesias o edificios religiosos? ¿Qué comunica su apariencia?
7. ¿Qué tipos de edificios comerciales se encuentran allí? ¿Quién los ocupa?
8. Describe a las personas que ves paseando, cuidando sus hogares/jardines o empresas.
9. ¿En qué maneras se gestiona el tránsito de peatones, bicicletas y automóviles? ¿Dónde adviertes aceras, semáforos, cruces peatonales y peatones?
10. ¿Hay lugares en este vecindario en los que no entrarías? Por qué?
11. ¿Dónde hay lugares de vida, esperanza, belleza, o comunidad en este vecindario?
12. ¿Qué evidencias de lucha, desesperación, abandono, y alienación ves?
13. ¿De qué maneras puedes ver evidencias de la presencia de Dios en esta área?

En el camino, participa de estas tres acciones importantes:

1. Encuentra una persona accesible con quien conversar. Hazle estas preguntas abiertas:
   - ¿Qué es más importante para ti en tu vida?
   - ¿Cuáles son las preocupaciones de tus vecinos y tu vecindario?
   - ¿Qué necesita atención inmediata en tu vecindario?
   - ¿Que hace bien tu vecindario, o qué contribuye a la ciudad?

2. Con tu compañero, encuentra un local frecuentado y ordena algo de comer o beber. ¿Qué oyen y observan en ese lugar?

3. Encuentren una reliquia o símbolo de su experiencia en la comunidad y tráiganlo de vuelta con ustedes. Se les pedirá que compartan cómo éste representa lo que el grupo experimentó en su aventura de escuchar juntos.

Apéndice D

Preguntas abiertas y cerradas

Las preguntas abiertas y cerradas son fáciles de discernir. Una pregunta cerrada puede ser contestada con una sola palabra, comúnmente sí o no, o una frase corta, como "son las siete de la mañana", o "ella tiene 6 meses." Las preguntas cerradas proporcionan hechos, mientras el control de la conversación queda en manos del entrevistador, y no de quien contesta las preguntas. Una pregunta cerrada es una manera elegante de invitar a una persona a una conversación, porque es de bajo riesgo, y generalmente requiere menos intimidad o auto-revelación. Las preguntas cerradas se utilizan a menudo para obtener una investigación cualitativa y cuantitativa. Las preguntas cerradas *limitan la elaboración de* las respuestas.

Ejemplos de preguntas cerradas:
* *¿Estás satisfecho con que estas acciones vayan a cambiar las cosas?*
* *¿Considerarías alguna otra manera de ver esta situación?*
* *¿Piensas que en la reunión se cumplieron nuestros objetivos?*

Sin embargo, si deseas un encuentro más profundo con las personas, deberás hacer preguntas abiertas. Las preguntas abiertas son utilizadas para la investigación narrativa (aprender acerca de personas a través de sus historias), y eso es lo que hay que hacer aquí. Las preguntas abiertas deliberadamente invitan a la narración y la auto-revelación. En otras palabras, se esperan respuestas más largas, donde el control de la conversación pasa del entrevistador al entrevistado. A través de preguntas abiertas el entrevistador invita al entrevistado a pensar y reflexionar, a dar opiniones y compartir sentimientos. Las preguntas abiertas suelen comenzar con: *qué, por qué, cómo,* y *describa*.

Ejemplos de preguntas abiertas:
* *¿Cómo percibes que estas acciones te lleven a los cambios que deseas ver?*
* *¿Cómo sería esta situación si la vieras desde la perspectiva de cada uno de tus compañeros de equipo?*
* *¿Qué podrías haber hecho diferente en esa reunión para que todos ganaran al final?*

Adaptado por Deborah Loyd de www.changingminds.org

Apéndice E

Creando márgenes de espontaneidad

1. Despeja tu escritorio, pon el teléfono lejos y guarda cualquier reloj que esté a la vista. Toma una nueva hoja de papel y un lápiz o un bolígrafo. Escribe en la parte superior de tu hoja: *Mi relación con el tiempo*. Comienza pidiéndole al Espíritu Santo que te hable a través de la metáfora del tiempo.

2. Toma unos minutos tranquilos de contemplación, revisando tu día hasta ahora. Luego, revisa la semana que pasó. Considera cómo usas tu tiempo, cuán apretada está tu agenda. Fíjate cuando tienes margen de tiempo y cuando no lo tienes. ¿Cuáles son tus frustraciones más grandes con el tiempo? Háblale al "tiempo" y permite que el "tiempo" te responda. Comienza escribiendo "Tiempo, necesitamos hablar sobre nuestra relación".

3. Ahora escribe sobre el uso del tiempo respondiendo a estas preguntas:
    *   *Háblale al "tiempo" como si fuera una persona, describiendo su relación.*
    *   *Describe cómo les va a ti y al "tiempo" con los temas de proximidad, frecuencia y espontaneidad.*

4. Luego responde a estas preguntas:
    *   *¿Estás conforme con tu uso del tiempo? ¿Por qué sí? ¿Por qué no?*
    *   *¿Cuán apretada está tu agenda? ¿En qué maneras te exprime el tiempo? Descríbelo.*
    *   *¿El tiempo te deja margen en tus días y semanas? Si no lo hace, ¿dónde te gustaría tenerlo?*
    *   *¿Qué tipo de relación con el tiempo te daría margen para hacer lo que deseas?*
    *   *¿Qué puedes hacer o dejar de hacer específicamente para crear un mayor margen de tiempo para un ministerio contextual?*

    Sigue con la conversación hasta que se agote.

5. Pídele al Espíritu Santo que te ayude a crear un plan que te guíe a ser quien debes ser. ¿Qué cosas concretas puedes hacer para crear márgenes en la misión y para desarrollar un ministerio contextual? ¿Cómo lo harás? Escribe un plan de acción, comprométete a él, y cuéntale a tu mentor lo que hayas aprendido.

Apéndice F

Lectio Divina

Este método de oración se remonta a la antigua tradición monástica. No había Biblias para todos y no todos sabían leer. Así que los monjes se reunían en la capilla para escuchar a un miembro de la comunidad leer de las Escrituras. En este ejercicio se les enseñaba y alentaba a escuchar con sus corazones porque era la Palabra de Dios que estaban escuchando.

Cuando una persona quiere utilizar la *Lectio Divina* como una forma de oración hoy, el método es muy simple. Cuando uno es principiante, es mejor elegir un pasaje de uno de los Evangelios o epístolas, normalmente diez o quince versículos. Algunas personas que regularmente practican este método de oración eligen la epístola o el evangelio de la misa del día, según lo sugerido por la Iglesia Católica.

Primero uno va a un lugar tranquilo y recuerda que está a punto de escuchar la Palabra de Dios. Luego, lee el pasaje de las escrituras en voz alta para permitirse escuchar las palabras con sus propios oídos. Cuando termines de leer, has una pausa y recuerda si alguna palabra o frase sobresalió o algo ha tocado tu corazón. Si es así, has una pausa y saborea la intuición, sensación, o el entendimiento. Luego, vuelve atrás y lee el pasaje nuevamente, porque tendrás un sentido más pleno. Pausa de nuevo y observa qué sucede. Si deseamos un diálogo con Dios o Jesús en respuesta a la Palabra, debemos seguir los dictados de nuestro corazón. Este tipo de escucha reflexiva le permite al Espíritu Santo ahondarnos en el conocimiento de que Dios toma la iniciativa para hablar con nosotros.

Lectio Divina puede también ser una forma efectiva de oración de grupo. Después de leer un pasaje, puede haber algo de silencio prolongado para que cada persona saboree lo que haya escuchado, sobre todo observando si alguna palabra o frase cobró especial atención. A veces algunos grupos invitan a los miembros, si así lo desean, a compartir en voz alta la palabra o frase que les haya impactado. A esto no se le añade ninguna discusión. A continuación, una persona diferente del grupo lee el pasaje de nuevo con una pausa de silencio. Diferentes énfasis pueden ser sugeridos después de cada lectura: ¿Qué don me lleva este pasaje a pedirle al Señor? ¿A qué acción me llama este pasaje? La oración puede ser concluida con un Padre Nuestro.

Ya sea que se ore individualmente o en grupo, la Lectio Divina es una manera flexible y sencilla de orar. Uno primero escucha, observa lo que recibe, y responde según sea dirigido por el Espíritu Santo.

Pasaje de "Praying with Scripture" por Douglas J. Leonhardt, S.J., seleccionado del capítulo "Prayer and Decision Making in the Ignatian Tradition," en *Finding God in All Things: A Marquette Prayer Book* © 2009 Marquette University Press. Utilizado con autorización. Todos los derechos reservados.

Apéndice G

Examen Ignaciano

Este ejercicio está basado en/adaptado de los *Ejercicios Espirituales* de San Ignacio de Loyola. Este es probablemente más eficaz por escrito, pero estas preguntas también pueden ser simplemente oradas.

- Pídele a Dios que te ayude a identificar el momento de hoy por el que estás más agradecido. Recuerda ese momento con tanto detalle como sea posible. ¿Qué lo hace tan especial?

- Pídele a Dios que te ayude a identificar el momento de hoy por el que estás menos agradecido. ¿Qué lo hace tan difícil?

- Sigue con "¿cuándo me he sentido más vivo hoy? ¿Cuándo he sentido que mi vida se drenaba más y más hoy?

Procura mantener el Examen Diario lo más consistentemente posible. En intervalos regulares repasa las anotaciones de tu diario y considera:

- ¿Cómo podrían estar estos escritos diciéndome algo de cómo Dios me está hablando?

- ¿Qué sugieren estos escritos de mi identidad? ¿De mi propósito? ¿De mi dirección?

Apéndice H

Movimientos en discernimiento de liderazgo corporativo

El siguiente es un resumen de los movimientos de Ruth Haley Barton sobre el discernimiento de liderazgo corporativo.

Preparados: Preparación

- Define la pregunta que requiere ser discernida.
- Reúne a la comunidad para discernir.
- Afirma (o reafirma) los valores y principios guía.

Listos: Poniéndonos en una posición para ser guiados

- Oración por la indiferencia.
- Prueba de la indiferencia.
- Oración por sabiduría.
- Oración por una confianza serena.

Fuera: Discerniendo la voluntad de Dios juntos

- Ajusten la agenda para poder escuchar.
- Escúchense los unos a los otros.
- Escuchen a Dios en silencio.
- Reúnanse y escuchen de nuevo.
- Identifiquen y trabajen con opciones.
- Pónganse de acuerdo.
- Busquen confirmación interior.
- Afirmen la guía de Dios.

Haz: La voluntad de Dios

- Comuníquense con los que deban involucrarse.
- Hagan planes para hacer la voluntad de Dios así como la han comprendido.
- Continúen discerniendo a medida que hacen la voluntad de Dios.

© 2012 Ruth Haley Barton. Este gráfico es una representación del proceso descrito en *Pursuing God's Will Together: A Discernment Pratice for Leadership Groups* (InterVarsity Press). Utilizado con autorización. www.transformingcenter.org

Apéndice I

Un proceso para determinar los valores de una comunidad

Un *valor* es lo que más nos importa como comunidad espiritual; es el ideal en el que insistimos y buscamos expresar juntos.

Tiempo: 2 a 3 horas en dos sesiones
Materiales: Papel, bolígrafos o lápices, notas adhesivas, pizarra y marcadores

NOTA: Asegúrense de captar lo que realmente quieren vivir. Demasiadas declaraciones de valor terminan con uno o más valores latentes o inactivos. Como equipo, deben ir detrás de *valores reales*, no de *valores operacionales*. Esta es la razón por la que una comunidad debe poner a prueba o practicar lo que define como valores, para comprobar que sean valores *reales*.

Agenden varias horas juntos como equipo de liderazgo para determinar un "conjunto inicial" de valores. Éstos tendrán que ser probados por la vida juntos, y por la comunidad, pero por algún lado hay que empezar.

1. Den diez minutos para que los participantes escriban sus respuestas personales a las siguientes preguntas:
    - *¿Qué te gustaría realmente que esta comunidad represente?*
    - *¿Cómo tendría que ser tu comunidad de iglesia para que realmente la consideres como tu casa?*

2. Cada persona anota tres a cinco de estas declaraciones en notas adhesivas, una por cada nota (también incluirán las iniciales de su nombre en cada nota adhesiva).

3. Cada persona comparte sus respuestas, colocando sus notas adhesivas en la pizarra mientras lo hace. A medida que las personas comparten, el facilitador anota el contenido, manteniendo un registro de lo que cada persona ve como importante en la comunidad.

4. Como grupo, organicen estas en categorías o temas. Luego, decidan sobre una palabra o frase para describir cada categoría.

5. El facilitador anota todas las categorías y las declaraciones, enumerando cada categoría y mostrando las declaraciones individuales que apoyan esa categoría. Todo el mundo recibe una copia de este borrador para reflexionar sobre el mismo a la siguiente semana.

6. La próxima vez que se reúnan como equipo, distribuyan el borrador de los valores del grupo a cada persona. Revisen los valores y justificaciones juntos y ajusten según sea necesario, basándose en la reflexión de la semana anterior. El grupo concluirá con cuatro a ocho valores y declaraciones que lo definan.

© 2016 Dan Steigerwald

Apéndice J

Creencias cristianas comunes

A continuación se muestra una lista de declaraciones de creencias recopiladas de diversas tradiciones de la fe cristiana. Está aquí exclusivamente como un recurso para promover la discusión en el ejercicio de aprendizaje *discernir conflicto sobre convicciones* en el capítulo cinco. Esta lista no pretende ser una lista exhaustiva de las creencias cristianas, ni está concebida como una declaración de la teología de Communitas Internacional.

Hay solo un Dios.

Dios es tres en uno o una Trinidad.

Dios es omnisciente o "todo lo sabe".

Dios es omnipotente o "todo poderoso".

Dios es omnipresente o "presente en todas partes".

Dios es soberano.

Dios es santo.

Dios es justo.

Dios es amor.

Dios es verdadero.

Dios es espíritu.

Dios es el creador de todo lo que existe.

Dios es infinito y eterno. Siempre ha sido Dios.

Dios es inmutable. Él no cambia.

El Espíritu Santo es Dios.

Jesucristo es Dios.

Jesús se hizo hombre.

Jesús es plenamente Dios y plenamente hombre.

Jesús no tenía pecado.

Jesús es el único camino a Dios el Padre.

El hombre fue creado por Dios a su imagen y semejanza.

Todas las personas han pecado.

La muerte vino al mundo a través del pecado de Adán.

El pecado nos separa de Dios.

Jesús murió por los pecados de cada persona en el mundo.

La muerte de Jesús fue un sacrificio sustitutorio. Murió y pagó el precio por nuestros pecados, para que podamos vivir.

Jesús resucitó de los muertos en forma física.

La salvación es un regalo de Dios.

La Biblia es la Palabra "inspirada" de Dios.

Aquellos que rechazan a Jesucristo irán al infierno por la eternidad al morir.

Aquellos que acepten a Jesucristo vivirán eternamente con él al morir.

El infierno es un lugar de castigo.

El infierno es eterno.

Habrá un levantamiento de la iglesia.

Jesús retornará a la tierra.

Los cristianos serán resucitados cuando Jesús retorne.

Habrá un juicio final.

Satanás será enviado al lago de fuego.

Dios creará un nuevo cielo y una nueva tierra.

Apéndice K

La Iglesia Hermosa
Dr. Wesley White

En mi familia hemos desarrollado una tradición que ha demostrado ser no sólo esencial, sino también profundamente valorada por cada uno de nosotros. En los cumpleaños, junto con una comida especial, pastel y, por supuesto, regalos, también cada miembro de la familia ofrece palabras de amor y afirmación a los cumpleañeros. Les decimos explícitamente qué amamos tanto de ellos y por qué les valoramos. Les damos ejemplos y describimos sus características que hacen que les queramos tanto. Celebramos sus vidas entre nosotros con palabras y oraciones que llegan al alma y traen bendición.

De manera similar, quiero celebrar la Iglesia. Por supuesto, está más en boga en estos días defender un abismo que preferiríamos mantener entre el Jesús que admiramos y su Iglesia, de la que honestamente estamos avergonzados. Pero quiero sugerir que, a pesar de que el golfo es en cierta medida comprensible, es sin embargo erróneo y malsano. Ciertamente va en contra de grandes secciones del Nuevo Testamento. Por el contrario, creo que legítimamente podemos recitar una letanía de lo que viste la Iglesia con belleza, de lo qué la eleva como loable, de lo que causa que sea apreciada en muchas partes del mundo. Sin esconder las serias debilidades y problemas bajo la alfombra proverbial, creo que, al mismo tiempo, podemos abierta y ardientemente confesar todo lo que amamos de la Iglesia.

Amo la *simplicidad* de la Iglesia. Aprecio el simple acto de las personas que se reúnen semanalmente para cantar y orar y escuchar y aplicar la Palabra de Dios y participar de la santa cena. Demuestra la alegría que se puede tener en el compartir de vidas tan encerradas por una rutina semanal y en pequeños grupos que se reúnen de vez en cuando. Simplemente ofrece una variedad de formas en las que se ve un ánimo y aliento ofrecido a las personas.

Amo la *consistencia y fidelidad* de la Iglesia. Recientemente me reuní con un colega en una conferencia en Derbyshire, Inglaterra, que asiste a una Iglesia anglicana que ha tenido un incesante ministerio en esa zona desde el año 811 d.C. - mil doscientos dos años de ministerio ininterrumpido en el nombre de Jesús. Una consistencia como esta se ve cada tanto acompañada de un verdadero sentido de *autenticidad*, pues las iglesias locales no suelen reunir a un grupo élite de poderosos y ricos, sino a personas llenas de fragilidad y debilidad y lucha y honestidad y esperanza.

Amo la *naturaleza dadivosa* de la Iglesia. Debemos señalar que el informe de las Naciones Unidas sobre Renovación Social, de noviembre de 2011, nos dice que el 67% de la filantropía más eficaz de los últimos 50 años puede atribuirse a las congregaciones cristianas de todo el mundo. En su estela se encuentra un nivel más que aceptable de *eficacia transformacional*, de tal modo que los estudios urbanos hoy confirman que la Iglesia Cristiana es responsable, por lejos, del mayor incentivo para el desarrollo de hospitales, universidades y centros culturales y de servicios a los pobres y a la promoción de los derechos civiles y humanos en casi todas las ciudades importantes del mundo.

Amo *el enfoque* de la Iglesia en Jesucristo, quien por sí mismo puede cambiar a las personas de adentro hacia afuera y al mundo de afuera hacia adentro. Se enfoca, en realidad, en *el mensaje* de la Iglesia, las buenas nuevas de que de tal manera amó Dios al mundo que, en Jesucristo, el mismo Hijo de Dios, Él ha comenzado la renovación de todas las cosas, los propósitos restauradores de Dios, y el fin de todo lo que es malo, de todo lo que es el resultado de los designios destructivos del maligno.

Y amo a las *personas* de la iglesia que están aprendiendo a través de todo tipo de altibajos, y a través de las alegrías y las luchas, qué es ser el pueblo de Dios; cómo confiar en este único Dios, y servirle, y cómo invitar a todos y a cada uno a su abrazo integrador. Amo el *coraje y celo misionero* de esta Iglesia, que ha enviado a estas mismas personas a cada rincón del planeta, a algunos de los peores y más peligrosos sectores, cediendo enormes porciones de preferencia personal, a fin de mostrar y compartir el amor de Cristo.

Y podría seguir y seguir sobre todo lo que amo de la Iglesia.

Entonces, ¿qué tiene que ver esta letanía verbal con cualquier tipo de apertura de la carta de Pablo a los Efesios? ¡Como veremos - todo! ¿Qué temáticas presagia? ¿Qué temas surgen? Como descubriremos, son muchos y variados, pero con un énfasis abarcativo. Existe, en otras palabras, toda razón para exaltar a la Iglesia en el mundo. Claramente, el principal objetivo de la carta a los Efesios es la teología de Cristo del Apóstol Pablo para los Gentiles. En otras palabras, Cristo para el mundo, en el que sin duda es una epístola misionera. El corazón de esta afirmación se expresa en el capítulo 3:4-8, "... al leer esto, podrán darse cuenta de que comprendo el misterio de Cristo. Ese misterio, que en otras generaciones no se les dio a conocer a los seres humanos, ahora se les ha revelado por el Espíritu a los santos apóstoles y profetas de Dios; es decir, que los gentiles son, junto con Israel, beneficiarios de la misma herencia, miembros de un mismo cuerpo y participantes igualmente de la promesa en Cristo Jesús mediante el evangelio. [...] Aunque soy el más insignificante de todos los santos, recibí esta gracia de predicar a las naciones las incalculables riquezas de Cristo..."

Una lectura detallada de Efesios, sin embargo, podría llevarnos a sugerir con mayor precisión el tema más amplio de Cristo en el mundo *a través de la Iglesia*. Después de todo, la Iglesia es ese lugar para la predicación misional, coherente en su contexto, que Pablo tiene en mente. Como dice en el capítulo 1:22-23, "Dios sometió todas las cosas al dominio de Cristo, y lo dio como cabeza de todo a la iglesia. Ésta, que es su cuerpo, es la plenitud de aquel que lo llena todo por completo."

De este relato, Markus Barth sostiene que el tema principal de la Carta de Pablo a los Efesios es nada menos que *el Cristo Cósmico obrando en el mundo a través de la universal, pero localmente establecida, Iglesia de Cristo.* Más concretamente, Barth sostiene que "sólo en la Epístola a los Efesios yace la esencia misma de la iglesia, directamente identificada con su postura ante, su servicio a, y si es necesario, su resistencia contra todos los ángeles y demonios, todas las épocas y espíritus que forman, representan, o aterrorizan al mundo."

Aunque el argumento teológico de Efesios es complejo, su estructura es sorprendentemente sencilla. Harold Hoehner divide la Epístola a los Efesios en dos partes fácilmente distinguibles que él califica como *el llamado* de la iglesia (Capítulos 1-3) y *la conducta* de la iglesia (Capítulos 4-6). El "Amén" al final del capítulo 3, junto con el inicio de la exhortación clara y directa en los primeros versículos del capítulo 4, marca estas divisiones, compuestas deliberadamente y literariamente.

A medida que examinamos la estructuración deliberada del Apóstol, tiene incluso mayor importancia la naturaleza de los elementos que Pablo inserta para separar las secciones de la carta, definidas por la doctrina y el deber (el llamado de la iglesia y la conducta de la iglesia). Lo que nos encontramos como resultado de esto, es una *oración* increíblemente potente y crítica en 3:14-21: "Por esta razón me arrodillo delante del Padre, de quien recibe nombre toda familia en el cielo y en la tierra. Le pido que, por medio del Espíritu y con el poder que procede de sus gloriosas riquezas, los fortalezca a ustedes *en lo íntimo de su ser*, para que por fe Cristo habite en sus corazones. Y pido que, arraigados y cimentados en amor, puedan comprender, *junto con todos los santos*, cuán ancho y largo, alto y profundo es el amor de Cristo; en fin, que conozcan ese amor que sobrepasa nuestro conocimiento, para que sean llenos de la plenitud de Dios. Al que puede hacer muchísimo más que todo lo que podamos imaginarnos o pedir, por el poder que obra eficazmente en nosotros, ¡a él sea la gloria en la iglesia y en Cristo Jesús por todas las generaciones, por los siglos de los siglos! Amen." [énfasis añadido]

Aunque hay mucho para profundizar en términos del contenido teológico de la oración, ahora vamos a observar la estructuración de esta oración en torno a *dos cláusulas críticas*. El versículo 16 proporciona la primera de éstas con la frase preposicional, *"en lo íntimo de su ser"* (εις τον εσω ανθρωπον), que establece los parámetros de lo que Pablo está orando - *el desarrollo personal del alma*, que se caracteriza por la fuerza que se deriva del poder del Espíritu Santo.

La segunda cláusula se encuentra en el versículo 18, e implica otra frase preposicional, *"junto con todos los santos"* (συν πασιν τοις αγιος). Esta frase establece los parámetros de lo que Pablo está orando, de una manera contrastante. Donde la primera frase se refiere al individuo, ésta se refiere a lo que podríamos llamar la "comprensión colectiva" del amor expansivo de Cristo. Deliberadamente especifica la experiencia colectiva ("junto con todos los santos"), como ese contexto en el que podríamos descubrir "cuán ancho y largo, alto y profundo es el amor de Cristo; en fin, que conozcan ese amor que sobrepasa nuestro conocimiento".

Toda esta oración Paulina se construye alrededor de esas dos divisiones, a fin de que podamos ver claramente y escuchar lo que es sugerido con tanta importancia. Sí, esta oración confirma la preocupación holística de Pablo por una activación del interior que es el resultado del poder del Espíritu Santo, obrando en el contexto del crecimiento personal del alma. Pero, si anhelamos tener la capacidad de comprender este inmenso amor expansivo de Cristo y una experiencia con Él - su anchura, longitud, altura y profundidad - sólo podrá ser si lo hacemos *junto con todos los santos*.

Hay, además, una serie de factores críticos con los que lidiar con respecto a lo que el Apóstol pretende sugerir. Primero, cuando Pablo usa el término "saber", es casi seguro que es el caso en que está recurriendo a la Septuaginta vernacular, que tomó del sentido hebraico, en el que "saber" es una expresión de la intimidad sexual. Está insertado en la palabra griega γνωσκω (gnosko), pero llegar a esa íntima experiencia del amor de Cristo, no se limita al conocimiento cognitivo, sino más bien a un conocimiento experiencial íntimo.

Segundo, cuando Pablo usa este tipo de lenguaje dimensional, hablando de la *anchura, longitud, altura* y *profundidad*, es muy probable que esté tomando prestado su apoyo a un énfasis en la literatura de sabiduría, tanto de fuentes bíblicas como extra-bíblicas que tienen en vista nada menos que las *cuatro dimensiones* del cosmos.

Incluso pueden referirse a los cuatro pilares del orden que aparecen en la tradición judía, como derecho, política, religión y artes creativas.

Este enfoque, por lo tanto, de la comprensión colectiva del amor expansivo de Jesús, ciertamente incluye nuestra propia experiencia terapéutica abierta de aquellos que participan, empoderados "en lo íntimo de su ser." Pero también es mucho, mucho más amplio que esto, para abarcar el ancho de las estructuras socio-religiosas de la humanidad, así como la longitud de las realidades políticas que afectan a todo el mundo. Abarca las alturas de las libertades de la creatividad artística, que recuerdan incluso al más depravado de una verdad trascendente que le atrae, así como la profundidad de las igualdades o desigualdades judiciales, destinadas a reflejar el corazón de Dios.

Estas cuatro dimensiones están pensadas para implicar o involucrar (en el mejor de los sentidos) al poderoso amor de Jesucristo. Este amor tiene el fin, a través de la Iglesia, de impactar los principados y poderes a los que se refiere el Apóstol más adelante en la epístola - que rigen las órdenes y funciones del mundo. Son, de hecho, esos poderes que intentan imponer los contornos del universo y, de hecho, del cosmos entero. Y sólo se puede enfrentar de un modo ampliamente incluyente, aquí mencionado por Pablo como "junto con todos los santos".
Por último, es fundamental que tomemos el significado eclesiológico de lo que el Apóstol Pablo tiene en mente con la inclusión de esta aparentemente insignificante pequeña frase, "junto con todos los santos." No es una simple declaración de función o una simple referencia a la cronología histórica. Más bien, es otra metáfora para el Cuerpo local de Cristo. Andrew Lincoln lo dice mejor cuando sugiere que la salvedad de la frase demuestra que la "comprensión que el escritor desea para sus lectores no es un conocimiento esotérico por parte de cada uno de los individuos iniciados, no una contemplación aislada, sino la visión compartida de la pertenencia a una comunidad de creyentes."

Esto significa, en otras palabras, la Iglesia y el dominio de la iglesia. Debemos captar y comprender la inmensidad del amor de Cristo de tal manera que seamos capaces de ver su aplicación en cada esfera de lo que significa ser humano, en su más amplia dimensión concebible. Es decir que nosotros, como comunidad, llevamos ese amor a las cuatro dimensiones que componen nada menos que la agenda cósmica de Dios. Y es por este motivo que esta oración central de Pablo concluye con una de las bendiciones más sublimes en toda la Biblia: "Al que puede hacer muchísimo más que todo lo que podamos imaginarnos o pedir, por el poder que obra eficazmente en nosotros, ¡a él sea la gloria *en la iglesia* y en Cristo Jesús por todas las generaciones, por los siglos de los siglos! Amén." (Efesios 3:20-21) [énfasis añadido]

¡Esta iglesia es tan hermosa! ¿Cómo podríamos expresar suficientes elogios para captar todo lo que ella es y todo lo que ella está destinada a ser!

Apéndice L

Estudio de textos bíblicos utilizando *kletos*

"Porque muchos son los invitados [klētoi], pero pocos los escogidos." (Mateo 22:14)

Pablo, siervo de Cristo Jesús, llamado a ser apóstol, apartado para anunciar el evangelio de Dios... (Romanos 1:1)

Entre ellas están incluidos también ustedes, a quienes Jesucristo ha llamado.
Les escribo a todos ustedes, los amados de Dios que están en Roma, que han sido llamados a ser santos. Que Dios nuestro Padre y el Señor Jesucristo les concedan gracia y paz. (Romanos 1:6-7)

Ahora bien, sabemos que Dios dispone todas las cosas para el bien de quienes lo aman, los que han sido llamados de acuerdo con su propósito. (Romanos 8:28)

Pablo, llamado por la voluntad de Dios a ser apóstol de Cristo Jesús, y nuestro hermano Sóstenes,
a la iglesia de Dios que está en Corinto, a los que han sido santificados en Cristo Jesús y llamados a ser su santo pueblo, junto con todos los que en todas partes invocan el nombre de nuestro Señor Jesucristo, Señor de ellos y de nosotros... (1 Corintios 1:1-2)

...pero para los que Dios ha llamado, lo mismo judíos que gentiles, Cristo es el poder de Dios y la sabiduría de Dios. (1 Corintios 1:24)

Judas, siervo de Jesucristo y hermano de Jacobo,
a los que son amados por Dios el Padre, guardados por Jesucristo... (Judas 1:1)

Le harán la guerra al Cordero, pero el Cordero los vencerá, porque Él es Señor de señores y Rey de reyes, y los que están con Él son sus llamados, sus escogidos y sus fieles." (Apocalipsis 17:14)

Apéndice M

Preferencias Vocacionales

Los cuidadores ayudan a los de carencias sociales o financieras, o a los discapacitados con sus necesidades básicas.

Los conectores crean espacios donde las personas pueden encontrar un terreno común para aprender, compartir una comida o una causa común.

Los creadores conservan lo metafórico y simbólico, y expresan significado a través del ambiente.

Los comunicadores llevarán un mensaje y utilizarán cualquier ruta, a fin de que las personas del otro lado lo reciban.

Los solucionadores de problemas piensan y experimentan su viaje a través de los problemas.

Los ayudadores asisten a otros a hacer lo que necesitan o quieren hacer a través de trabajos físicos o la entrega de recursos.

Los aventureros saborean la emoción del descubrimiento, prefieren encabezar, y a menudo aman el aire libre.

Los curadores alivian el sufrimiento de todo tipo e instintivamente saben cómo hacer que otros se sientan mejor.

Los organizadores le dan sentido al caos, organizando a las personas y los sistemas.

Los activistas perciben las desigualdades y procuran rectificarlas. A menudo se les escucha decir, "¿por qué nadie está haciendo nada al respecto?"[68]

---

68 Deborah Koehn Loyd, *Your Vocational Credo: Practical Steps to Discover Your Unique Purpose* (Downers Grove: Intervarsity Press, 2015).

Apéndice N

Consecuencias del desequilibrio de dones

Es probable que ocurran disfunciones cuando un don domina sobre los otros cuatro. La iglesia de un solo líder es la que corre el mayor riesgo, pero hay consecuencias similares para equipos de liderazgo carentes de equilibrio en los dones.

APOSTÓLICO Si un líder apostólico domina, la iglesia u otra organización tenderá a tener difícil manejo, autocrática, con mucha presión para el cambio y el desarrollo, y dejará un montón de gente herida en su camino. No es sostenible y tenderá a disolverse con el tiempo.

PROFÉTICO Si el líder profético domina, la organización va a ser unidimensional (remontándose siempre a una o dos cuestiones), probablemente será dividida y sectaria, tendrá una vibra "súper espiritual" o, paradójicamente, tenderá a ser demasiado activista como para ser sostenible o demasiado "quietista" (pasivo/contemplativo) para ser útil. Esto no es una forma viable de organización.

EVANGELÍSTICO Cuando un líder evangelista domina, la organización tendrá una obsesión con el crecimiento numérico, creará dependencia en un liderazgo carismático efervescente, y tenderá a carecer de amplitud y profundidad teológica. Este tipo de organización no empoderará a muchas personas.

PASTORAL Cuando el liderazgo pastoral monopoliza, la iglesia u otra organización tenderá a ser resistente al riesgo, codependiente y necesitada, excesivamente carente de una discrepancia, y por lo tanto de creatividad. A dicha organización le hará falta innovación y generatividad y no podrá transferir su mensaje clave y tareas de una generación a otra.

MAESTRO Cuando los maestros y teólogos gobiernan, la iglesia será ideológica, controladora, moralista, y algo estricta. Un gnosticismo (la idea de que somos salvos por lo que sabemos) lógico, obsesionado por la doctrina, tenderá a sustituir una dependencia del Espíritu Santo. Estos tipos de organizaciones serán exclusivas, basadas en una ideología igual a la de los fariseos.[69]

---

69 Alan Hirsch y Tim Catchim, *The Permanent Revolution* (San Francisco: Jossey-Bass, 2012), 48-49.

Apéndice O

Libros de Liderazgo

The Leader's Journey: Accepting the Call to Personal and Congregational Transformation, por Jim Herrington, Robert Creech, y Trisha Taylor

In the Name of Jesus: Reflections on Christian Leadership, por Henri Nouwen

The Three Levels of Leadership: How to Develop Your Leadership Presence, Knowhow and Skill, por James Scouller

The Leadership Challenge 5th Edition, por James M. Kouzes y Barry Z. Posner

Making Room for Leadership, por MaryKate Morse

Crucibles of Leadership, por Robert Thomas

Shackleton's Way, por Margot Morrell y Stephanie Capparell

Spiritual Leadership in a Secular Age, por Edward Hammet

The Ascent of a Leader, por *Bill Thrall*, Bruce McNicol, Ken McElrath

Deep Change, por Robert Quinn

Overcoming the Dark Side of Leadership, por Gary MacIntosh y Samuel D. Rima, Sr.

Leadership from the Inside Out, por Kevin Cashman

A Failure of Nerve, por Edwin Friedman

Real Power: Stages of Personal Power in Organizations, por Janet Hagberg

Making All Things New: An Invitation to the Spiritual Life, por Henri Nouwen

Missional Spirituality: Embodying God's Love from the Inside Out, por Roger Helland y Leonard Hjalmarson

The Leadership Ellipse: Shaping How We Lead by Who We Are, by Bob Fryling

Eldership and the Mission of God: Equipping Teams for Faithful Church Leadership, por J.R. Briggs y Bob Hyatt

Deep Mentoring: Guiding Others on Their Leadership Journey, por Randy Reese y Robert Loane

The Gift of Being Yourself: The Sacred Call to Self Discovery, por David Benner

Apéndice P

Distintivos de una iglesia en proceso de madurez

Sin sugerir que nuestra lista sea perfecta o esté completa, y sin ninguna intención de clasificar los distintivos por importancia, los doce distintivos de una iglesia en proceso de madurez son los siguientes:

1. **Activa a las personas en la misión de Dios infundiendo y cultivando un ADN misional**
   La comunidad de fe enseña y modela el tema central de la Biblia del corazón de Dios para el mundo. El grupo mantiene una postura misionera consistente en su contexto y en su grupo de enfoque ministerial. Esto implica el ejercicio de una actitud de escucha y prolongada curiosidad, mientras intencionalmente se construyen relaciones claves (especialmente con no cristianos) y se participa en los eventos del vecindario y la ciudad, en grupos y en causas sembradoras de *shalom*. El "gen misional" se transmite continuamente a través de ciclos repetidos de ejemplificación y formación, inspirando al cuerpo con creatividad en la teología y comportamientos que promuevan el llamado de la iglesia a estar "en el mundo sin ser del mundo." (Génesis 12:1-3; Miqueas 6:8; Juan 20:21-23; Mateo 24:14; 28:18; Lucas 4:18; 10:1-12; Juan 1:1-18; Hechos 1:8; 1 Pedro 2:9-10).

2. **Proclaman Categóricamente el evangelio y ven surgir nuevos seguidores de Cristo**
   La comunidad proclama el Reino de Dios en las palabras y en los hechos. Regularmente se evangeliza, practicando un conjunto actividades intencionales de amor, que apuntan a iniciar a las personas en el discipulado cristiano. Los bautizos son comunes como un resultado natural de esa proclamación. Los líderes aseguran que el grupo o la iglesia sea una comunidad inclusiva y fácilmente accesible, donde los no cristianos pueden encontrar fácilmente espacios de pertenencia e intentar un estilo de vida de Jesús antes de que elijan creer y seguir a Cristo. La iglesia reconoce que las "buenas nuevas" de Dios se expresan de muchas formas dentro de la gran historia de las Escrituras. Sus miembros están continuamente equipados para compartir esa historia y testimoniar de su figura central, Jesucristo (Marcos 16:15; Mateo 24:14; Romanos 10:13; 1 Tesalonicenses 2:1-13).

3. **Persigue una creciente conciencia de su única identidad y llamado**
   El grupo central, especialmente sus líderes, son capaces de articular un sentido claro y unificado de quienes desean ser, de hacia donde va el grupo, y de lo que Dios los está llamando a hacer. La visión, misión, valores y cultura de iglesia están claramente definidos y son articulados con regularidad. Esto a menudo incluye la adopción de una metáfora central o nombre que comunica un significado consistente con la identidad y la dirección deseadas. La iglesia a menudo se remite a sus declaraciones centrales como una parte clave de establecer los límites saludables de la comunidad, discerniendo aquello a lo que debe decir "sí" y a lo que debe evitar o no tomar. (Efesios 1; 3: 2:20, 3:5; Hebreos 11:1-12:2; 1 Corintios 11:2; Apocalipsis 2).

4. **Se enraíza en las Escrituras y en su conexión con la iglesia histórica y existente**
   Los líderes tienen un dominio clave de la teología y doctrinas centrales sobre la cuales la iglesia está fundada. La iglesia interactúa con vigor y se somete a la narrativa bíblica, mientras se esfuerza por aprender de la sabiduría, afirmaciones claves, y tradiciones variadas del Cuerpo de Cristo más amplio. (Deuteronomio 6:4-9; Efesios 2:20; 1 Timoteo 4:11-16; 2 Timoteo 3:10-17: 1 Corintios 4:16-17; 7:17b; 11:1-2; 15:1-8; 2 Tesalonicenses 2:14-15; Hebreos 4:12).

5. **Practica un patrón claro y accesible de discipulado que ayuda a las personas a crecer en Cristo**

La iglesia ha adoptado un ritmo básico de hábitos y actividades colectivos, y una liturgia que lleva al crecimiento de su pueblo en su relación con Dios, entre sí y con el mundo. Viven en este ritmo como comunidad, y le muestran a las personas nuevas en la iglesia cómo adoptar este ritmo por sí mismos (2 Timoteo 2:1-7). Esta "vida sacramental" incluye la observación de la Cena del Señor, el bautismo, y otros ritos y rituales significativos que muestran el profundo y a menudo oculto funcionamiento de la gracia de Dios de manera tangible. Los líderes evitan proyectar un falso dualismo entre lo sagrado y lo secular, demostrando a través de la vida y las enseñanzas de la iglesia que toda vida es profundamente espiritual. (Mateo 5-7; Filipenses 3:17; Efesios 4:21-25; Colosenses 3:5-17; 1 Timoteo 4:7; 11-16; Hebreos 10:24-25; 13:7-8).

6. **Prioriza la gracia y la sabiduría bíblica al manejar los conflictos y problemas de crecimiento**

Los líderes de la iglesia cultivan continuamente una cultura de gracia. Tienen una postura unida sobre cómo la iglesia aborda los conflictos entre los miembros, y este proceso general y directrices están claramente articulados, enseñados y puestos a disposición de todos los miembros. Los líderes también aplican una disciplina redentora de amor cuando sea necesario (tanto para proteger a la comunidad como para fomentar un cambio positivo en el miembro(s) en cuestión); esto también sigue directrices claramente articuladas. (Mateo 18; Romanos 12:4-5; 1 Corintios 5:1-12; 12:14-16).

7. **Establece una estructura estable, diversa y sostenible de liderazgo**

La iglesia se gobierna a sí misma mediante los ancianos o líderes que haya escogido, quienes cumplen con los requisitos bíblicos (ej. 1 Timoteo 3) y también representan una saludable diversidad de dones/perspectivas (ej. Efesios 4:11). Por su parte, la comunidad empodera a sus líderes y respeta su papel de cultivar el crecimiento, la interdependencia y la protección del "rebaño". La iglesia ha llegado a una situación de liderazgo sostenible y es capaz de ocuparse de su desarrollo continuo (es decir, ya no depende del equipo de siembra original para su supervivencia a largo plazo). (ver también 1 Tesalonicenses 5:12-13; Hebreos 13:17; 1 Pedro 5:2).

8. **Ofrece senderos para que personas se unan a la iglesia y se apropien de su identidad y forma de vida**

Una iglesia en proceso de madurez, invita a los participantes a comprometerse y a apropiarse de la iglesia como propia. Esto le permite a la comunidad ser cargada sobre los hombros de muchos que se comprometen a hacer su parte para verla convertida en todo lo que Dios desea que sea. La iglesia, por su parte, expresa su compromiso de apoyar el crecimiento de los participantes, ayudándolos a que participen debidamente en la vida de la iglesia, desarrollo y toma de decisiones. Mediante cualquier proceso en que las personas sean adoptadas por la iglesia como miembros participantes, la iglesia evita crear una cultura exclusiva de "los comprometidos" frente a la "no-comprometidos". En su lugar, el cuerpo encuentra maneras de incluir y valorar a todas las personas conectadas a la iglesia, con la esperanza de que también ellos puedan un día desear hacer un compromiso discernido y solemne con la comunidad de la iglesia. (Romanos 12:5; 16:1-26; 1 Corintios 5:12-13; 7:17; 1 Pedro 5:2-4).

9. **Prepara y coordina a los miembros para que cada uno sirva con sus dones**

   La iglesia se mueve cada vez más como un cuerpo coordinado, animado, con todas las extremidades y partes contribuyendo a la totalidad. La iglesia ayuda a los discípulos a comprender y crecer en su diseño dado por Dios, a encontrar su lugar en el cuerpo de Cristo, y a participar en el movimiento bien orquestado hacia la visión de la iglesia. También sigue procurando discernimiento y es sensible a cómo Dios pueda estar obrando en las vidas de los miembros, animando a todos a adoptar vías ministeriales que sean más propicias para su crecimiento como discípulos. (Romanos 12:3-8; 1 Corintios 12-14; Efesios 4:11-12; 2 Timoteo 2:2; 1 Pedro 4:10-11).

10. **Opera como una comunidad sostenible y generosa, financieramente estable**

    La iglesia es capaz de satisfacer sus necesidades financieras, por lo que puede elevarse a su visión y crecer a su potencial. Tiene una adecuada transparencia en el manejo del dinero y administra sabiamente los recursos de su gente, además de utilizar convenciones de contabilidad y de reportes saludables. La Iglesia expresa de muchas maneras que es una comunidad generosa y hospitalaria, y esto se ve claramente en la vida de sus líderes. (1 Crónicas 29; Génesis 14:18-20; Deuteronomio 26:1-15; Mateo 23:23; Efesios 4:28).

11. **Encarna el Evangelio como una señal colectiva, muestra y agente del Reino de Dios**

    La iglesia vive la historia cristiana e intencionalmente actúa como una señal colectiva, como una muestra, e instrumento del Reino de Dios. Por sus acciones y por las esferas relacionales que crea, ayuda a las personas a ver y experimentar modos en que el Espíritu está obrando, renovando todas las cosas. En efecto, "Es viviendo y encarnando la historia cristiana que ésta se hace comprensible, y quizás incluso atractiva para la sociedad. Es la acción de la comunidad cristiana que hace tangible el mensaje cristiano" (Stanley Hauerwas). (Lucas 4:16-21; Efesios 1:13-14; 2:19-22; 1 Corintios 3:16; 15:20, 23; 2 Corintios 5:17-21; 6:16; 1 Timoteo 3:15; 2 Tesalonicenses 2:13; Hebreos 3:1-6; 1 Pedro 2:4-5).

12. **Multiplica los discípulos, líderes, iniciativas misionales e iglesias**

    El liderazgo de la Iglesia presta seria atención estratégica a la multiplicación, buscando no solo a los recursos internos sino también colaborando con otras iglesias y organizaciones afines, para cultivar movimientos locales. Un valor alto se coloca sobre la creación de procesos sostenibles para el entrenamiento y desarrollo de líderes siervos, pioneros misionales y sembradores de iglesias. Al mismo tiempo la vida de discipulado es promovida dentro de la vida del órgano local, a fin de que tantos miembros como sea posible inviertan en las vidas de otros y también se vean desafiados en su propio desarrollo. La iglesia también se ve a sí misma de forma clara, a la luz de su potencial y de su contribución real al Cuerpo de Cristo misional en el mundo. (Mateo 9:37-38; 13:23; 33; 25:20; 28:18-20; 1 Corintios 3:6).[70]

---

70 Esto representa la revisión por Dan Steigerwald de la lista de distintivos original de Communitas en el libro, *Grow Where You're Planted* (Portland: Christian Associates Press, 2013).

Índice de Ejercicios de Aprendizaje

5. Practicar: expresar nuestra propia identidad

6. Madurar: crecer como una comunidad de fe sostenible

7. Interconectar y expandir: multiplicar vida en todas partes

Apéndices

www.ingramcontent.com/pod-product-compliance
Lightning Source LLC
Chambersburg PA
CBHW081249040426
42452CB00015B/2758